LES DINOSAURES

ET AUTRES ANIMAUX PRÉHISTORIQUES

Cette édition a été créée par

David West Children's Books

Loi n° 49-956 du 16 juillet 1949
sur les publications destinées à la jeunesse.

Queen Street House
4 Queen Street
Bath BA1 1HE
Royaume-Uni

Réalisation : ML Éditions, Paris
Traduction : Véronique Dreyfus

ISBN-10 : 1-40547-744-X
ISBN-13 : 978-1-40547-744-4

Imprimé en Chine
Printed in China

LES DINOSAURES

ET AUTRES ANIMAUX PRÉHISTORIQUES

JOHN MALAM & STEVE PARKER

p

SOMMAIRE

CHAPITRE 4
CUIRASSES, CORNES ET PLAQUES

CHAPITRE 5
LES DINOSAURES À BEC DE CANARD

CHAPITRE 6
LES PTÉROSAURES

Chapitre 7
Des mers qui fourmillent de vie

CHAPITRE 8
LE MONDE DES DINOSAURES

CHAPITRE 1

LES ANCÊTRES DES DINOSAURES

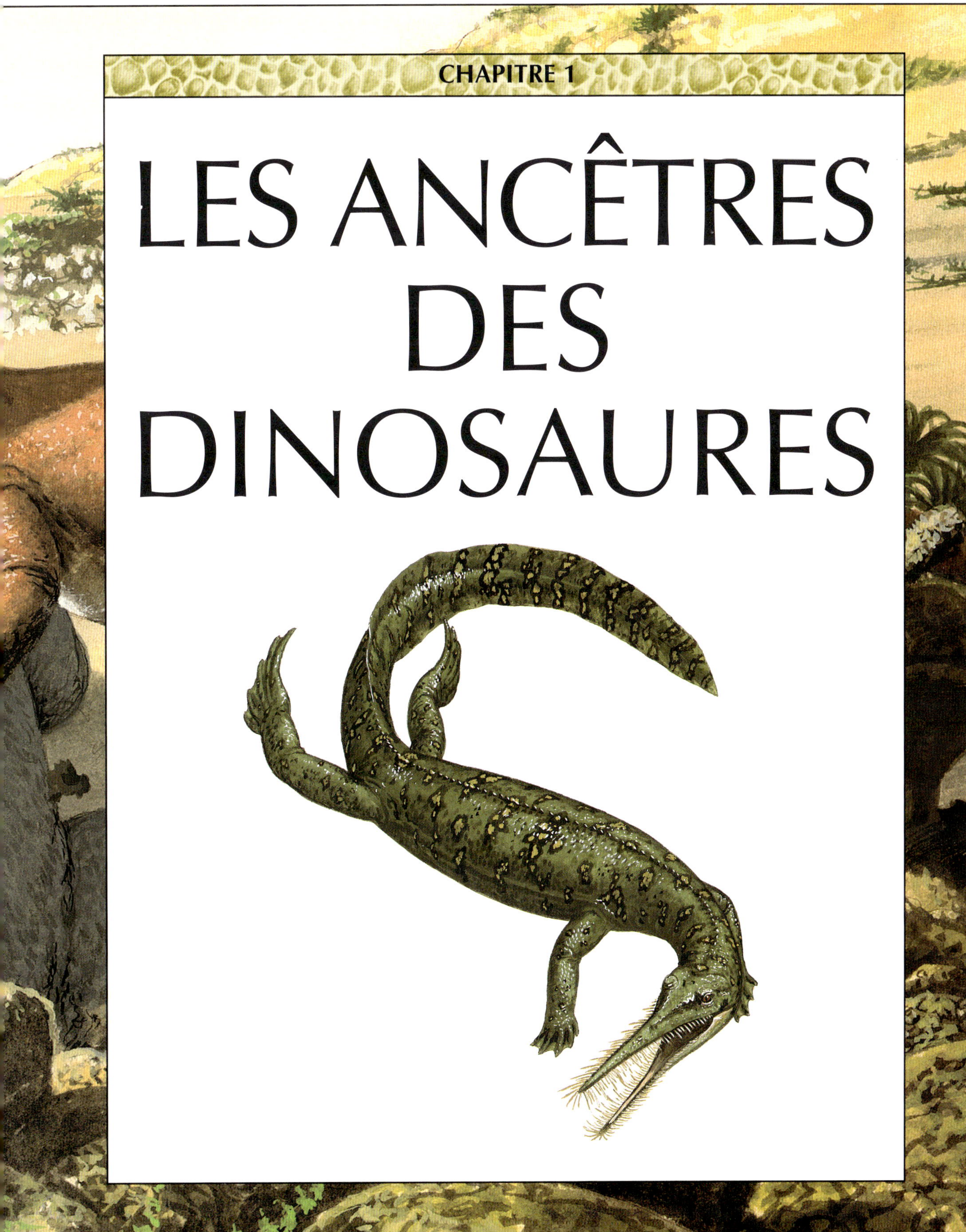

La vie est apparue sur Terre il y a environ 3,8 milliards d'années. Elle s'est développée à partir des premiers organismes simples présents dans les océans, puis a colonisé la terre et le ciel. Elle s'est adaptée aux habitats de la planète, se diversifiant en groupes d'animaux spécialisés selon leurs milieux. Parmi ces groupes, celui des reptiles a connu un grand succès.

Au temps des dinosaures, notre planète était très différente d'aujourd'hui. La scène ci-dessus présente un paysage il y a environ 100 millions d'années. Les premières plantes à fleurs faisaient leur apparition, et les chênes, les érables, les noyers et les hêtres côtoyaient les conifères, les cycadées et les fougères.

LES CARACTÉRISTIQUES DU REPTILE

Les reptiles sont des vertébrés car ils ont une colonne vertébrale. Ils pondent des œufs, ont des écailles et ont le sang froid : la température de leur corps est égale à celle de leur environnement.

Les dinosaures étaient les plus grands reptiles.

LE RÈGNE DES REPTILES

À l'époque de la préhistoire, il y a fort longtemps, les reptiles dominaient la planète. Leur règne, qui a duré 185 millions d'années, se situait au mésozoïque, entre –250 et –65 millions d'années. Mésozoïque signifie « milieu de la vie » et désigne la période charnière entre le paléozoïque (« temps anciens ») et le cénozoïque (« vie récente »), période que nous traversons aujourd'hui.

LES REPTILES PRÉHISTORIQUES

Au mésozoïque, les reptiles dominaient la terre ferme, les mers et le ciel. D'autres groupes d'animaux, tels que les mammifères, les poissons et les insectes, évoluaient à leurs côtés. Mais le développement des reptiles était tel que cette période fut surnommée l'« âge des reptiles ». Les dinosaures, habitant la terre ferme, étaient les plus connus. Mais les reptiles comprenaient aussi les plésiosaures, qui regroupent les espèces aquatiques, ainsi que les ptérosaures, animaux des airs.

Alors que les dinosaures régnaient sur les terres, leurs cousins dominaient les airs et les mers. Avec leurs ailes membraneuses, les ptérosaures parcouraient les cieux, les océans étant sillonnés par les plésiosaures et pliosaures, au corps fuselé, et les ichthyosaures, à l'allure de poissons.

LES REPTILES MODERNES

La fin du mésozoïque, il y a 65 millions d'années, ouvrit la porte à une nouvelle période, l'âge des mammifères, dans laquelle nous vivons aujourd'hui encore. Quelques reptiles résistèrent à ce passage, mais la plupart y succombèrent, dont les dinosaures. Crocodiles, lézards, tortues et serpents ont survécu.

Il existe aujourd'hui environ 6 000 espèces de reptiles.

L'ORIGINE DES REPTILES

Les premiers reptiles apparurent il y a environ 300 millions d'années. Ils étaient les descendants d'un groupe plus ancien, les amphibiens.

UNE DOUBLE VIE

Le mot « amphibien », qui désigne un groupe d'animaux capables de vivre aussi bien dans l'eau que sur la terre ferme, signifie « double vie ». Les amphibiens étaient les premiers vertébrés dotés de pattes et non de nageoires. Ils pouvaient se déplacer sur la terre ferme et nager grâce à leurs doigts palmés. Capables de vivre sur la terre ferme, ces espèces anciennes devaient toutefois retourner dans l'eau pour pondre leurs œufs à coquille molle, comme les grenouilles et les tritons actuels. Pour que ces amphibiens puissent un jour n'être que terrestres, de grosses modifications de leur anatomie et de leur mode de vie étaient indispensables.

QUITTER LES EAUX

La vie aquatique des anciens amphibiens présentait des inconvénients. Les têtards, leurs petits, qui naissaient dans l'eau, étaient la proie des prédateurs, tels les poissons et les scorpions de mer. Pour déjouer ce danger et permettre la survie d'un plus grand nombre de jeunes, les adultes durent s'adapter à une vie totalement terrestre.

LES PATTES DES AMPHIBIENS

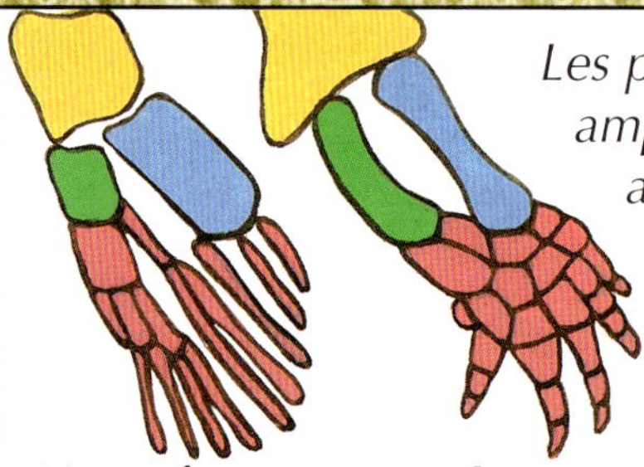

Les pattes des amphibiens, adaptées à leur mode de vie, sont différentes des nageoires de poisson. Les os sont disposés comme des doigts, ce qui permet à l'animal de marcher, de grimper et de creuser des terriers, choses totalement impossibles aux poissons.

LA VIE TERRESTRE

Deux modifications rendirent les amphibiens terrestres. En l'espace d'un temps très long, la peau, à l'origine fine et lisse, s'épaissit et devint écailleuse, permettant à l'animal de retenir l'humidité dans son corps. Puis la coquille molle de leurs œufs devint dure. L'éclosion pouvait se dérouler sur la terre ferme et non plus dans l'eau : ainsi apparurent les premiers reptiles.

LES AMPHIBIENS MODERNES

Il existe aujourd'hui plus de 4 200 espèces d'amphibiens, réparties en trois groupes : les grenouilles et les crapauds, les salamandres et les tritons et, enfin, les cécilies (régions tropicales). Leurs tailles sont très variées, comme en témoignent ces minuscules grenouilles mesurant 1 cm ou ces salamandres de 1,50 m.

Les amphibiens existent depuis 350 millions d'années. Comme les reptiles, les mammifères, les poissons et les oiseaux, ils sont dotés d'une colonne vertébrale. Mais ils se distinguent de ces groupes par leur peau lisse et humide, dépourvue d'écailles, de poils ou de plumes. Les amphibiens sont les premiers tétrapodes (« animaux à quatre pattes »). Ils descendent des poissons à nageoires lobées.

ICHTHYOSTEGA

Dévonien ; –370 millions d'années ; Groenland ; 1,50 m de long.

Ichthyostega est l'un des premiers amphibiens. Les scientifiques le décrivent comme un « poisson à quatre pattes », car il avait la tête, le corps et la queue d'un poisson. Ses quatre pattes palmées indiquent qu'il marchait et s'était adapté à la vie terrestre. Mais il ne s'attardait probablement pas sur la terre ferme. Limité dans ses mouvements par la petite taille et la rigidité de ses membres, il se déplaçait laborieusement, se hissant sur les pattes antérieures et traînant son arrière-train. Il se servait surtout de ses pattes pour grimper sur les plantes des cours d'eau où il vivait.

EOGYRINUS

Carbonifère ; –300 millions d'années ; Europe ; 4,60 m de long.

Eogyrinus, un des plus grands amphibiens de tous les temps, était un puissant nageur qui se déplaçait très vite en battant la queue dans l'eau latéralement. C'était sans doute un prédateur, se tenant à l'affût en eau peu profonde, à la façon des crocodiles actuels. Probablement mieux adapté à la chasse dans l'eau, il ne dédaignait sans doute pas les proies qui s'approchaient de la berge.

Eryops

ERYOPS

Carbonifère ;
–290 millions d'années ;
Amérique du Nord ;
1,50 m de long.

Eryops était un gros amphibien familier des marais. Ce carnivore, doté de quatre pattes robustes, avait un corps trapu, une tête longue et large et une courte queue. Ses puissantes mâchoires étaient truffées de dents en crochet, caractéristiques des prédateurs. Vivant dans et hors de l'eau, il chassait sans doute des poissons, des blattes géantes, des mille-pattes, des libellules, des petits amphibiens et des reptiles.

SEYMOURIA

Permien ;
–280 millions d'années ;
Amérique du Nord ;
60 cm de long.

Ce petit animal passait le plus clair de son temps à terre, comme un reptile, mais se reproduisait dans l'eau, comme un amphibien. Pour marcher, il faisait onduler sa colonne vertébrale. Ses courtes pattes antérieures indiquent qu'il devait se déplacer lentement. C'était sans doute un omnivore au régime alimentaire varié, composé de viande et de végétaux, ne dédaignant pas les animaux tués par d'autres ou morts naturellement.

Seymouria

ERYOPS : *MALADROIT SUR LA TERRE FERME*

Eryops *fut l'un des premiers quadrupèdes réellement capables de marcher sur la terre ferme. Toutefois, il n'était pas très doué pour la marche. Ses pattes courtaudes lui permettaient à peine de soulever son gros corps du sol, et son ventre devait traîner à terre. Sa démarche était lente et maladroite et ne lui permettait probablement que de petites enjambées et certainement pas la course. Cependant, s'il était lent et maladroit sur le sol,* Eryops *devait être un excellent nageur.*

Avant l'âge des reptiles, il existait une grande diversité d'amphibiens. Chaque espèce avait développé ses caractères spécifiques, comme *Gerrothorax,* qui conservait ses branchies à l'âge adulte.

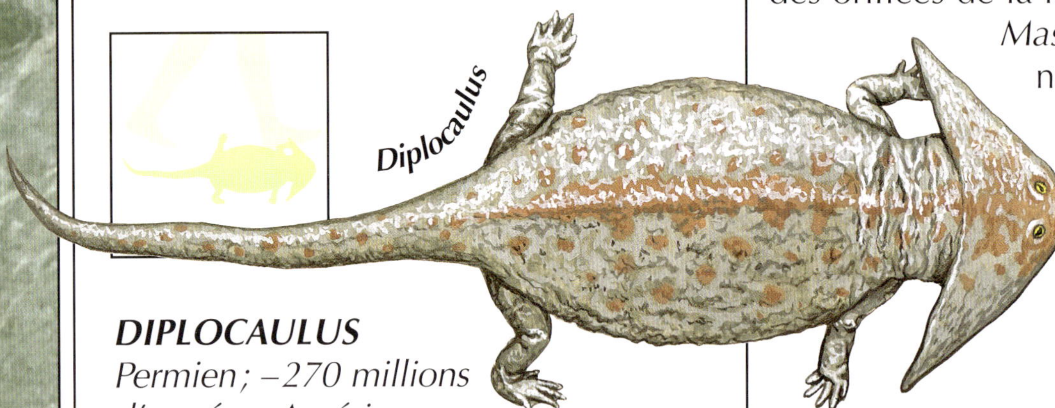

DIPLOCAULUS

Permien ; –270 millions d'années ; Amérique du Nord ; 1 m de long.
Semblable à une salamandre actuelle, cet amphibien avait cependant une étrange tête triangulaire avec des excroissances sur les côtés, sans doute destinées à faciliter la nage. Ces attributs servaient peut-être aussi de protection à l'animal, lui conférant une apparence trapue dissuasive pour des prédateurs, qui décourageait toute tentative d'attaque.

MASTODONSAURUS

Trias ; –230 millions d'années ; Europe, Afrique ; 4 m de long.
Cet énorme amphibien avait un corps courtaud, avec une petite queue et un crâne plat et massif qui, chez l'adulte, pouvait atteindre 1,50 m de long. Sa gueule était remplie de petites dents pointues, et de la mâchoire inférieure pointait deux défenses qui ressortaient à travers des orifices de la mâchoire supérieure. *Mastodonsaurus* se nourrissait sans doute exclusivement de poissons attrapés dans les lacs et les marécages où il vivait.

PARACYCLOTOSAURUS

Trias ; –235 millions d'années ; Australie, Inde, Afrique du Sud ; 2,30 m de long.

Paracyclotosaurus était un amphibien géant au corps plat, semblable à une salamandre moderne, mais bien plus grand. Capable de vivre sur la terre ferme, il passait néanmoins le plus clair de son temps dans l'eau. Pour chasser, il se postait sans doute juste sous la surface et, lorsqu'un poisson passait à sa portée, il soulevait son énorme tête et ouvrait grand la bouche pour engloutir sa proie. Cette technique est encore utilisée aujourd'hui par des prédateurs comme les crocodiles pour attraper certaines proies.

GERROTHORAX

Trias ; –210 millions d'années ; Europe, Scandinavie ; 1 m de long.

Gerrothorax faisait figure d'exception parmi les amphibiens, car il conservait ses branchies externes à l'âge adulte, alors que les autres espèces perdaient les leurs. Semblable à un gigantesque têtard, il avait un corps aplati et une tête large, avec des yeux rapprochés situés sur le dessus. Capable de respirer sous l'eau avec ses branchies, il se tenait peut-être sur le fond des lacs ou des rivières, surveillant les allées et venues des poissons afin d'attraper ceux qui s'approchaient.

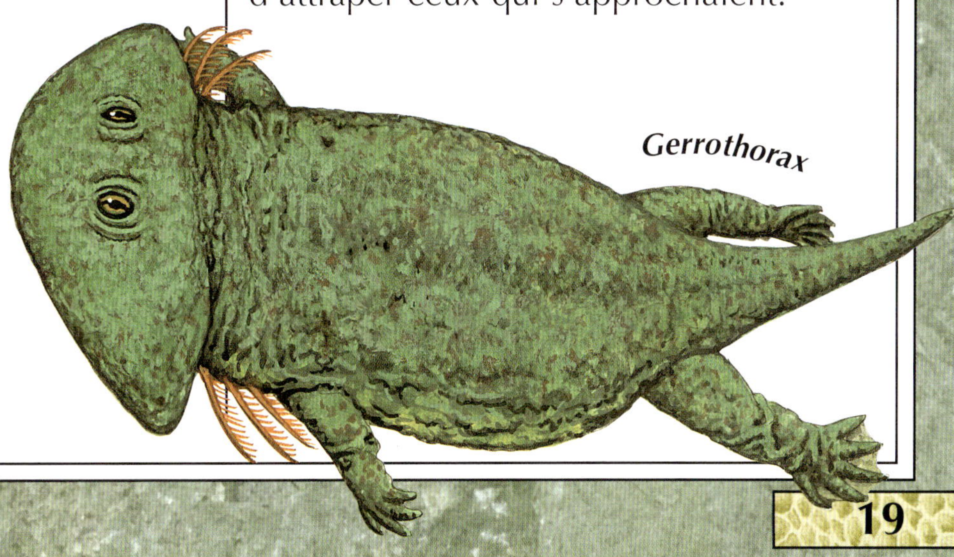

E CYCLE DE VIE DES AMPHIBIENS

Les premiers amphibiens naissaient dans l'eau. Les têtards sortaient d'œufs à coquille molle et avaient des branchies. Leurs pattes poussaient après, d'abord les antérieures, puis les postérieures. Ils perdaient leurs branchies à l'âge adulte et respiraient avec des poumons, dans l'eau et sur terre.

ACANTHOSTEGA

***Acanthostega* était un des premiers tétrapodes, c'est-à-dire un animal à quatre pattes dotées de doigts. Lorsque l'on découvrit les premiers fossiles de cet animal, on imagina avoir trouvé la preuve que l'apparition des pattes avait amené l'affranchissement de la vie aquatique, puisqu'elles permettaient aux animaux de se déplacer sur la terre ferme. Mais, après un examen approfondi, les scientifiques s'aperçurent que l'animal était bien plus à l'aise dans l'eau que sur terre.**

TÉTRAPODE OU POISSON ?

Acanthostega était un mélange de poisson et de tétrapode : il possédait une nageoire caudale, des narines et des branchies de poisson, mais aussi des pattes de tétrapode.

HEUREUX COMME UN POISSON DANS L'EAU

Les pattes d'*Acanthostega* livrent des indices sur son mode de vie. Dépourvues d'articulations, elles devaient être trop faibles pour soutenir l'animal hors de l'eau. On peut en déduire qu'il passait la plupart de son temps dans l'eau, ses pattes lui servant de pagaies. En eaux peu profondes, elles lui permettaient peut-être de se frayer un passage à travers les plantes aquatiques. Son corps était lisse comme celui des amphibiens, à part le ventre, qui était recouvert d'écailles, sans doute pour le protéger lorsque l'animal se traînait sur les berges.

*Un groupe d'*Acanthostega *dans un lac. Certains chassent des poissons, d'autres se hissent sur la berge pour attraper des insectes. Du frai (œufs de poissons) flotte dans l'eau. Un poisson prédateur s'approche du groupe.*

*LES PATTES D'*ACANTHOSTEGA

*Les longues pattes d'*Acanthostega *étaient munies de huit doigts. Elles étaient palmées comme celles des canards et des oies modernes. Cela aidait l'animal à se propulser dans l'eau.*

FICHE ACANTHOSTEGA

Nom Acanthostega
Date *–370 millions d'années*
Sites fossilifères *Groenland*
Longueur *60 cm*
Régime *Poissons, insectes*
Habitat *Lacs et mares*

UN RÉGIME VARIÉ

L'examen de ses dents révèle qu'*Acanthostega* chassait des poissons et autres petits animaux aquatiques. Peut-être attrapait-il aussi de petits animaux sur la terre ferme.

Les premiers reptiles sont apparus il y a de 300 à 350 millions d'années. Les membres en forme de pagaie de leurs ancêtres amphibiens s'étaient transformés avec le temps en des pattes pourvues de doigts. Mais une autre transformation, plus importante encore, s'était produite : la coquille de l'œuf était devenue dure. Les reptiles n'avaient plus besoin de retourner dans l'eau pour pondre. Ainsi, totalement affranchis du milieu aquatique, ils étaient libres de coloniser la terre ferme.

WESTLOTHIANA

Carbonifère ; –350 millions d'années ; Europe ; 30 cm de long.

Découvert en 1988 et nommé d'après le Westlothian, la région d'Écosse où il fut découvert, *Westlothiana lizziae* (dit « Lizzie ») présentait un mélange de caractères de tétrapode primitif et de reptile primitif. Il vivait aux abords des grands lacs d'eau douce, chassant sans doute des mille-pattes, des cousins et des insectes. Il doit être l'un des plus anciens reptiles que l'on ait jamais retrouvés.

Toutefois, selon certains spécialistes, il ne s'agirait pas d'un véritable reptile, mais encore d'un amphibien. Il est donc classé parmi les « reptilomorphes », groupe qui a donné naissance aux véritables reptiles.

PETROLACOSAURUS

Carbonifère ; –300 millions d'années ; Amérique du Nord ; 40 cm.

Cet élégant lézard longiligne est l'un des plus anciens diapsides connus. Les diapsides formaient un groupe de reptiles caractérisés par deux orifices sur les côtés du crâne (des fosses temporales situées juste derrière les yeux), auxquels étaient fixés des muscles. Ces premiers diapsides, dont *Petrolacosaurus,* ont donné naissance, plus tard, aux dinosaures. Si l'on en juge par sa ressemblance avec les lézards actuels, cet animal devait être rapide et capable d'attraper les insectes.

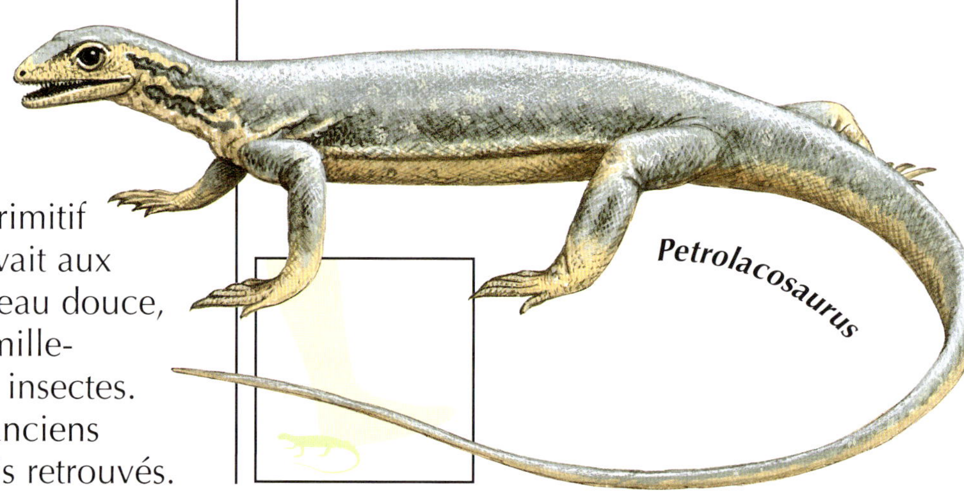

LES ŒUFS DE REPTILES

Les œufs à coquille dure (ou amniotiques) des reptiles primitifs et modernes sont une de leurs caractéristiques essentielles. En protégeant l'œuf de l'assèchement, la coquille dure permet à l'animal de pondre sur la terre ferme. L'apparition de l'œuf amniotique a offert aux animaux la possibilité de vivre et de se reproduire sur la terre sans être obligés de retourner dans l'eau comme le doivent les amphibiens.

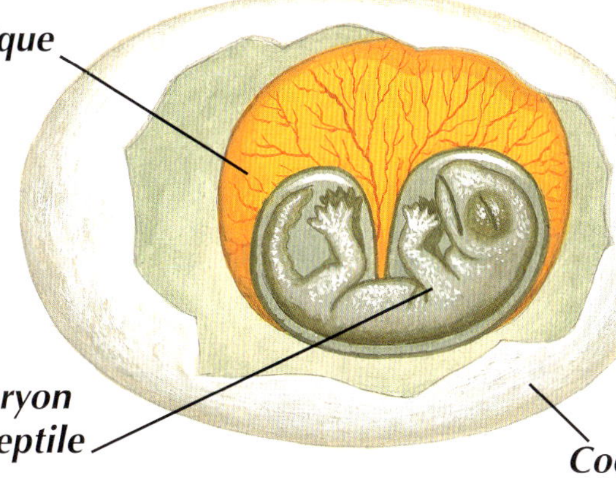

PALEOTHYRIS

Carbonifère ; –300 millions d'années ; Amérique du Nord ; 30 cm de long.

Ce petit animal agile, semblable à un lézard, avait des dents acérées et de grands yeux. Il se nourrissait sans doute d'insectes et autres petits invertébrés (animaux dépourvus de colonne vertébrale) qu'il trouvait dans les forêts. *Paleothyris* était un reptile primitif, qui possédait encore toutefois des caractères propres aux amphibiens, notamment son crâne. Bien que *Paleothyris* ne soit pas encore un véritable reptile, ce sont malgré tout de tels animaux qui ont produit les dinosaures.

PAREIASAURUS

Permien ; –250 millions d'années ; Afrique du Sud, Europe ; 2,50 m de long.

Cet animal trapu, à la peau couverte de nombreuses écailles osseuses, était un herbivore. Les écailles, sans doute une protection contre les prédateurs, servaient peut-être aussi de support à la lourde anatomie de l'animal. Le lien de parenté de *Pareiasaurus* avec les tortues permet de supposer que ses écailles se sont transformées en carapace.

Pareiasaurus

Au cours de la longue histoire de la vie sur Terre, certaines espèces animales n'ont pas pu évoluer au-delà d'un certain stade et ont abouti à des impasses. *Askeptosaurus* et sa famille, semblables à des crocodiles, sont de ceux-là. D'autres ont poursuivi leur évolution, perfectionnant les caractères qui s'avéraient efficaces. *Lagosuchus*, qui n'était pas un dinosaure, possédait cependant quelques caractères en commun avec eux.

MILLERETTA

Permien ; –250 millions d'années ; Afrique du Sud ; 60 cm de long.
Milleretta était un petit reptile rapide qui se nourrissait probablement d'insectes. Une zone concave vers l'arrière de sa tête semble suggérer qu'il était doté de tympans, auquel cas il devait avoir une bonne ouïe. Malgré ce caractère développé, cet animal appartient au groupe des anapsides, dont le crâne ressemble plus à celui d'une tortue qu'à celui d'un lézard ou d'un serpent. Malgré sa qualité de reptile primitif, cet animal n'était ainsi pas directement apparenté aux dinosaures.

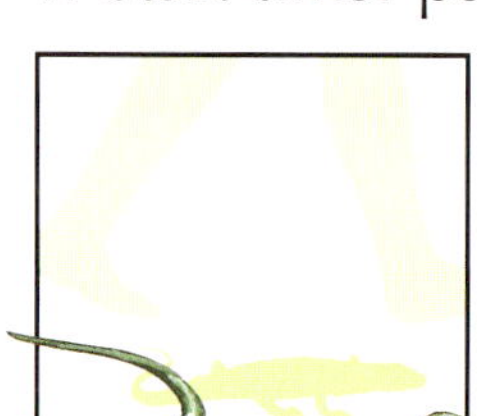

Milleretta

SCUTOSAURUS

Permien ; –250 millions d'années ; Europe ; 2,50 m de long.
D'allure semblable à *Pareiasaurus*, auquel il était apparenté, *Scutosaurus* vivait en petits troupeaux. C'était un herbivore corpulent qui se déplaçait lentement et se nourrissait de la végétation flottant à la surface des lacs d'eau douce. Grâce aux bords dentelés de ses dents aplaties, il tranchait facilement les feuilles et les tiges, puis il expulsait l'eau de sa gueule par les interstices entre ses dents, avant de mâcher les végétaux. Sa peau était couverte de protubérances osseuses, peut-être des protections contre les prédateurs. Chez l'adulte, une corne se dressait sur le nez, et des pointes ornaient le bas des mâchoires.

ASKEPTOSAURUS

Trias ; –220 millions d'années ; Europe ; 2 m de long.

Askeptosaurus appartenait à la famille des thalattosaures, des diapsides primitifs. Il semble que ces animaux, semblables à des crocodiles, passaient le plus clair de leur temps dans l'eau, ne s'aventurant sur la terre ferme que pour pondre leurs œufs. Avec son cou, sa queue et son corps allongés, *Askeptosaurus* était longiligne. Il devait nager comme une anguille, serpentant rapidement dans l'eau. Se nourrissant de poisson, il plongeait sans doute assez profond pour attraper des proies avec ses longues mâchoires tapissées de dents.

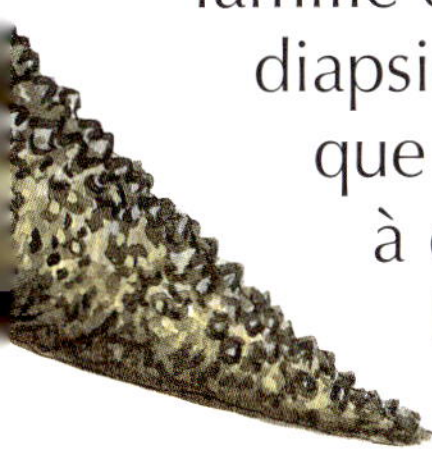

Lagosuchus

LAGOSUCHUS

Trias ; –230 millions d'années ; Amérique du Sud ; 40 cm de long.

Ce reptile primitif, à l'ossature légère, est remarquable à cause de ses longues pattes postérieures et de ses pieds bien développés, caractéristiques qu'il partage avec de nombreux dinosaures. Une telle anatomie semble conçue pour la course. Cette capacité à courir vite lui servait peut-être à pourchasser les insectes dont il se nourrissait. Sa rapidité devait également lui permettre d'échapper aux prédateurs.

Askeptosaurus

PATTES DE REPTILES

La forme des pattes d'un animal révèle beaucoup de choses sur son mode de vie. Celles des amphibiens ne sont pas faites pour saisir. Leurs doigts palmés sont plutôt conçus pour pagayer dans l'eau. Celles des reptiles, bien plus développées, terminées par de longs doigts fins, sont capables de saisir et de tirer, ainsi que de creuser la terre.

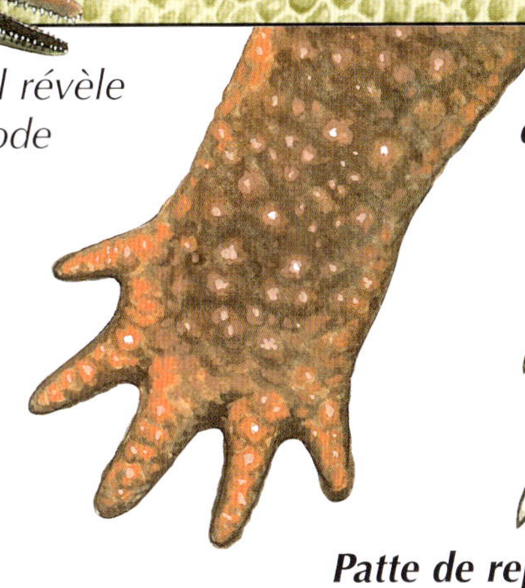

Patte d'amphibien

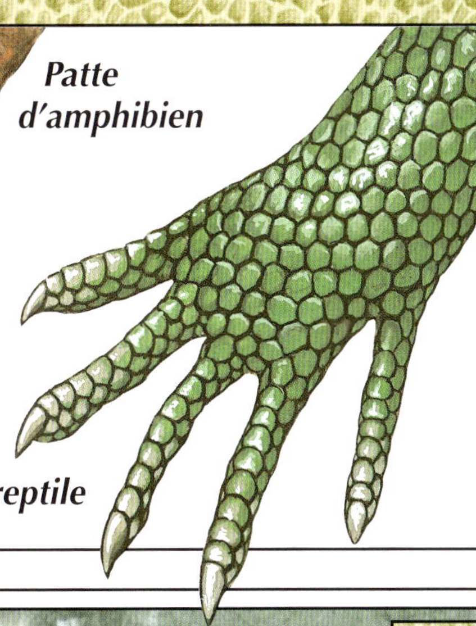

Patte de reptile

L'histoire de la vie sur Terre est l'histoire de l'évolution : la façon dont les êtres vivants se sont adaptés aux changements au fil du temps. Certaines adaptations des reptiles primitifs sont devenues des caractéristiques fondamentales des dinosaures, des ptérosaures et des plésiosaures. Le crâne des diapsides primitifs en est un exemple, ainsi que le fait de se tenir sur deux pattes, comme *Euparkeria,* capacité développée chez les dinosaures carnivores ultérieurs. D'autres caractères, comme les écailles de *Longisquama,* ne se sont pas transmis aux dinosaures.

EUPARKERIA

Trias ; –240 millions d'années ; Afrique du Sud ; 60 cm.

Avec ses pattes postérieures plus longues que les antérieures, ce carnivore légèrement bâti avait une allure différente de la plupart des reptiles de son époque. Cette particularité devait permettre à l'animal de se dresser sur ses pattes postérieures pour courir sur de courtes distances, capacité dont il était un des premiers reptiles à jouir. Cela devait donner à *Euparkeria* un avantage sur les autres quadrupèdes, plus lents. Les dinosaures et les ptérosaures sont les descendants de tels reptiles.

LONGISQUAMA

Trias ; –230 millions d'années ; Asie ; 15 cm de long.

Cette étonnante créature doit son nom aux étranges écailles dressées le long de son dos, sur deux rangées. Depuis la découverte de l'animal en 1969, les scientifiques sont demeurés perplexes devant ces longues projections osseuses incurvées. Il était possible à l'animal de les abaisser à l'horizontal. Avec une envergure d'environ 30 cm, *Longisquama* devait pouvoir planer dans les forêts. Les avis sur la question ne sont pas unanimes, et, selon certains scientifiques, ces attributs, sans doute vivement colorés, servaient aux parades nuptiales.

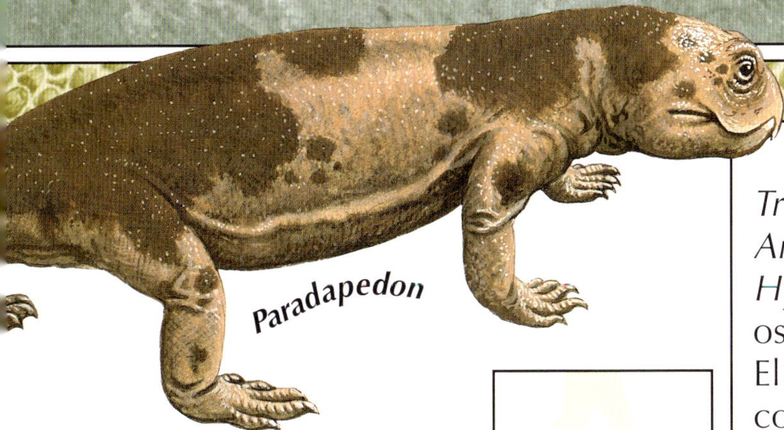

PARADAPEDON

Trias ; –210 millions d'années ; Asie ; 1,30 m de long.

Paradapedon était un rhynchosaure, un quadrupède en forme de barrique pouvant faire penser à un cochon. Les rhynchosaures, reptiles les plus abondants entre le milieu et la fin du trias (de –220 à –200 millions d'années), étaient herbivores. *Paradapedon* s'attaquait aux plantes coriaces, comme les fougères à graines (ptéridospermophytes), avec son bec. Au jurassique, les conifères supplantèrent les fougères, et les rhynchosaures disparurent.

HYPSOGNATHUS

Trias ; –210 millions d'années ; Amérique du Nord ; 33 cm de long.

Hypsognathus avait des pointes osseuses sur les côtés de la tête. Elles servaient sans doute de défenses contre les prédateurs qui gardaient leurs distances lorsque l'animal balançait de gauche à droite sa tête hérissée. C'était un herbivore qui mâchait les plantes avec ses dents émoussées en forme de crochet, situées au fond de sa gueule. Ce petit animal, bas sur pattes, devait se mouvoir plutôt lentement.

DES TROUS DANS LE CRÂNE

Les reptiles sont répartis en différents groupes en fonction du nombre d'orifices qu'ils ont dans le crâne, des fosses temporales auxquelles sont fixés des muscles :
1. Les anapsides n'ont pas de fosses.
2. Les synapsides en ont une de chaque côté.
3. Les diapsides en ont deux de chaque côté. Les dinosaures, les ptérosaures et les plésiosaures sont issus des diapsides. Les crocodiles, lézards, serpents et oiseaux actuels appartiennent à ce même groupe.

1. Anapside
2. Synapside
3. Diapside

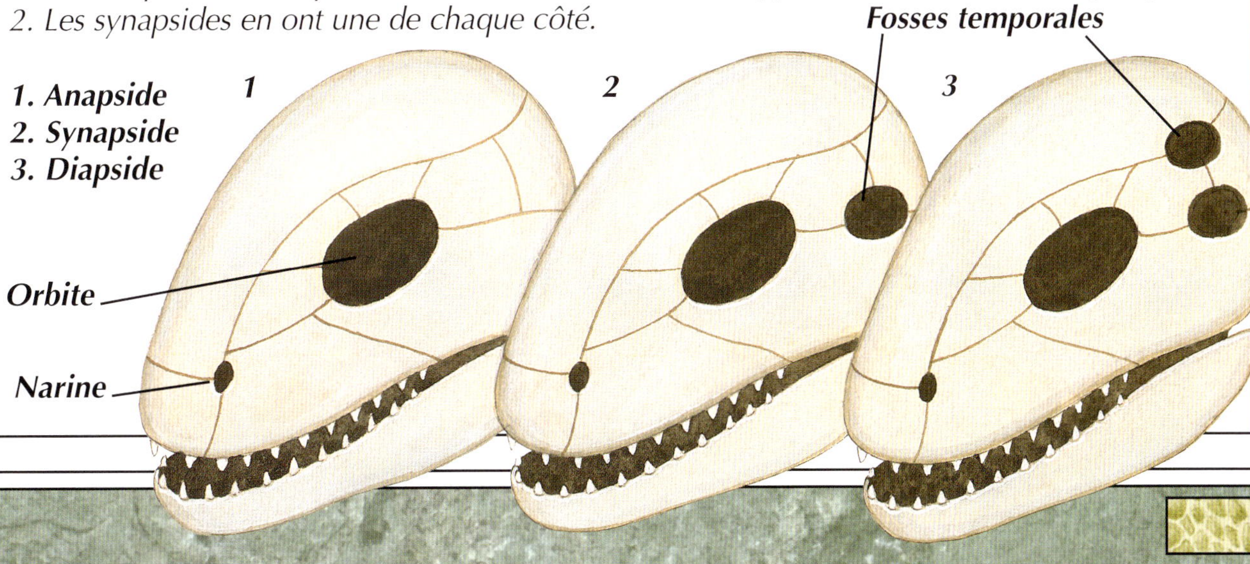

HYLONOMUS

Un des tout premiers reptiles connus a été découvert dans le célèbre site fossilifère de Joggins, en Nouvelle-Écosse, au Canada. Les falaises y sont perpétuellement érodées par l'action de l'océan, qui révèle ainsi des restes anciens de faune et de flore. En 1851, les restes fossiles d'une nouvelle espèce d'animal préhistorique furent mis au jour dans ce site. Ce petit reptile, qui fut nommé *Hylonomus,* « souris de forêt », vivait il y a environ 320 millions d'années.

COMME UN LÉZARD

Hylonomus était un anapside (premier groupe de reptiles primitifs). Comme tous les anapsides, il avait un crâne plein, tels les amphibiens. Les seuls orifices étaient ses orbites et ses narines ; il ne possédait probablement pas de tympan. Semblable à un petit lézard, *Hylonomus* devait en avoir aussi le mode de vie. Il avait un corps longiligne et une longue queue, quatre pattes bien développées et des mâchoires truffées de petites dents pointues.

Des Hylonomus parcourent le sol de leurs forêts familières, peu après une inondation qui a ravagé de nombreux arbres. L'un d'eux grimpe dans la souche pourrissante d'un arbre, d'où il sera incapable de ressortir.

FICHE HYLONOMUS

Nom Hylonomus
Date *–310 millions d'années*
Sites fossilifères *Canada*
Longueur *20 cm*
Régime *Araignées, mille-pattes, insectes*
Habitat *Sols des forêts*

LE SOL DE LA FORÊT

Hylonomus vivait sur le sol des forêts dont les arbres atteignaient 100 m de haut. Plus près du sol poussaient les fougères à graines. Dans cet habitat ombragé, l'animal se dissimulait aux yeux de ses prédateurs, cherchait de la nourriture et élevait ses petits.

DES DENTS ACÉRÉES

Ce carnivore se nourrissait sans doute d'insectes et autres petits invertébrés comme les mille-pattes, les vers et les araignées. Avec ses dents pointues et acérées, il écrasait aisément ces proies molles, mais on le suppose aussi capable de transpercer la coquille dure des escargots en refermant les mâchoires sur l'animal.

PIÉGÉ DANS UNE SOUCHE

On connaît Hylonomus *grâce à plusieurs squelettes retrouvés au même endroit. Ce lieu qui était, il y a des millions d'années, une forêt d'arbres à écorce squameuse, fut inondé, et les arbres tombèrent. Après le retrait des eaux, des* Hylonomus *cherchèrent des insectes dans les souches pourrissantes et ne purent en ressortir : ils y moururent.*

LES PÉLYCOSAURES ET LES REPTILES MAMMALIENS

80 millions d'années avant l'apparition des premiers dinosaures, deux groupes d'animaux firent leur apparition sur la terre ferme. Les pélycosaures, d'étranges animaux à voile dorsale, sont à l'origine du groupe des reptiles mammaliens. Ces derniers sont les ancêtres des mammifères.

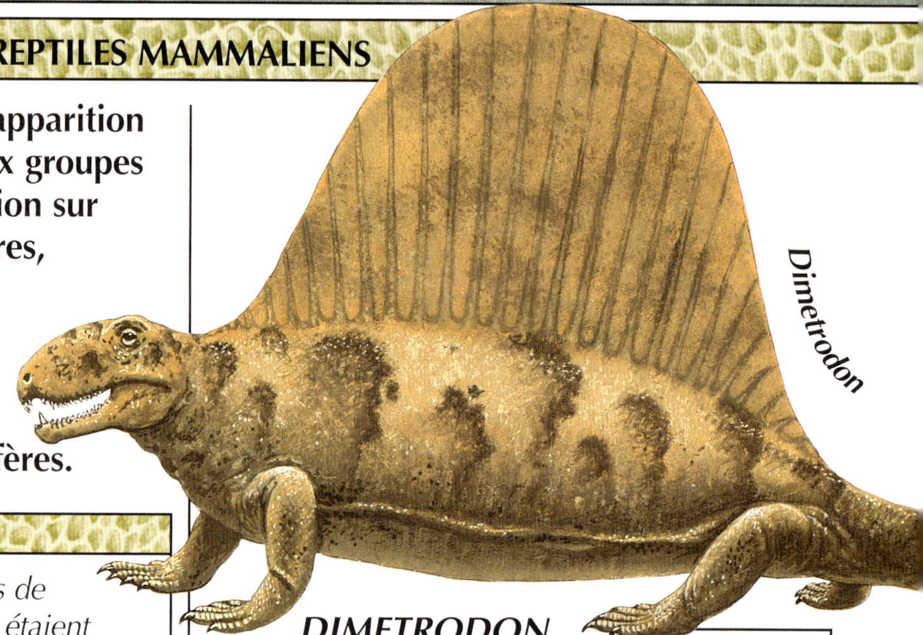

LES DENTS DE DIMETRODON

Dimetrodon *signifie « deux sortes de dents ». À l'avant de la mâchoire étaient fixées de longues canines acérées et, en arrière, de nombreuses dents plus courtes, sans doute efficaces pour trancher la chair. Cet animal était l'un des principaux prédateurs de son temps, se nourrissant de proies de toutes tailles.*

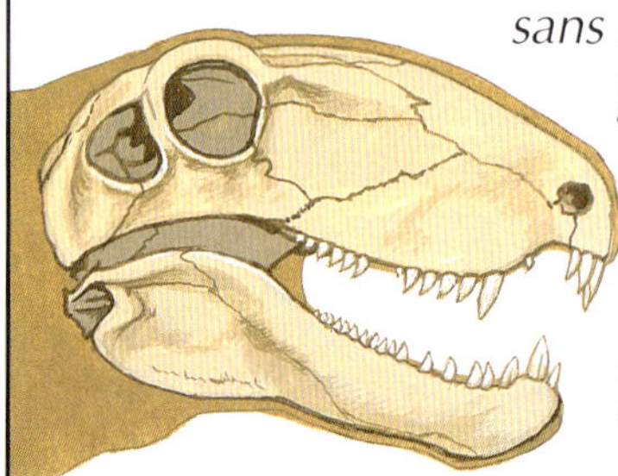

EDAPHOSAURUS

Permien ; –280 millions d'années ; Amérique du Nord ; Europe ; 3,50 m de long.

Avec sa crête dorsale recouverte d'une membrane de peau, *Edaphosaurus* devait être impressionnant aux abords des lacs où il vivait. À la différence des autres pélycosaures, comme *Dimetrodon, Edaphosaurus* était un herbivore. L'examen de ses dents émoussées et en forme de crochet suggère qu'elles lui servaient à tailler et à mâcher des végétaux, et non pas de la viande.

DIMETRODON

Permien ; –280 millions d'années ; Amérique du Nord ; 3,50 m de long.

Dimetrodon est le plus connu des pélycosaures. Cet animal corpulent était un carnivore féroce qui se déplaçait à quatre pattes. Il avait une grosse tête et des dents acérées. La fonction de sa voile dorsale est un sujet de controverse. Selon la plupart des scientifiques, elle permettait à l'animal de réguler la température de son corps, emmagasinant de la chaleur ou au contraire l'évacuant, selon les besoins. D'autres estiment qu'il s'agissait d'un attribut, sans doute vivement coloré, destiné aux parades nuptiales.

TITANOSUCHUS

Permien ; –270 millions d'années ; Afrique du Sud ; 2,50 m de long.

Cet animal appartenait au groupe des thérapsides, aussi appelés reptiles mammaliens (ou mammifères reptiliens). Ces espèces sont les ancêtres directs des mammifères, qui commencèrent à apparaître il y a environ 200 millions d'années. Les thérapsides avaient des caractères à la fois reptiliens et mammaliens. *Titanosuchus* était un prédateur. Il avait des incisives aiguisées et des canines semblables à des défenses, parfaitement adaptées pour mordre et transpercer ses proies, parmi lesquelles *Moschops,* un gros herbivore lent.

MOSCHOPS

Permien ; –260 millions d'années ; Afrique du Sud ; 5 m de long.

Le plus grand de ces reptiles mammaliens était le *Moschops,* un herbivore au corps en forme de barrique, avec une queue courte et de lourdes pattes. Son corps volumineux contenait un gros système digestif destiné à digérer les végétaux de façon à en extraire le maximum d'énergie. Ses dents, comme celles des autres herbivores, étaient émoussées. À en croire les fossiles retrouvés, il vivait en petits troupeaux, broutant les végétaux près du sol, comme les vaches d'aujourd'hui.

Les reptiles mammaliens, les thérapsides, sont un groupe primitif déterminant. Apparus il y a environ 300 millions d'années, ils ont survécu 120 millions d'années. Leur crâne était semblable à celui des mammifères, mais la plupart des espèces avaient une démarche de reptile.

ESTEMMENOSUCHUS

Permien ; –255 millions d'années ; Europe ; 3 m de long.

Cet énorme reptile mammalien vivait en troupeaux sur les berges des lacs. C'était sans doute un omnivore, dont le régime varié comportait des végétaux, comme des prêles, mais aussi de petits animaux. La « couronne » de cornes osseuse est sans doute sa caractéristique la plus notable. On n'en connaît pas la fonction, mais peut-être servait-elle lors des combats nuptiaux, quand les mâles croisaient leurs cornes, comme le font les cerfs actuels.

TAPINOCEPHALUS

Permien ; –270 millions d'années ; Afrique du Sud ; 4 m de long.

Ce reptile mammalien massif était un herbivore lent, semblable au *Moschops* qui habitait les mêmes régions, à la même époque. Comme ses congénères, *Tapinocephalus* avait un crâne particulièrement épais. Personne n'en connaît vraiment la raison, mais, selon certains scientifiques, cela indiquerait que cette espèce se battait à coups de tête. Les combats entre adultes visaient peut-être à sélectionner l'individu le plus fort.

ROBERTIA

Permien ; –260 millions d'années ; Afrique du Sud ; 20 cm de long.

Robertia appartenait à une famille de reptiles mammaliens appelée dicynodonte (« deux dents de chien »), nom hérité de leurs deux canines semblables à des défenses. Fixées à la mâchoire supérieure, elles étaient ses seules dents. *Robertia,* herbivore, était un des premiers dicynodontes, et, comme ses congénères, la forme de son corps rappelait celle d'un cochon. Il tirait et arrachait les végétaux avec son bec. Il vivait probablement dans un terrier, bien à l'abri, loin du regard des prédateurs.

TÊTE À CORNES

Estemmenosuchus, *qui signifie « crocodile couronné », doit son nom à la « couronne » de cornes disposée sur son crâne. Ces cornes servaient peut-être lors de combats, mais protégeaient sans doute également les yeux de l'animal. Le crâne d'un adulte mesurait 45 cm de large, comme celui d'un rhinocéros.*

PROCYNOSUCHUS

Permien ; –260 millions d'années ; Afrique du Sud, Europe ; 60 cm de long.

Procynosuchus était un cynodonte (« dents de chien »), autre famille de reptiles mammaliens. Il n'en était pas un représentant typique, car il s'était adapté à la vie aquatique, alors que les cynodontes étaient plutôt des animaux terrestres.

Il nageait en tortillant l'avant et l'arrière de sa colonne vertébrale rigide, à la façon d'un crocodile, et pagayait avec ses pattes palmées, semblables à celles d'une loutre. C'était un carnivore.

Parmi les reptiles mammaliens apparus plus tard, certains avaient développé de véritables caractères de mammifères. Ainsi, *Thrinaxodon,* qui était sans doute velu, et *Lycaenops,* un animal aux longues pattes lui permettant de se soulever du sol lorsqu'il se déplaçait et lui évitant de ramper comme les reptiles.

CISTECEPHALUS

Permien ; –260 millions d'années ; Afrique du Sud ; 33 cm de long.

Cistecephalus habitait des tunnels souterrains, à la façon des taupes actuelles. Ce petit animal trapu creusait la terre avec ses pattes antérieures et la rejetait avec les postérieures. Dans son monde obscur, ce reptile mammalien se nourrissait de vers, de coléoptères, d'escargots et autres petits animaux qui tombaient dans son réseau souterrain. Il mangeait peut-être aussi les tiges souterraines des prêles et des fougères.

LYCAENOPS

Permien ; –260 millions d'années ; Afrique du Sud ; 1 m de long.

Lycaenops, qui signifie « face de loup », était un carnivore à la corpulence légère et aux longues pattes. Son crâne, comme celui des loups actuels, était allongé et fin, et de longues canines pointaient des mâchoires supérieures et inférieures, comme chez le chien. Ces canines pointues étaient parfaitement adaptées pour transpercer et déchiqueter la chair de grosses proies comme l'herbivore *Moschops.* On pense qu'il vivait et chassait en meute.

MARCHER DEBOUT

Lycaenops *marchait et courait avec ses longues pattes proches du corps. Cette caractéristique est propre aux mammifères. Chez les reptiles, les pattes, fixées sur les côtés du corps, en sont écartées. La capacité à se déplacer comme un mammifère donnait* à Lycaenops *un avantage sur les autres quadrupèdes : il courait bien plus vite.*

THRINAXODON

Trias ; –250 millions d'années ; Afrique du Sud, Antarctique ; 50 cm de long.

LYSTROSAURUS

Trias ; –250 millions d'années ; Afrique du Sud, Asie, Antarctique ; 1 m de long.

Lystrosaurus appartenait au groupe des dicynodontes, reptiles mammaliens dotés de deux canines fixées à la mâchoire supérieure. Le museau de cet herbivore se terminait par un bec osseux, semblable à celui d'une tortue, et lui servait à arracher et à couper la végétation. Il vivait sans doute aux bords des lacs, passant, comme les hippopotames actuels, beaucoup de temps dans l'eau à se nourrir de plantes aquatiques.

Thrinaxodon était un petit cynodonte carnivore, groupe caractérisé par des canines, des molaires et des incisives semblables à celles des chiens. Il pouvait respirer en mangeant, capacité propre aux mammifères, interdite aux reptiles. On suppose qu'il était couvert de fourrure, autre caractéristique mammalienne importante dont les reptiles sont privés. Malgré tout, son squelette présentait encore des caractéristiques reptiliennes, d'où son classement parmi les reptiles mammaliens. Il vivait dans des terriers, dont il sortait pour chasser.

L'EXTINCTION MASSIVE DU PERMIEN

Vers la fin du permien, il y a environ 248 millions d'années, un évènement se produisit qui entraîna l'extinction de presque toute forme de vie sur Terre. C'est la plus importante vague d'extinction d'espèces animales que notre planète ait connue. Plus grande même que celle qui emporta l'ensemble des dinosaures des millions d'années plus tard.

Ce bouleversement élimina 70 % de la vie sur la terre ferme et 90 % dans les mers. Ces espèces ont sans doute disparu en 100 000 ans à peine, si ce n'est 10 000 ans, comme l'estiment certains scientifiques ! La cause, ou les causes, restent incertaines, et de nombreuses théories s'affrontent.

LA RESPONSABILITÉ DES VOLCANS

Des éruptions volcaniques massives se produisirent en Sibérie et en Asie du Nord, à la fin du permien. Elles auraient projeté du dioxyde de carbone et autres gaz dans l'atmosphère, provoquant des pluies acides. Cela aurait décimé les plantes, privant les animaux de la base de la chaîne alimentaire.

LA THÉORIE DE LA SUFFOCATION

Une augmentation du dioxyde de carbone dans l'atmosphère, provoqué par des explosions volcaniques, aurait réduit la proportion d'oxygène dans l'air et dans l'eau. Cela aurait signé l'arrêt de mort par suffocation des animaux, où qu'ils aient vécu.

La végétation disparaissant, les herbivores mouraient, privés de nourriture. Les carnivores se trouvaient à leur tour en manque de sources alimentaires.

LA MORT VENUE DE L'ESPACE

La collision entre la Terre et une météorite, roche venue de l'espace, est une des théories qui ont la faveur des scientifiques. Plusieurs éléments confirment la thèse de la collision d'une météorite avec la Terre, pour expliquer la disparition des dinosaures, voici 65 millions d'années. On peut donc supposer qu'il en a été de même il y a 248 millions d'années. Un impact assez important aura déclenché des éruptions volcaniques et saturé l'atmosphère en gaz toxiques.

LA MORT PAR GLACIATION

Selon une autre théorie, la température de la Terre aurait chuté, et les glaces des pôles Sud et Nord se seraient considérablement étendues.
Des preuves d'un refroidissement de la planète, vers la fin du permien, existent, mais nos connaissances sont insuffisantes pour déterminer si le phénomène était suffisant, en degrés et en durée, pour provoquer la disparition de la vie animale sur Terre.

LA PANGÉE

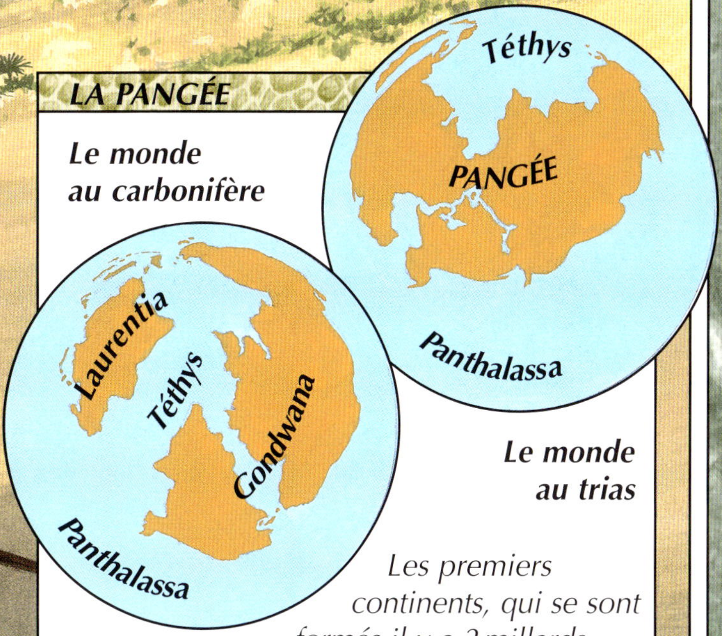

Le monde au carbonifère

Le monde au trias

Les premiers continents, qui se sont formés il y a 2 millards d'années, se sont peu à peu soudés en un supercontinent, le Gondwana. Celui-ci, au permien, a constitué la Pangée (« toute la terre »), encore plus vaste. Ce phénomène géologique de glissement des plaques lithosphériques sur la croûte terrestre aurait modifié le niveau des océans, provoquant la mort des animaux marins et côtiers. Mais cela n'explique pas la disparition des animaux terrestres.

La catastrophe responsable de la disparition de l'essentiel de la vie animale à la fin du permien, il y a 248 millions d'années, a modifié le cours de l'évolution. Les survivants ont produit des descendants comme *Cynognathus,* un reptile mammalien aux caractères plus mammaliens que reptiliens. Cependant, avant de connaître le règne des mammifères, le monde a été dominé par les dinosaures.

CYNOGNATHUS

Trias ; –230 millions d'années ; Afrique du Sud, Amérique du Sud, Antarctique ; 1 m de long.
Cynognathus était un prédateur qui chassait en meute des proies telles que *Kannemeyeria*. Lorsqu'il se déplaçait, il ne se traînait pas par terre tels les autres reptiles mammaliens, car ses pattes le soulevaient du sol. Sans doute couvert de fourrure, il était aussi vivipare (qui donne naissance à des petits formés) et non pas ovipare (qui pond des œufs).

Cynognathus

KANNEMEYERIA

Trias ; –230 millions d'années ; Afrique du Sud, Asie, Amérique du Sud, Antarctique ; 3 m de long.
Cet herbivore massif, aux pattes écartées, était un dicynodonte, groupe de reptiles mammaliens dotés de deux canines fixées à la mâchoire supérieure. C'étaient ses seules dents, et son museau se terminait par un bec osseux. Il vivait dans des paysages ouverts où il était chassé par des prédateurs comme *Cynognathus*.

DES DENTS DE MAMMIFÈRE

Cynognathus *(« mâchoire de chien ») était un cynodonte, animal aux dents de chien. Il avait des mâchoires puissantes, dotées de nombreuses incisives à l'avant, de canines en forme de crochet juste derrière, puis d'une rangée de dents le long des joues. Une dentition parfaitement adaptée pour déchirer la viande et qui indique un étroit lien de parenté avec les mammifères.*

Kannemeyeria

Placerias

MASSETOGNATHUS

Trias ; –220 millions d'années ; Amérique du Sud ; 50 cm de long.

Les cynodontes n'étaient pas tous des carnivores. De taille moyenne, *Massetognathus* était un herbivore pourvu d'une rangée de dents adaptées à la mastication de végétaux. Il possédait toujours le long museau distinctif des dicynodontes, avec des incisives pointues et des canines en forme de crochet. Mais les dents du fond, aplaties et côtelées et non pas pointues, étaient adaptées pour moudre les tiges, les racines et autres végétaux. *Massetognathus,* outre ses pattes griffues et sa longue queue de chien, était sans doute velu.

PLACERIAS

Trias ; –215 millions d'années ; Amérique du Nord ; 3,50 m de long.

Les deux défenses fixées à la mâchoire supérieure de *Placerias* indiquent que c'était un reptile mammalien du groupe des dicynodontes. Le crâne de l'adulte mesurait environ 60 cm de long, et son museau se terminait par un gros bec osseux. Cet herbivore se servait sans doute de ses défenses pour fouiller la terre et en extraire des végétaux. Avec son bec, il déchirait les végétaux et les racines coriaces, mais aussi les tiges et les feuilles plus souples. Corpulent et doté de courtes pattes aux extrémités étalées et aux griffes émoussées, *Placerias* ressemblait à un petit hippopotame. Il vivait sans doute en troupeaux, près de l'eau, peut-être dans un environnement saisonnier, composé d'une saison sèche et d'une saison humide. Comptant parmi les derniers dicynodontes, il s'éteignit, pour une raison inconnue, il y a environ 210 millions d'années.

Massetognathus

CHAPITRE 2

TUEURS ET CHAROGNARDS

LES THÉROPODES CARNIVORES

En 1881, Othniel Charles Marsh (1831-1899), un célèbre chercheur de fossiles américain, proposa de réunir tous les dinosaures carnivores dans un même groupe, qu'il nomma théropodes, « pieds de bête ». Les premières espèces sont apparues il y a 225 millions d'années, peu après le début du mésozoïque, l'âge des reptiles, et le groupe a résisté 160 millions d'années, jusqu'à l'extinction de tous les dinosaures, il y a 65 millions d'années.

MODIFICATIONS

Au cours des 160 millions d'années d'existence des carnivores, leur anatomie se transforma. Leur cerveau s'agrandit, leurs membres s'allongèrent et s'affinèrent, et leur vision s'améliora.

Les théropodes, qui regroupaient de très nombreuses espèces, ont vécu sur la Terre environ 160 millions d'années. C'étaient les principaux prédateurs du mésozoïque.

LES CARACTÉRISTIQUES

La plupart des dinosaures carnivores étaient bipèdes, ils se déplaçaient sur leurs longues pattes postérieures. Ils couraient assez vite, dépassant facilement les dinosaures herbivores, plutôt lents. À l'extrémité des pattes, ils avaient trois orteils armés de griffes tranchantes. Ils avaient de toutes petites pattes antérieures, le poitrail compact, la queue longue, le cou incurvé et souple ainsi que de grands yeux.

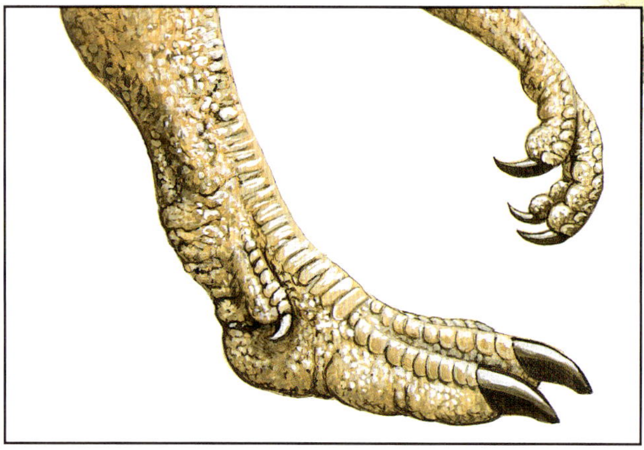

Pattes d'un dinosaure carnivore

DES DENTS ET DES BECS

Les théropodes étaient armés de dents ou bien d'un bec. Leurs dents étaient fines et tranchantes comme des lames, avec le bord crénelé. Lorsque le carnivore mordait sa proie, les crénelures s'accrochaient dans la chair, qu'elles tranchaient profondément, comme une véritable lame de scie. Les petites espèces avaient généralement beaucoup plus de dents que les grandes.

Chez les espèces dentées, les dents les plus longues étaient situées au milieu de la mâchoire, où la puissance des muscles permettait une morsure plus forte. Les espèces dépourvues de dents possédaient un bec osseux recouvert d'une épaisseur de corne. Il n'était pas adapté pour mordre dans la chair mais devait permettre d'ouvrir des œufs.

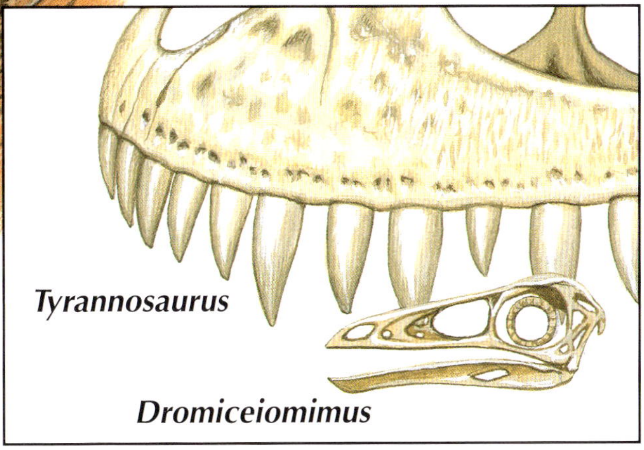

Les carnivores avaient des dents ou un bec.

LES PREMIERS CARNIVORES

Les premiers dinosaures carnivores sont apparus au milieu du trias, il y a environ 225 millions d'années. Ils étaient nettement plus petits et pas tout à fait aussi développés que les espèces plus tardives et plus connues du mésozoïque, tel *Tyrannosaurus*.

COELOPHYSIS

Trias ; –220 millions d'années ; Amérique du Nord ; 3 m de long.

Cet animal était bâti pour la rapidité et l'agilité. Les os de ses membres étaient presque creux, ce qui réduisait d'autant son poids, avantage indéniable pour un animal qui dépendait de la vitesse pour capturer ses proies. Ses petites pattes antérieures servaient sans doute à attraper puis à tenir la nourriture. Peut-être vivait-il et chassait-il en meute.

EORAPTOR

Trias ; –225 millions d'années ; Amérique du Sud ; 1 m de long.

Eoraptor a une importance particulière car c'est l'un des plus anciens dinosaures connus, présent au tout début de l'âge des reptiles. C'était un petit animal rapide sur ses pattes postérieures élancées, deux fois plus longues que les antérieures. Ce carnivore, sans doute à la fois chasseur et charognard, avait de longues mâchoires remplies de petites dents en lame de scie. Des fossiles ont été mis au jour dans le lit d'une ancienne rivière d'Argentine, et les chercheurs en ont déduit que l'animal se nourrissait sans doute de poissons.

DE RAPIDES COUREURS

La vitesse et l'agilité étaient deux capacités indispensables aux carnivores. Sans elles, leurs chances de survie auraient été bien minces. Ils devaient être capables de courir aussi vite que les proies dont ils se nourrissaient.

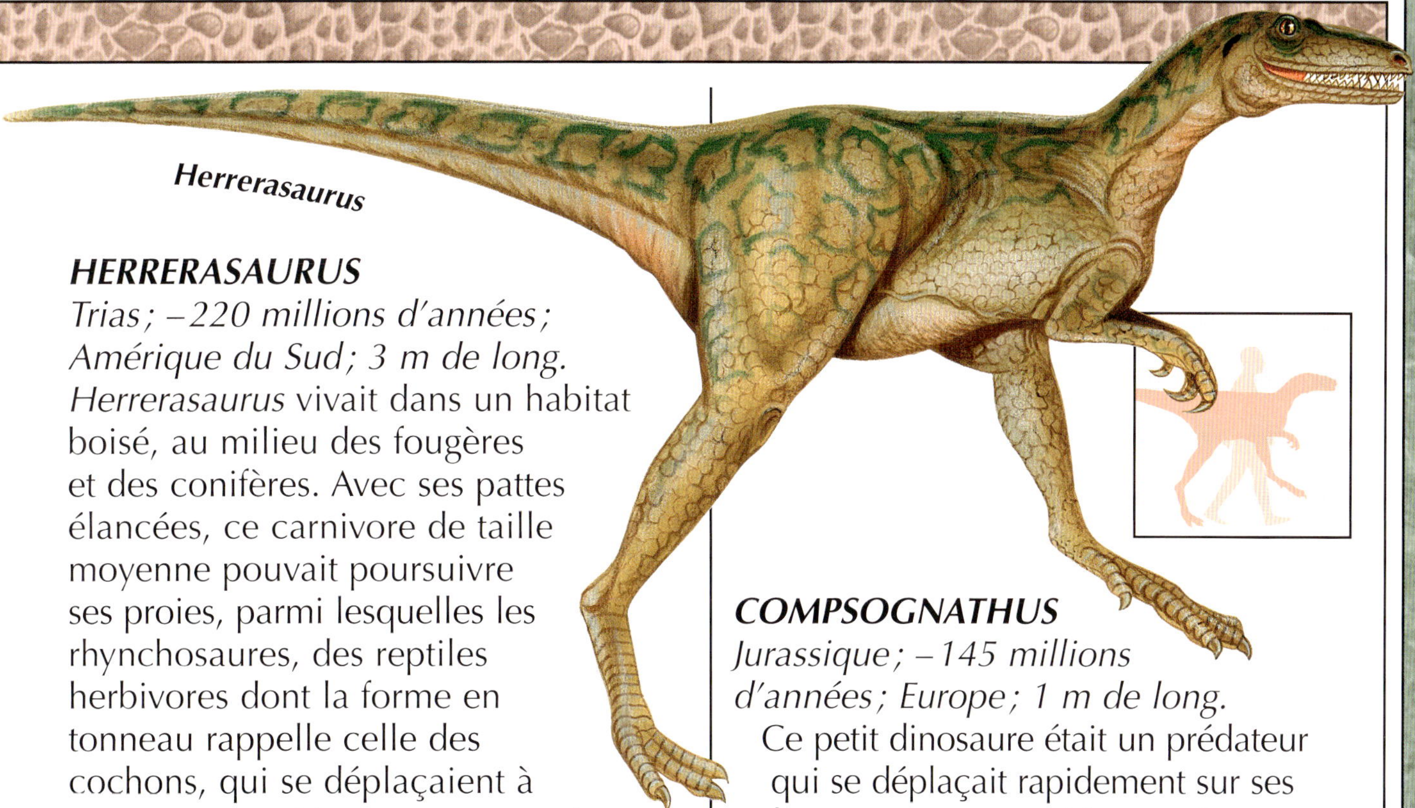

HERRERASAURUS

Trias ; –220 millions d'années ; Amérique du Sud ; 3 m de long.
Herrerasaurus vivait dans un habitat boisé, au milieu des fougères et des conifères. Avec ses pattes élancées, ce carnivore de taille moyenne pouvait poursuivre ses proies, parmi lesquelles les rhynchosaures, des reptiles herbivores dont la forme en tonneau rappelle celle des cochons, qui se déplaçaient à quatre pattes. *Herrerasaurus* avait une tête étroite et allongée, avec de fortes mâchoires truffées de dents tranchantes orientées vers l'arrière. Il avait de petites pattes antérieures et une longue queue qu'il maintenait à l'horizontal derrière lui, lorsqu'il courait, sans doute en guise de contrepoids pour éviter de tomber la tête en avant.

Les carnivores devaient avoir une démarche sûre : il leur fallait garder l'équilibre même lorsqu'ils prenaient des virages à vive allure.

COMPSOGNATHUS

Jurassique ; –145 millions d'années ; Europe ; 1 m de long.
Ce petit dinosaure était un prédateur qui se déplaçait rapidement sur ses longues pattes postérieures. Ses pattes antérieures étaient courtes et griffues à leur extrémité. Il avait un gros crâne, des mâchoires garnies de nombreuses dents incurvées et tranchantes, mais trop petites et écartées pour que *Compsognathus* puisse s'attaquer à une grosse proie. Elles étaient en revanche parfaitement adaptées pour mordre les petits reptiles, les insectes et les mammifères.

DES CARNIVORES DE GRANDE TAILLE 1

Les carnivores de grande taille firent leur apparition au jurassique. Mais c'est au crétacé qu'ils atteignirent les proportions les plus importantes. Puissamment bâtis, équipés de dents acérées pour déchiqueter la viande et de griffes capables de déchirer les peaux les plus coriaces, ces théropodes se déplaçaient sans doute en petits troupeaux, parfois même seuls ou à deux.

DILOPHOSAURUS

Jurassique ; – 190 millions d'années ; Amérique du Nord ; 6 m de long.
Dilophosaurus, un des premiers grands carnivores, se distinguait par la double crête osseuse sur le sommet de son crâne. On n'en connaît pas vraiment la fonction, et on ignore si cet attribut était présent chez les deux sexes.

D'après une théorie, la crête, vivement colorée, pouvait servir de signal pour attirer un partenaire ou pour distinguer l'individu dominant du troupeau. L'extrémité des pattes de ce prédateur étaient armée de longues griffes qui devaient lui servir à frapper ses proies, qu'il saisissait, en même temps, avec ses pattes antérieures. Selon les scientifiques, il vivait en groupes peu nombreux.

Allosaurus

ALLOSAURUS

Jurassique/crétacé ; – 140 millions d'années ; Amérique du Nord ; 12 m de long.
Allosaurus était le plus grand carnivore du début du crétacé. Ce bipède, qui marchait sur ses deux puissantes pattes postérieures, avait un cou épais en forme de S. Ses petites pattes antérieures étaient armées de trois griffes pointues et incurvées, longues de 15 cm environ. Ses dents, longues de 10 cm, étaient recourbées vers l'intérieur et crénelées comme des couteaux à viande, efficaces pour trancher les chairs de ses victimes. *Allosaurus* chassait sans doute en groupes pour tuer des proies plus grandes que lui, et seul lorsqu'elles étaient plus petites.

Dilophosaurus

NEOVENATOR

Crétacé ; –125 millions d'années ; Europe ; 8 m de long.

Bien qu'il soit moins massif, cet animal est apparenté à *Allosaurus,* d'Amérique du Nord. C'était un prédateur féroce avec un grand crâne et des dents en lame de rasoir de 5 cm de long. Ses pattes antérieures étaient pourvues des griffes de près de 13 cm. Avec cette panoplie d'armes, *Neovenator* était un redoutable combattant, d'autant qu'il se déplaçait très rapidement sur ses longues pattes postérieures, qui lui permettaient de faire des pointes de vitesse. Son squelette a été découvert sur l'île de Wight, au large de la côte sud de l'Angleterre, où il devait chasser l'herbivore *Iguanodon.*

LES CHAROGNARDS

Les dinosaures carnivores étaient sans doute charognards outre que prédateurs. Le prédateur est un chasseur actif qui guette sa proie avant de la tuer, alors qu'un charognard se nourrit d'animaux déjà morts. Cette façon de s'alimenter « gratuitement » permettait d'économiser de l'énergie et d'éviter de se faire blesser lors d'un combat.

GIGANOTOSAURUS

Crétacé ; –90 millions d'années ; Amérique du Sud ; 15 m de long.

Cet animal était un carnivore gigantesque qui dépassait *Tyrannosaurus* de 2 m. Plusieurs squelettes ayant été découverts ensemble, on suppose qu'il chassait en groupes. Mais il était aussi un chasseur solitaire. Il avait de longues dents pouvant atteindre 20 cm, qui pénétraient profondément dans les chairs de ses proies, leur infligeant des blessures mortelles.

Les espèces décrites ici étaient des géants parmi les carnivores de grande taille. Leurs dents, leurs griffes et leur carrure musclée étaient parfaitement conçues pour l'attaque. Qu'ils chassent en bande ou seuls, ces théropodes étaient les plus remarquables chasseurs de l'âge des reptiles.

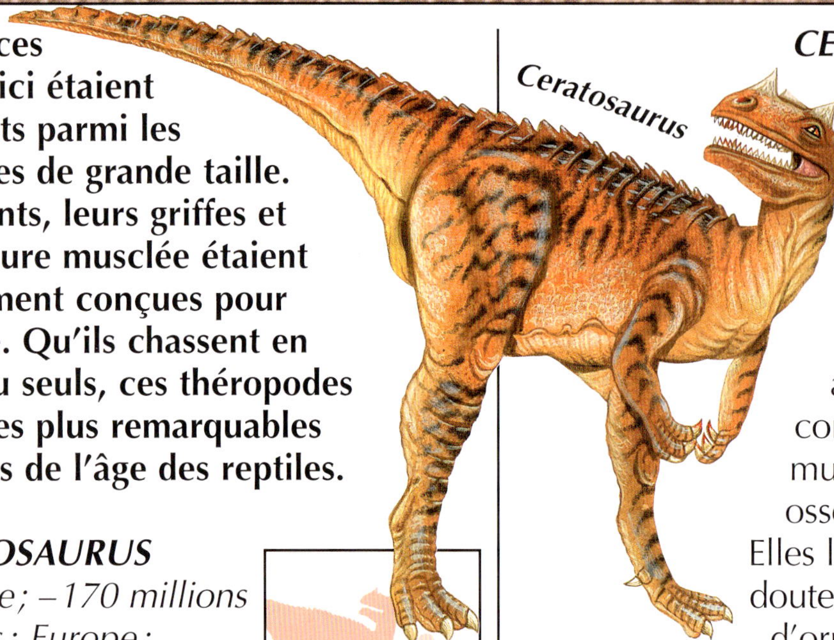

MEGALOSAURUS

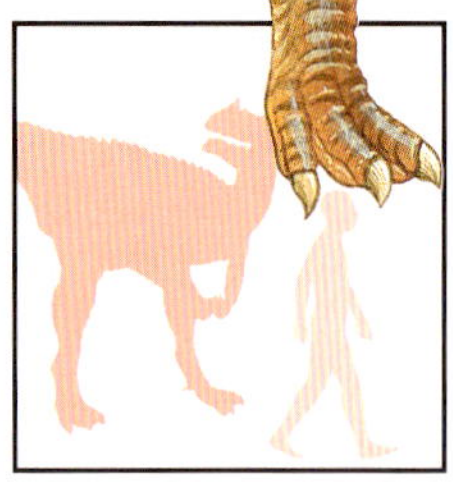

Jurassique ; –170 millions d'années ; Europe ; 9 m de long. *Megalosaurus* est le tout premier dinosaure à avoir reçu un nom. C'était en 1822, mais on connaît pourtant peu de chose à son sujet, car aucun fossile complet n'a jamais été découvert. Les spécialistes ont tenté de déterminer son mode de vie d'après celui des autres carnivores. Ils supposent ainsi que c'était un prédateur qui chassait des herbivores comme *Iguanodon,* mais sans doute aussi un charognard qui se nourrissait de la chair d'animaux déjà morts. Lorsqu'il tuait une proie, il devait sans doute rester à ses côtés plusieurs jours, à la façon des lions, se servant au gré de sa faim.

CERATOSAURUS

Jurassique ; –150 millions d'années ; Amérique du Nord, Afrique ; 6 m de long. *Ceratosaurus* arborait une petite corne au bout de son museau, et des arêtes osseuses près des yeux. Elles lui servaient sans doute moins d'armes que d'ornements de parade. Les os de son crâne, volumineux, se déplaçaient latéralement, lui permettant d'avaler de grosses bouchées de viande. Lorsqu'il perdait ses dents, à cause de la vieillesse, de la maladie ou d'un accident, de nouvelles repoussaient à la place.

MEUTE DE CHASSEURS

Chasser en meute permettait aux carnivores d'être plus efficaces. L'un d'entre eux distrayait la victime, l'isolant de la protection de son troupeau pendant que le gros de la meute refermait le cercle pour la mise à mort.

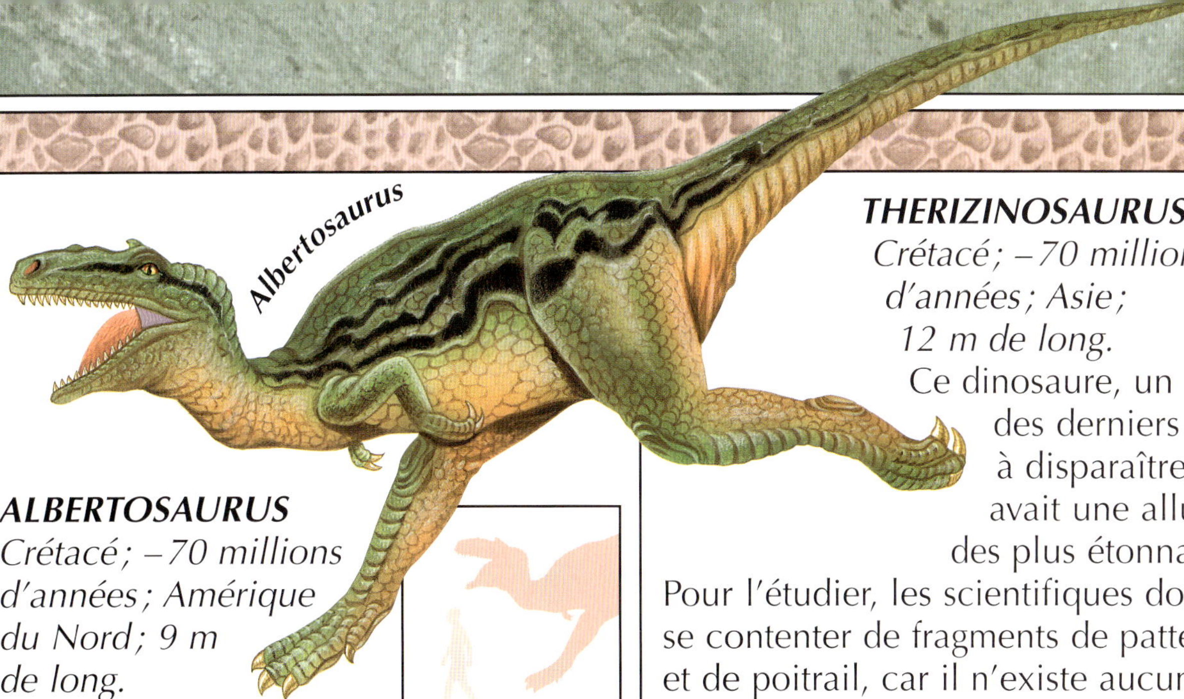

THERIZINOSAURUS

Crétacé ; –70 millions d'années ; Asie ; 12 m de long.

Ce dinosaure, un des derniers à disparaître, avait une allure des plus étonnantes. Pour l'étudier, les scientifiques doivent se contenter de fragments de pattes et de poitrail, car il n'existe aucun squelette complet à ce jour. En comparant ces restes à ceux d'autres espèces, ils pensent que l'animal devait ressembler à l'illustration ci-dessous, avec une petite tête au bout d'un long cou et des membres antérieurs longs de 2,45 m, armés de griffes. Les spécialistes sont perplexes quant à l'usage que l'animal pouvait faire de ces griffes, dont la plus grande mesure 70 cm de long. Selon certains, *Therizinosaurus* s'en servait pour ouvrir les termitières, selon d'autres, il les utilisait pour porter les plantes à sa gueule. Presque tous estiment qu'il devait être carnivore.

ALBERTOSAURUS

Crétacé ; –70 millions d'années ; Amérique du Nord ; 9 m de long.

Albertosaurus était un prédateur féroce apparenté à *Tyrannosaurus*. Mais les yeux d'*Albertosaurus,* à la différence de ceux de son cousin, qui étaient orientés vers l'avant, étaient situés sur les côtés et ne lui offraient pas une vision correcte. Un bon odorat devait sans doute compenser cette mauvaise vue. Ses yeux étaient coiffés de deux petites cornes, probablement destinées aux parades. Il marchait sur ses deux pattes postérieures fort musclées et courait sans doute vite, faisant des pointes à 30 km/h sur de courtes distances.

TYRANNOSAURUS

Ce célèbre animal est pourtant apparu peu avant l'extinction des dinosaures.

Nom Tyrannosaurus/Tyrannosaurus rex
Date *–70 millions d'années*
Sites fossilifères
Amérique du Nord
Longueur *12 m*
Régime *Viande*
Habitat *Plaines boisées*

UN REDOUTABLE TUEUR

Tyrannosaurus (T. rex) était le plus grand dinosaure carnivore prédateur après *Giganotosaurus*. C'était un théropode massif qui se tenait sur ses puissantes pattes postérieures, le dos parallèle au sol, la queue étirée à l'horizontale pour s'équilibrer. Avec ses yeux orientés vers l'avant, il avait sans doute une bonne vision qui l'aidait pour chasser.

DES ATTAQUES SURPRISES

Tyrannosaurus vivait dans de vastes plaines boisées, parsemées de grandes clairières, de zones de conifères, de cycadées, de chênes, d'érables et de hêtres, dont le sol était tapissé de fougères et de plantes à fleurs. Des herbivores broutaient cette végétation abondante pendant que rôdaient les prédateurs. Même lorsqu'il ne pouvait les apercevoir, *Tyrannosaurus* les sentait grâce à son odorat très développé. Lorsque la proie se trouvait en vue, il chargeait à des vitesses pouvant atteindre 36 km/h, avec des enjambées couvrant chacune de 3,70 à 4,60 m de terrain.

GRANDE TÊTE, GRANDES DENTS

Tyrannosaurus *avait un crâne massif de 1,50 m de long environ, mais qui était allégé par de grands espaces vides. Les mâchoires de* T. rex *étaient garnies de 50 à 60 dents en forme de lame, certaines atteignant 23 cm de long.*

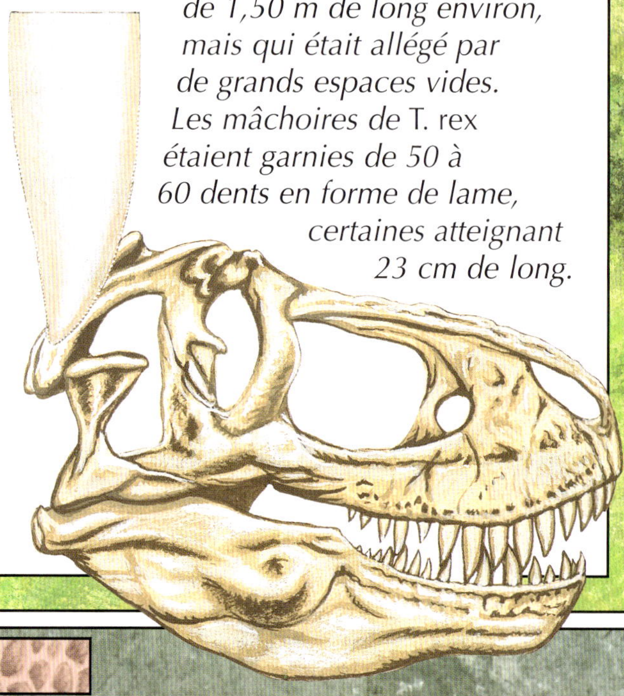

PLUS QUE RASSASIÉ

À l'image des carnivores actuels, comme le lion par exemple, *Tyrannosaurus* ne mangeait sans doute pas tous les jours. Lorsqu'il tuait une proie, un herbivore, il se rassasiait de viande, puis retournait se servir sur la carcasse plusieurs jours plus tard, selon sa faim. Sans doute était-il aussi charognard, se nourrissant d'animaux déjà morts.

DES DOIGTS CROCHUS

Tyrannosaurus *avait de courtes pattes antérieures dotées de doigts griffus. Cela peut sembler étrange qu'un si gros animal ait de si petits membres, mais pas si on considère qu'il s'en servait pour agripper ses proies.*

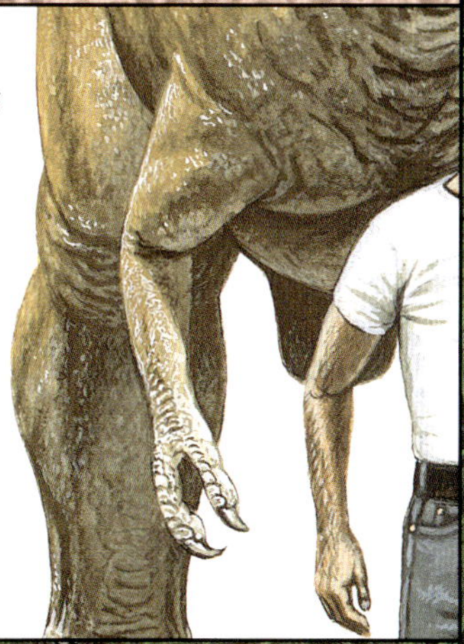

Un Tyrannosaurus *adulte sort de sa cachette et se jette sur un* Edmontosaurus *herbivore.*

Ornés d'une voile dorsale, les spinosaures étaient des carnivores très reconnaissables. Ces animaux étaient de grands théropodes mangeurs de poissons, aux mâchoires semblables à celles des crocodiles et aux griffes en faucille aux pattes antérieures.

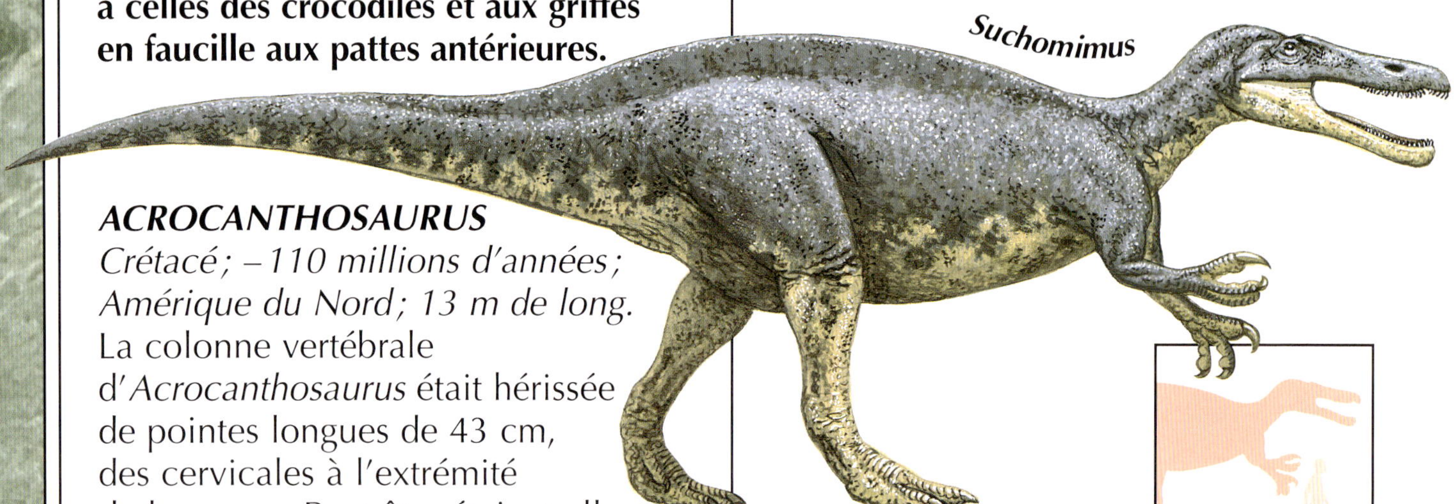

ACROCANTHOSAURUS

Crétacé ; – 110 millions d'années ; Amérique du Nord ; 13 m de long.

La colonne vertébrale d'*Acrocanthosaurus* était hérissée de pointes longues de 43 cm, des cervicales à l'extrémité de la queue. Peut-être étaient-elles recouvertes d'une membrane de peau. Ce carnivore féroce avait une grosse tête longue de 1,40 m et 68 dents en couteau-scie, plus efficaces pour trancher la chair que pour briser les os. Ses puissantes pattes antérieures étaient dotées de trois grandes griffes incurvées bien adaptées pour attraper et tenir des proies.

SUCHOMIMUS

Crétacé ; – 105 millions d'années ; Afrique du Nord ; 11 m de long.

Ce proche parent de *Spinosaurus* était aussi son contemporain et partageait plus ou moins le même habitat. Lui aussi arborait une voile dorsale, quoique moins haute. Se nourrissant également de poissons, il avait un museau long de 1,20 m, garni d'une centaine de dents pointues. Elles étaient tranchantes comme des lames de rasoir et légèrement recourbées vers l'intérieur de façon à retenir ses proies, qui ne pouvaient s'en dégager. Il avait trois doigts à l'extrémité de chacune de ses petites pattes, avec une griffe en faucille longue de 30 cm, outil idéal pour crocheter un poisson dans l'eau ou pour le transpercer.

SPINOSAURUS
Crétacé ; – 100 millions d'années ; Afrique ; 15 m de long.
Spinosaurus était un gigantesque carnivore qui se nourrissait, semble-t-il, de poissons qu'il attrapait à l'aide de ses mâchoires étroites. Son dos était hérissé d'épines, longues de 2 m, qui soutenaient une membrane de peau, sans doute vivement colorée. Elle était probablement destinée à impressionner, notamment lors de la période de reproduction. Si la voile possédait la faculté de « rougir » grâce à un afflux de sang, elle pouvait être un moyen d'intimidation, pour éloigner d'autres animaux. Selon une autre théorie, elle servait de régulateur de température, capturant la chaleur du soleil pour réchauffer l'animal et lui procurer de l'énergie.

IRRITATOR
Crétacé ; – 100 millions d'années ; Amérique du Sud ; 8 m de long.
Irritator, un spinosaure d'Amérique du Sud mangeur de poissons, avait des mâchoires semblables à celles des crocodiles, truffées de dents en crochet idéales pour harponner les poissons. Le seul fossile connu est un crâne, découvert par des chercheurs amateurs qui ont cru bon de « restaurer » son museau avec du plâtre de Paris. Cette malheureuse initiative a tant agacé les spécialistes qu'ils ont nommé l'animal *Irritator*! Son crâne ressemble tant à celui de *Spinosaurus* et de *Suchomimus* qu'on suppose que le reste de son anatomie est aussi très proche, voile dorsale incluse.

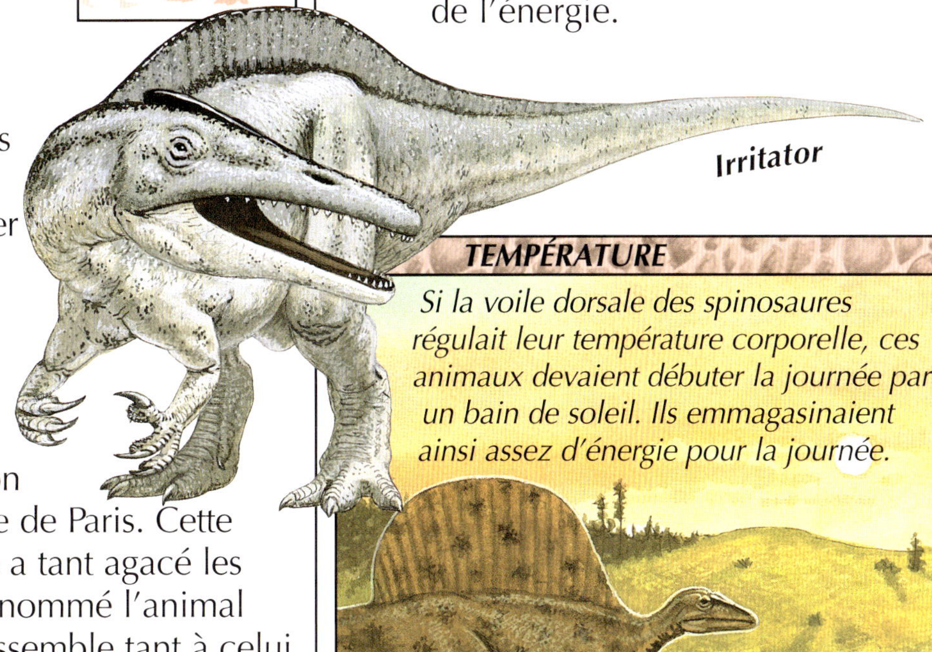

TEMPÉRATURE
Si la voile dorsale des spinosaures régulait leur température corporelle, ces animaux devaient débuter la journée par un bain de soleil. Ils emmagasinaient ainsi assez d'énergie pour la journée.

BARYONYX

La découverte d'une nouvelle espèce de dinosaure carnivore est toujours un évènement important, surtout lorsque son squelette fossilisé est quasi complet. C'est le cas de *Baryonyx,* espèce mangeuse de poissons totalement inconnue auparavant, mise au jour dans le sud de l'Angleterre. On découvrit non seulement presque tous ses os, mais également les restes de son dernier repas.

UN HABITAT FEUILLU

Baryonyx vivait dans des plaines inondables boisées, près des rivières et des plans d'eau, où poussaient des conifères, des cycadées, des araucarias, des fougères et des prêles. Il partageait cet habitat avec nombre d'autres espèces comme l'herbivore *Iguanodon* et le carnivore *Megalosaurus,* mais aussi avec des tortues et des crocodiles, qui vivaient dans l'eau, et des libellules.

UNE GRIFFE GIGANTESQUE

Baryonyx *avait trois doigts à chaque patte antérieure et une longue griffe recourbée sur celui de l'intérieur (le pouce). Chez l'adulte, elle mesurait 35 cm et était recouverte d'une sorte de fourreau corné, comme celles des oiseaux.* Baryonyx *signifie « lourde griffe ».*

Griffe du pouce gauche

UN CARNIVORE AU LONG COU

Baryonyx était un carnivore bipède au crâne étroit et aux mâchoires semblables à celles d'un crocodile. Ses pattes antérieures étaient robustes, et ses doigts étaient armés de griffes incurvées. Il avait un long cou rectiligne inhabituel pour un carnivore, chez qui il avait généralement une forme en S. Il avait une longue queue droite.

LA DÉCOUVERTE

En 1983, un collectionneur de fossiles amateur découvrit une des griffes du pouce de *Baryonyx* dans un terrain argileux du Surrey, en Angleterre. Au printemps suivant, une équipe de scientifiques du Muséum d'histoire naturelle de Londres fit des fouilles sur le site et découvrit le squelette fossilisé de l'animal. Seule la queue manquait.

Ce Baryonyx attrape un gros poisson. Ses griffes et ses dents tranchantes ne laissent aucune chance à la proie de s'échapper.

Nom Baryonyx
Date *– 125 millions d'années*
Sites fossilifères *Europe*
Longueur *10 cm*
Régime *Poissons et charognes*
Habitat *Plaines inondables boisées*

UN RÉGIME DE POISSONS

Lors de la mise au jour de *Baryonyx,* on retrouva aussi les restes fossilisés de son dernier repas dans sa cage thoracique. Les scientifiques identifièrent des dents et des écailles de *Lepidotes,* des poissons d'environ 1 m de longueur. Il se nourrissait peut-être aussi de charognes, c'est-à-dire de la chair d'animaux déjà morts.

DES MÂCHOIRES TRUFFÉES DE DENTS

Le crâne long et étroit de Baryonyx avait une forme de coupelle à l'extrémité, sans doute efficace pour pêcher des poissons. Vue de profil, sa mâchoire supérieure avait une forme en S semblable à celles des crocodiles actuels, mangeurs de poissons. Quelque 96 petites dents acérées tapissaient ses mâchoires.

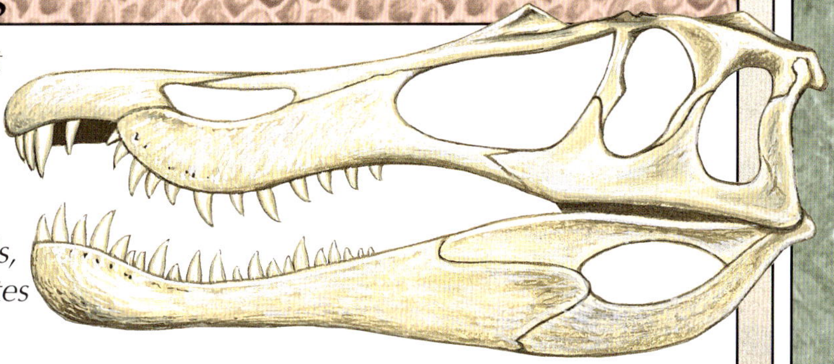

D'AUTRES CARNIVORES

Les dinosaures carnivores ont développé de nombreuses caractéristiques hautement spécialisées. Certains, comme *Troodon,* se sont adaptés à la vie du grand Nord, où il règne un froid intense, mais également une obscurité plus longue que le jour. La faculté de voir la nuit était un élément essentiel à la survie de l'animal. D'autres espèces, comme *Avimimus,* développèrent des caractères aviaires, indices de la transformation de ces espèces en des animaux très différents.

TROODON

Crétacé; –70 millions d'années; Amérique du Nord, Europe; 2 m de long.

Ce carnivore de taille moyenne avait une ossature légère. Avec ses longues pattes, il courait sans doute très vite, pourchassant ses proies, de petits reptiles et des mammifères, à vive allure. Il se nourrissait probablement aussi d'œufs, étant donné que l'on a retrouvé des dents fossilisées enduites d'œuf de dinosaures. Il vandalisait peut-être des nids de dinosaures, lorsque les adultes étaient absents, pour manger les nouveau-nés sans défense.

SINORNITHOIDES

Crétacé; –105 millions d'années; Asie; 1,10 m de long.

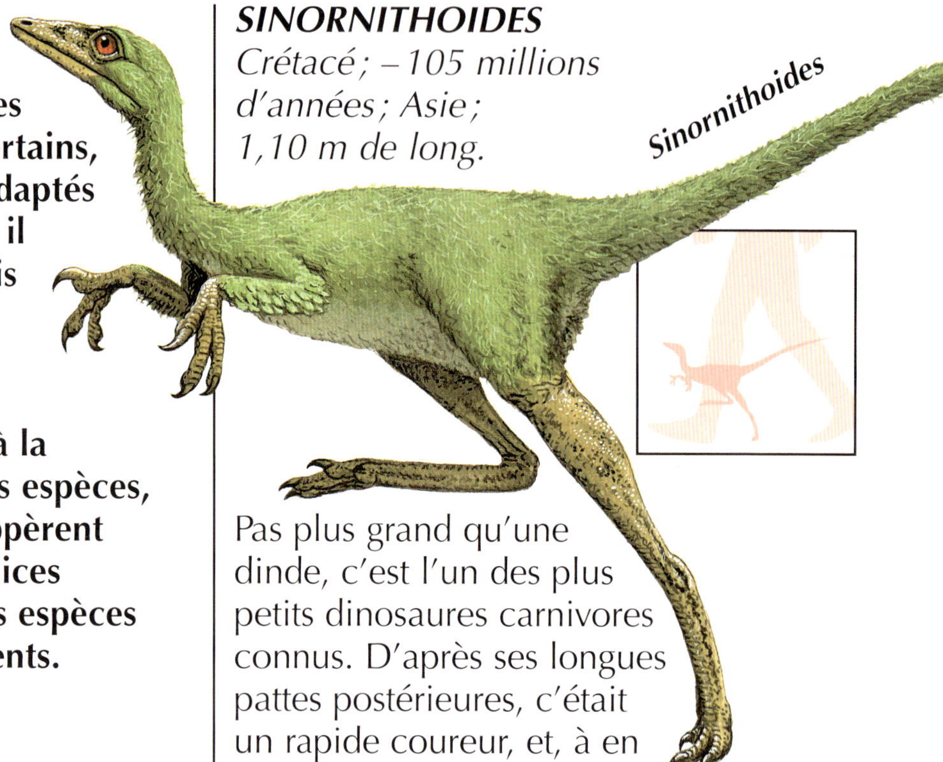

Pas plus grand qu'une dinde, c'est l'un des plus petits dinosaures carnivores connus. D'après ses longues pattes postérieures, c'était un rapide coureur, et, à en croire la taille de sa boîte crânienne, il devait être intelligent. Son corps était compact, pourvu d'une longue queue en forme de fouet mesurant la moitié de sa longueur totale. Il se nourrissait probablement de petits mammifères et reptiles ainsi que d'insectes.

ORNITHOLESTES

Jurassique ; –150 millions d'années ; Amérique du Nord ; 2 m de long.
Ornitholestes était un agile carnivore des forêts. Il se nourrissait de lézards, de petits mammifères et peut-être même des premiers oiseaux apparus à la fin du jurassique. Il était sans doute aussi charognard, consommant la chair d'animaux morts. Il avait une petite tête avec un museau orné d'une crête et des mâchoires aux dents acérées. Pour s'équilibrer pendant la course, il maintenait sa longue queue fine à l'horizontale, et, pour changer de direction, il la balançait sur le côté.

AVIMIMUS

Crétacé ; –80 millions d'années ; Asie ; 1,50 m de long.
Avimimus était un dinosaure à longues pattes et non pas un oiseau, malgré une forte ressemblance. Sa tête avait de grands yeux et un bec édenté. Il pouvait replier ses pattes antérieures contre son corps à la façon des ailes d'un oiseau. Il n'existe aucune preuve de la présence de plumes, mais, selon certains scientifiques, il en avait peut-être sur les membres antérieurs, pourtant trop courts pour lui permettre de voler. *Avimimus* devait être omnivore, se nourrissant à la fois de plantes et de viande, mais surtout d'insectes.

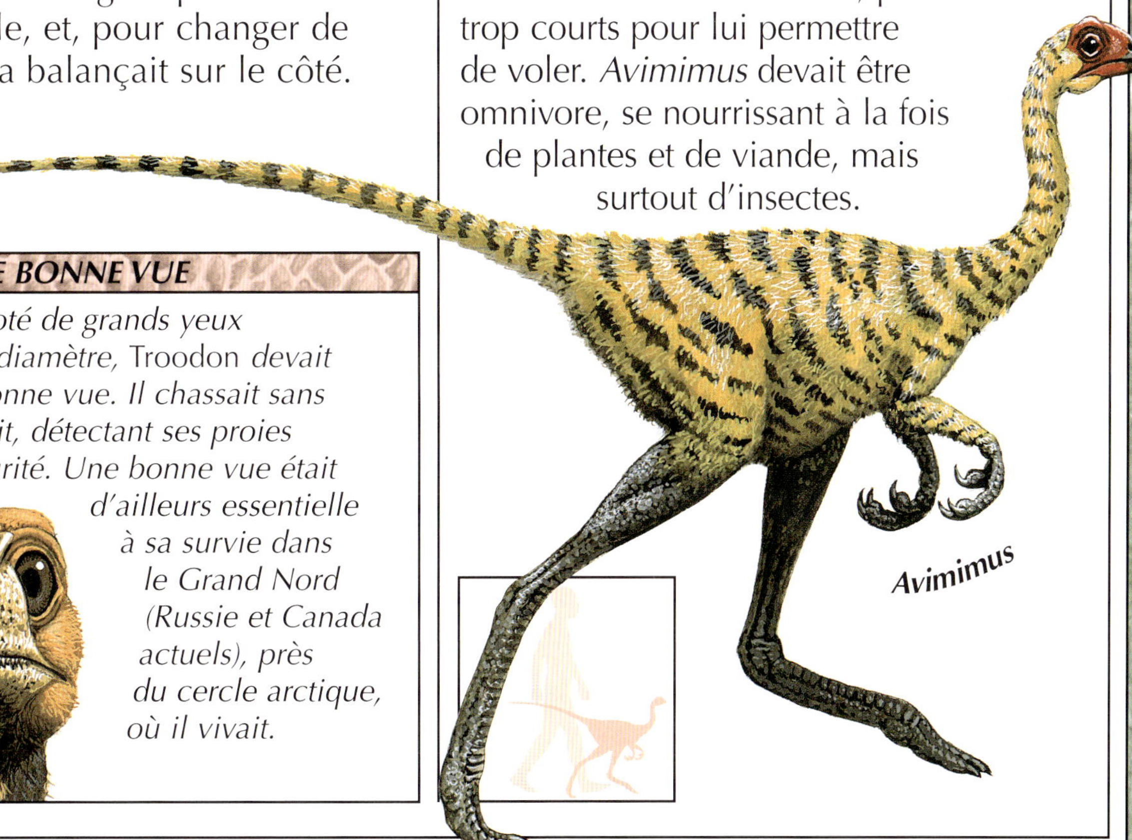

UNE BONNE VUE

Doté de grands yeux de 5 cm de diamètre, Troodon *devait avoir une bonne vue. Il chassait sans doute de nuit, détectant ses proies dans l'obscurité. Une bonne vue était d'ailleurs essentielle à sa survie dans le Grand Nord (Russie et Canada actuels), près du cercle arctique, où il vivait.*

OVIRAPTOR

Ce dinosaure a été découvert, posé sur un nid, dans les années 1920. On a d'abord pensé qu'il s'agissait d'œufs de *Protoceratops,* un herbivore de taille moyenne. Il fut nommé *Oviraptor,* c'est-à-dire « voleur d'œufs », car on le soupçonnait de voler les œufs d'autres dinosaures. Puis, dans les années 1990, d'autres œufs, semblables à ceux des années 1920, furent découverts, l'un d'entre eux contenant un embryon d'*Oviraptor*. On en déduisit donc que cet animal n'était peut-être pas le voleur d'œufs qu'on avait cru, et que le premier spécimen couvait en réalité sa nichée.

CRÂNE D'OVIRAPTOR

Le crâne d'Oviraptor était petit, léger et avait de grandes orbites. Le caractère le plus remarquable était une grande crête osseuse juste au-dessus du museau de l'animal, sans doute recouverte d'une couche de corne. Son bec dépourvu de dents ressemblait beaucoup à celui d'un oiseau.

Un groupe d'Oviraptor, sur leur territoire de nidification, s'occupant de leur nid avec les œufs soigneusement disposés.

DES DINOSAURES SEMBLABLES À DES OISEAUX

Oviraptor était un carnivore avec de longues pattes, une longue queue fine et de grands yeux. Il avait de puissantes pattes antérieures griffues et un bec édenté. Sa tête d'oiseau était ornée d'une haute crête osseuse dont on ne connaît pas bien l'utilité. Les scientifiques pensent qu'il pouvait être couvert de duvet avec quelques plumes localisées, notamment sur ses longues pattes antérieures. Celles-ci, grâce à leurs trois doigts dotés de puissantes griffes incurvées d'environ 8 cm, étaient sans doute efficaces pour saisir.

UN TUEUR REDOUTABLE ET BRUTAL

Cet animal rapide devait pourchasser de petites proies qu'il tuait à coups de pattes griffues et de bec. D'après la forme de son bec, il devait manger des végétaux, ce qui faisait de lui un omnivore : un animal qui mange aussi bien de la viande que des plantes.

Nom Oviraptor
Date *–80 millions d'années*
Sites fossilifères *Asie*
Longueur *1,80 m*
Régime *Viande, insectes, œufs, végétaux*
Habitat *Semi-désertique*

DES NIDS ET DES NOUVEAU-NÉS

En guise de nid, Oviraptor formait une sorte de monticule de sable. Puis, dans un creux au sommet de ce monticule, il pondait ses œufs. Il y en avait de 15 à 20, disposés en cercle. Tout comme un oiseau, Oviraptor les couvait jusqu'à l'éclosion.

DES PARENTS AFFECTUEUX

Oviraptor vivait dans une région sèche et semi-désertique, sans doute en groupes. Ses longues pattes laissent supposer qu'il était bâti pour la vitesse. S'il ressemblait un tant soit peu aux autruches actuelles, il pouvait atteindre plus de 70 km/h sur de courtes distances. La couvaison est l'aspect le plus remarquable de son mode de vie. Cela permet de déduire qu'il s'occupait de ses jeunes.

Les ornithomimidés, « imitateurs d'oiseaux », formaient un groupe de dinosaures qui ressemblaient beaucoup aux oiseaux coureurs actuels : autruches, émeus et poules. Ils avaient de longues pattes postérieures parfaitement adaptées à la course, un bec édenté et de fines pattes antérieures aux extrémités préhensiles. Les espèces de ce groupe vivaient dans de nombreuses régions du monde.

ORNITHOMIMUS

Crétacé ; –70 millions d'années ; Amérique du Nord ; 3,50 m de long.

Ornithomimus, un dinosaure mince avec de longues pattes, était un rapide coureur. On ignore s'il courait pour fuir le danger ou pour attraper des proies. Peut-être était-il omnivore comme les autres membres de sa famille, dotés comme lui d'un bec corné et édenté. Auquel cas, il avait probablement un régime varié, composé d'insectes, de petits reptiles et mammifères, de fruits, d'œufs, de graines et de feuilles que son bec en ciseaux tranchait facilement.

GALLIMIMUS

Crétacé ; –70 millions d'années ; Asie ; 6 m de long.

Gallimimus était le plus grand des dinosaures semblables à des autruches. Sa petite tête était dotée d'un long bec aplati et dépourvu de dents. Cet animal avait de grands yeux et sans doute une bonne vue. Son petit corps était compact, et son cou long et souple. Pour s'équilibrer lorsqu'il courait, il mettait sa queue à l'horizontale. Sur chaque patte antérieure, il avait trois doigts armés de griffes pointues. Ses longues pattes postérieures étaient aussi griffues.

DEINOCHEIRUS
Crétacé ; –70 millions d'années ; Asie ; longueur inconnue.
Cet animal est un dinosaure mystérieux. Seuls les os massifs de ses pattes antérieures, d'une longueur de 2,40 m inconnue chez tout autre dinosaure, ont été mis au jour. Il avait des griffes de 25 cm. D'après ces restes, les scientifiques estiment qu'il s'agit d'un animal semblable à une autruche. Si cela se confirme, ce sera le plus grand animal de la famille, atteignant deux fois la taille de *Gallimimus,* la plus grande espèce connue.

STRUTHIOMIMUS
Crétacé ; –70 millions d'années ; Amérique du Nord ; 3,50 m de long.
Doté d'une ossature légère et vivant en groupes, *Struthiomimus* était un dinosaure à longues pattes, bâti pour la course. Il avait un long cou incurvé et une petite tête pourvue d'un bec édenté. Ses pattes antérieures étaient assez puissantes et armées de griffes crochues. Sa longue queue rigide était tendue à l'horizontale dans le prolongement de son dos, en contrepoids, lui évitant de tomber en avant.

UN RÉGIME VARIÉ

Pendant un temps, les dinosaures comme Gallimimus *étaient considérés comme des herbivores. Aujourd'hui, on les suppose omnivores, se nourrissant de végétaux et de viande. Leurs longs doigts et leurs griffes tranchantes semblent avoir été des outils parfaits pour capturer des lézards et des insectes.*

Les dromaeosaures (nom scientifique signifiant « lézards coureurs ») sont aussi appelés « raptors ». Ils comptaient parmi les dinosaures les plus féroces, équipés de longues griffes tranchantes aux pattes postérieures et de grandes pattes antérieures préhensiles. On les considère aujourd'hui comme les ancêtres des oiseaux. Certains étaient peut-être couverts de plumes, et leurs membres antérieurs se seraient transformés en ailes.

VELOCIRAPTOR

Crétacé ; –70 millions d'années ; Asie ; 1,80 m de long.

Velociraptor était un prédateur féroce, armé de dents pointues et acérées et d'une grande griffe en faucille sur le deuxième doigt de chaque patte postérieure. Pour que cette véritable arme tranchante ne s'émousse pas, il la maintenait en l'air la plupart du temps. Quand il attaquait une proie, il se jetait dessus les griffes en avant et lacérait les parties sensibles de l'animal, lui infligeant de profondes blessures. Des chercheurs ont retrouvé les squelettes d'un *Velociraptor* et d'un *Protoceratops* herbivore de taille moyenne, enchevêtrés dans un combat mortel, preuve que cet animal faisait partie de ses proies. *Velociraptor* était probablement grégaire, chassant en meute des proies affaiblies.

PYRORAPTOR

Crétacé ; –70 millions d'années ; Europe ; 1,80 m.

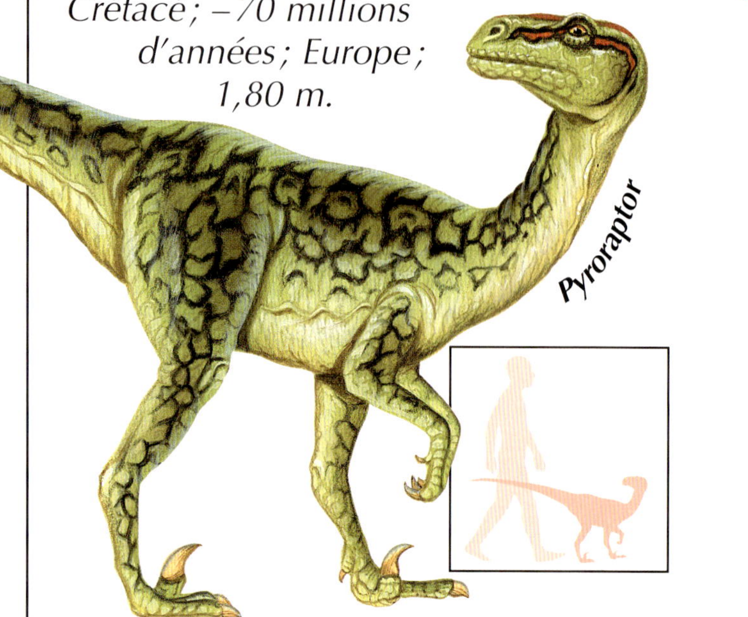

Pyroraptor était un petit théropode bipède dont les dents, les griffes des pattes postérieures et les vertèbres ont été découvertes dans le sud de la France. D'après ses griffes tranchantes et recourbées de 6,5 cm, on sait qu'il s'agit d'un dromaeosaure, lézard coureur carnivore semblable à un oiseau, dont très peu de spécimens ont été trouvés en Europe. Découvert dans la même région que *Variraptor,* il se peut que ce soit le même animal.

DROMAEOSAURUS

Crétacé ; –70 millions d'années ; Amérique du Nord ; 1,80 m de long.

Dromaeosaurus est le premier dromaeosaure découvert. Comme les autres membres de sa famille, c'était un prédateur rapide, capable de pointes à 60 km/h. Ses puissantes mâchoires étaient remplies de dents acérées, et il avait une grosse griffe incurvée à l'orteil intérieur de chaque patte, rétractile comme celles des chats. Ses grands yeux sont le signe d'une bonne vue.

UTAHRAPTOR

Crétacé ; –125 millions d'années ; Amérique du Nord ; 6,50 m de long.

Utahraptor est le plus grand des dromaeosaures. Il avait quatre orteils, dont le deuxième était armé d'une impressionnante griffe recourbée, longue de 38 cm chez l'adulte. Sur les pattes antérieures, ses doigts étaient munis de griffes plus petites. Cet agile prédateur alliait sans doute la vitesse et la force brutale pour venir à bout de ses victimes. Il leur infligeait de profondes blessures en les lacérant, déchirant les parties vulnérables, comme le ventre, avec sa redoutable griffe, tout en l'agrippant avec ses pattes préhensiles et ses dents acérées.

DES CHASSEURS INTELLIGENTS

Les dromaeosaures étaient des animaux intelligents, capables de communiquer et de se nourrir en équipes. Ils chassaient en meute, suivant leurs victimes herbivores. Ils cherchaient sans doute à séparer un individu de son troupeau, particulièrement un animal jeune, malade ou vieux. Une fois isolé des autres, la meute pouvait s'abattre sur lui pour le tuer.

DEINONYCHUS

Deinonychus est l'un des dromaeosaures les plus connus et les plus étudiés, car plusieurs de ses squelettes fossilisés ont été retrouvés. Bâti pour la course et pour l'attaque, c'était un remarquable prédateur, capable de blesser un animal bien plus grand que lui. Chassant en meute, c'était de toute évidence un animal intelligent, bon stratège, nettement plus rusé que ses victimes.

UNE REDOUTABLE GRIFFE

Deinonychus *avait une griffe incurvée – de 13 cm chez l'adulte – au deuxième orteil de chaque patte postérieure. Lors d'une attaque, il la lançait vers sa proie dans un mouvement de lacération allant vers l'avant et vers le bas, ce qui déchirait les chairs de sa victime. Ce sont ses griffes qui lui ont valu son nom de* Deinonychus, *« griffe redoutable ».*

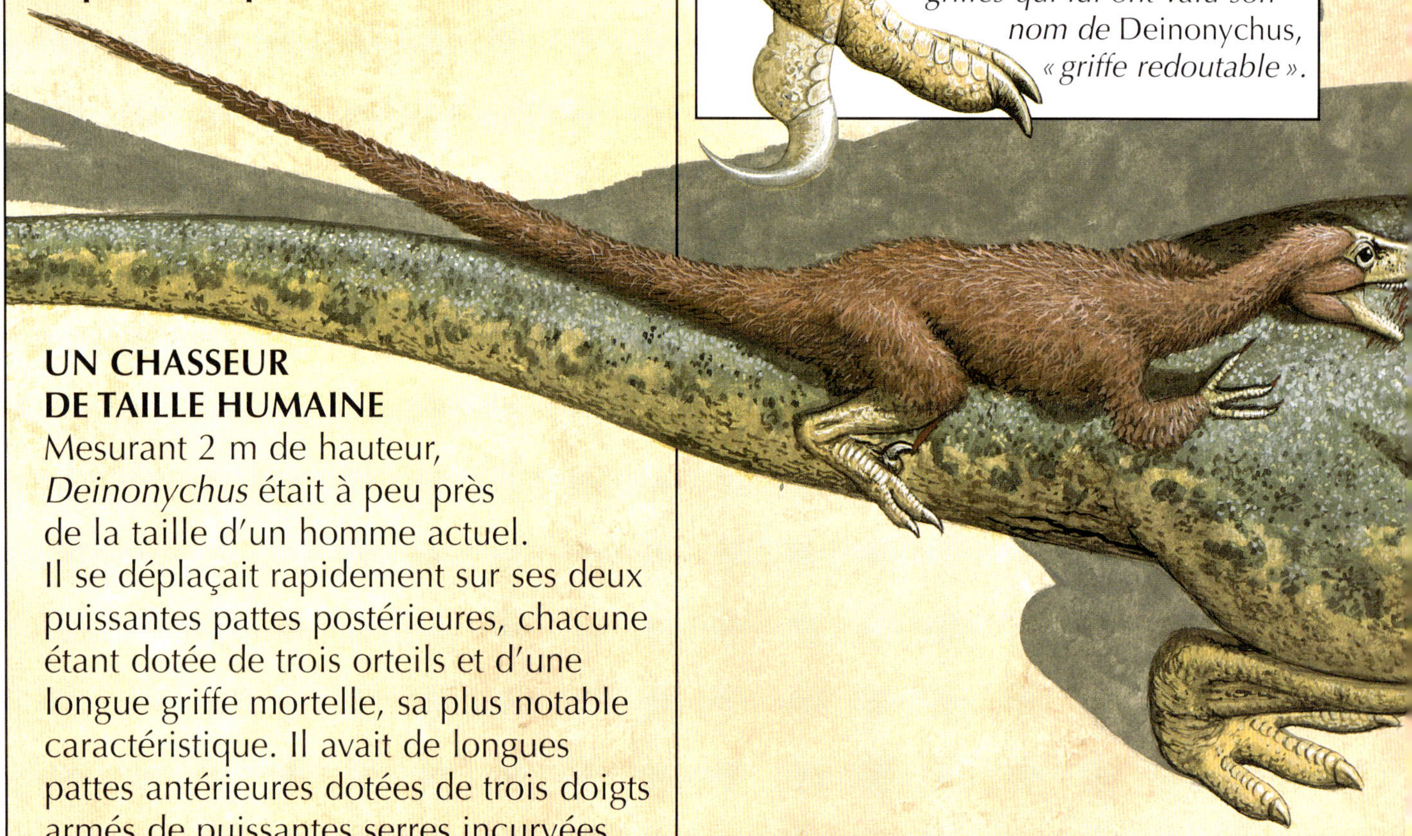

UN CHASSEUR DE TAILLE HUMAINE

Mesurant 2 m de hauteur, *Deinonychus* était à peu près de la taille d'un homme actuel. Il se déplaçait rapidement sur ses deux puissantes pattes postérieures, chacune étant dotée de trois orteils et d'une longue griffe mortelle, sa plus notable caractéristique. Il avait de longues pattes antérieures dotées de trois doigts armés de puissantes serres incurvées. Son cou recourbé et souple permettait à sa tête de bouger aisément. Mais le dos et la queue, maintenus droits par de puissants ligaments et par des os, étaient assez rigides. Pendant la course, sa queue maintenue à l'horizontale lui permettait de garder l'équilibre. Il avait de grands yeux de chasseur, signe d'une bonne vue.

DES DENTS DÉCHIQUETEUSES

Deinonychus *avait une grosse tête, mais un crâne plutôt léger. Ses larges mâchoires, actionnées par des muscles puissants, étaient truffées de nombreuses dents de 8 cm, orientées vers l'intérieur. Avec cette dentition crénelée,* Deinonychus *déchiquetait la chair au lieu de la trancher. Dans ces conditions, la morsure de l'animal était effroyable et brutale.*

Une meute de Deinonychus *attaque un herbivore, lent et sans défense, lui infligeant des blessures qui entraîneront une mort lente, par infection ou par perte de sang.*

TUEUR OU CHAROGNARD ?

Deinonychus était un carnivore, le prédateur principal de son époque et de son aire de répartition. Il chassait probablement en meute d'environ dix individus, parcourant les plaines boisées à la recherche de proies. On connaît une de ses victimes, un grand herbivore nommé *Tenontosaurus,* car des dents de *Deinonychus* ont été découvertes plantées dans des os fossilisés de cet animal. Selon certains scientifiques, ce serait la preuve que ce prédateur chassait ce pacifique herbivore, mais d'autres ne sont pas d'accord, déduisant de cette même découverte que ce dinosaure était charognard, se nourrissant du cadavre d'un animal déjà mort.

Nom Deinonychus
Date *– 110 millions d'années*
Sites fossilifères *Amérique du Nord*
Longueur *3 m*
Régime *Viande*
Habitat *Plaine boisée*

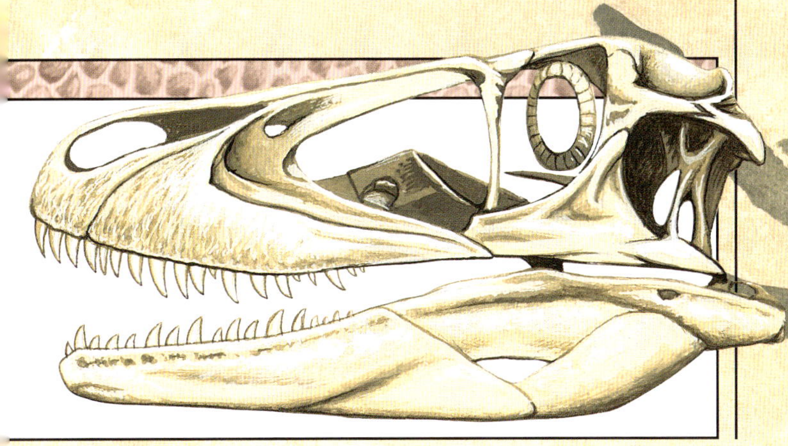

Les dromaeosaures avaient pour parents de petits dinosaures agiles et carnivores semblables à des oiseaux. Ils étaient couverts de duvet, avaient des plumes sur les pattes antérieures, semblables à des ailes, et des griffes pour grimper aux arbres. Ces « oiseaux dinosaures » ne sont pas encore des oiseaux tels que nous les connaissons, mais déjà plus vraiment des dinosaures.

ARCHAEOPTERYX

Jurassique ; – 150 millions d'années ; Europe ; 60 cm de long.

Archaeopteryx avait des plumes et un bréchet, caractéristiques typiques des oiseaux. Les plumes de ses ailes étaient asymétriques, particularité indispensable au vol. Mais, d'un autre côté, il avait des caractères reptiliens : dents, cou souple, doigts griffus, longues pattes et queue osseuse. Malgré ses allures d'oiseau, les muscles de ses ailes étaient faibles et ne lui permettaient sans doute pas de voler bien loin. Les griffes sur ses ailes l'aidaient peut-être à attraper des proies et à grimper aux arbres. Peut-être y montait-il pour se lancer et planer d'une branche à l'autre.

PROTARCHAEOPTERYX

Jurassique ; – 150 millions d'années ; Asie ; 1 m de long.

Ce dinosaure à plumes originaire de Chine est remarquable à cause de ses longues pattes antérieures aux doigts griffus et de sa queue en éventail. La forme symétrique des plumes de ses ailes, semblables à celles des oiseaux modernes qui ne volent pas, suggère que *Protarchaeopteryx* ne volait pas non plus. Mais ses pattes antérieures étaient si proches de celles des petits dinosaures carnivores qu'on peut imaginer que la capacité à voler s'est développée à partir du mouvement de battement des carnivores pour attraper leurs proies. On peut se demander pourquoi des plumes sont apparues sur les dinosaures carnivores si elles ne servaient pas à voler : il peut s'agir d'une question d'isolation, de protection contre le froid.

MICRORAPTOR

Crétacé ; –125 millions d'années ; Asie ; 40 cm de long.

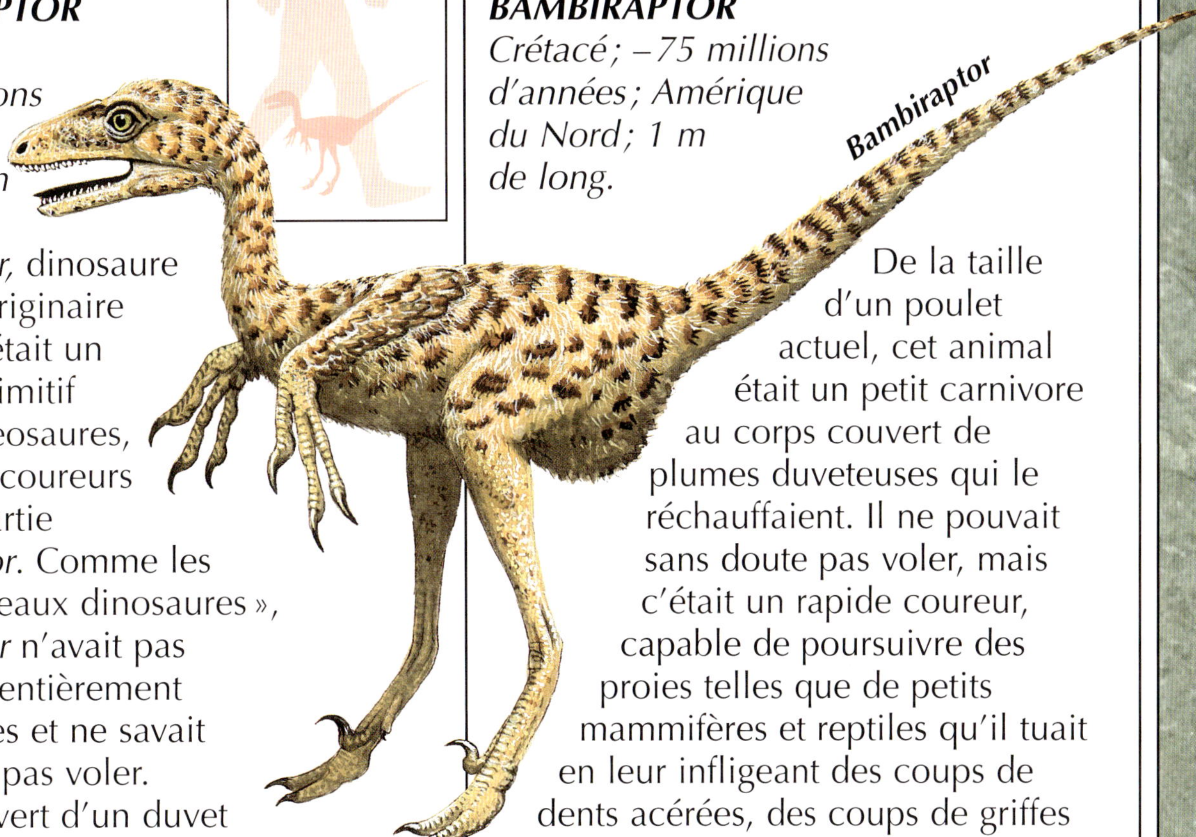

Microraptor, dinosaure à plumes originaire de Chine, était un membre primitif des dromaeosaures, les lézards coureurs dont fait partie *Velociraptor*. Comme les autres « oiseaux dinosaures », *Microraptor* n'avait pas de plumes entièrement développées et ne savait sans doute pas voler. Il était couvert d'un duvet moelleux et chaud. Selon les scientifiques qui les ont étudiés, les pattes devaient lui servir à s'agripper aux branches des arbres où ce petit animal passait sans doute une partie de son temps. Il devait avoir de petites dents adaptées pour attraper des insectes et autres proies semblables.

BAMBIRAPTOR

Crétacé ; –75 millions d'années ; Amérique du Nord ; 1 m de long.

De la taille d'un poulet actuel, cet animal était un petit carnivore au corps couvert de plumes duveteuses qui le réchauffaient. Il ne pouvait sans doute pas voler, mais c'était un rapide coureur, capable de poursuivre des proies telles que de petits mammifères et reptiles qu'il tuait en leur infligeant des coups de dents acérées, des coups de griffes et même des coups de fouet à l'aide de sa queue.

ADOPTER LES ARBRES

Il y a quelques années, l'idée que les dinosaures grimpaient aux arbres aurait semblé absurde. Mais aujourd'hui, une nouvelle espèce de dinosaures à plumes a été mise au jour, dont les pattes semblent conçues pour s'agripper, et qui pouvait fort bien grimper aux arbres comme les oiseaux.

La Chine s'est révélée le lieu privilégié pour trouver des dinosaures à plumes, dans une région où la roche à grain fin a conservé les impressions les plus détaillées des plumes. Ces découvertes ont permis de faire la lumière sur le lien entre les dinosaures et les oiseaux.

CAUDIPTERYX

Crétacé ; –130 millions d'années ; Asie ; 1 m de long.

Caudipteryx, un dinosaure à plumes originaire de Chine, ne savait pas voler. Ses pattes antérieures n'étaient pas assez longues pour fonctionner comme des ailes, et ses plumes symétriques, droites et régulières, n'avaient pas une forme adaptée au vol. Pour cela, des plumes de vol asymétriques, courbes et irrégulières, sont indispensables. *Caudipteryx* avait de longues pattes postérieures et une petite tête pourvue de dents à l'avant de la mâchoire supérieure. Les plumes de sa queue en éventail atteignaient 20 cm. Tout comme certains oiseaux actuels, il avalait de petits cailloux, qui broyaient ses aliments et facilitaient sa digestion.

SINORNITHOSAURUS

Crétacé ; –125 millions d'années ; Asie ; 1 m de long.

La grande nouveauté apportée par la découverte de cet animal de la taille d'une dinde ne réside pas dans ses plumes, mais bien plutôt dans le fait qu'il pouvait battre des ailes. C'est ce que témoignent les os de l'articulation de l'épaule, qui permettaient à l'animal de lever et baisser les pattes antérieures à la façon des oiseaux actuels. Les scientifiques pensent que *Sinornithosaurus* battait des ailes pour garder l'équilibre lorsqu'il courait après de petites proies pour les tuer et les manger.

SINOSAUROPTERYX

Crétacé ; – 130 millions d'années ; Asie ; 1 m de long.

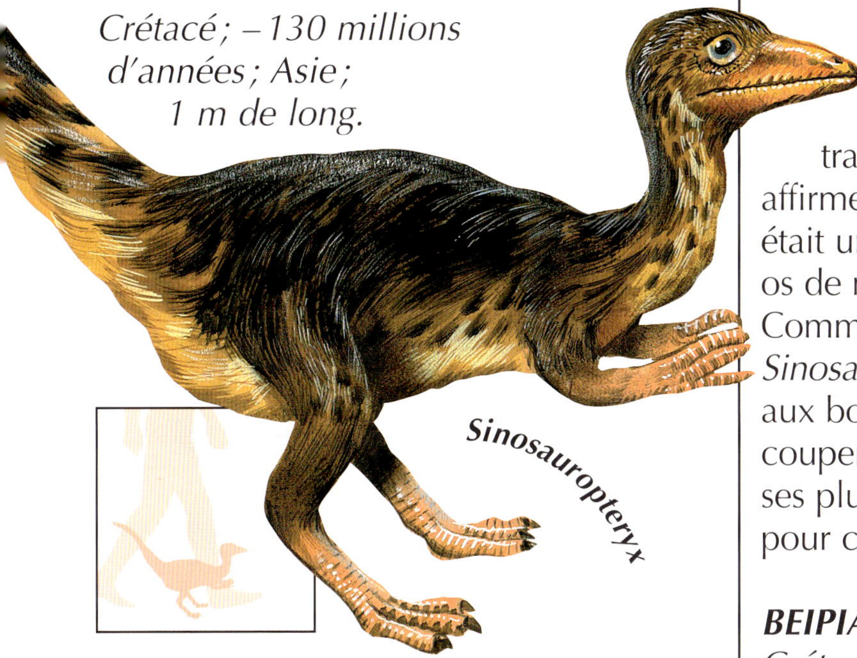

En examinant l'estomac de *Sinosauropteryx,* « oiseau dinosaure » originaire de Chine, les scientifiques ont trouvé des traces de son dernier repas. Ils ont pu affirmer que cet animal qui ne volait pas était un carnivore, car ils ont trouvé des os de mâchoires d'un petit mammifère. Comme beaucoup de théropodes, *Sinosauropteryx* avait des dents acérées aux bords crénelés, parfaites pour couper la viande. Inutiles pour le vol, ses plumes devaient lui servir d'isolation pour conserver la chaleur.

DES PLUMES POUR LA PARADE

Caudipteryx, « plumes de la queue », doit son nom à sa remarquable queue. L'animal exposait ses plumes, sans doute très colorées, en éventail, peut-être pour attirer un partenaire lors de la parade nuptiale, à la façon de certains oiseaux actuels. Peut-être aussi étalait-il son plumage, pour avoir l'air plus grand et effrayer l'ennemi.

BEIPIAOSAURUS

Crétacé ; – 125 millions d'années ; Asie ; 2,10 m de long.

Cet animal de Chine, grand et lourd, est le plus grand dinosaure à plumes connu. Peut-être en était-il couvert ou n'en avait-il que par endroits, particulièrement sur les pattes. Il avait des griffes en faucille sur les pattes antérieures, comme celles de *Therizinosaurus,* auquel il est apparenté. Selon certains scientifiques, c'était un herbivore.

CHAPITRE 3

LES DINOSAURES HERBIVORES GÉANTS

LES SAUROPODES – DES HERBIVORES GÉANTS

En 1878, Othniel Charles Marsh, célèbre chercheur de fossiles américain, nomma un groupe de dinosaures qui se sont avérés les plus grands qui aient jamais existé. Il les nomma sauropodes, « pieds de lézard ». Ces géants étaient herbivores. Apparus sur Terre il y a environ 220 millions d'années, ils connurent leur apogée au jurassique. Le dernier des sauropodes disparut il y a environ 65 millions d'années.

CARACTÉRISTIQUES

Les sauropodes marchaient sur leurs quatre pattes, larges comme des piliers. Les adultes mesuraient de 7 à 40 m de long. Ils avaient un long cou, avec une tête étonnamment petite pour un si grand animal, ainsi qu'une longue queue.

Pour soutenir le poids de son corps, un sauropode devait avoir des pattes solides. Les os de ses membres étaient d'ailleurs les plus longs et les plus épais de son squelette.

DE LA NOURRITURE POUR TOUTE LA FAMILLE

Être grand présentait certains avantages. Avec un si long cou, les sauropodes pouvaient se nourrir du feuillage en haut des arbres, alors que les plus petits, dont leurs jeunes, n'y parvenaient pas. Les jeunes consommaient donc la végétation plus bas sur les arbres.

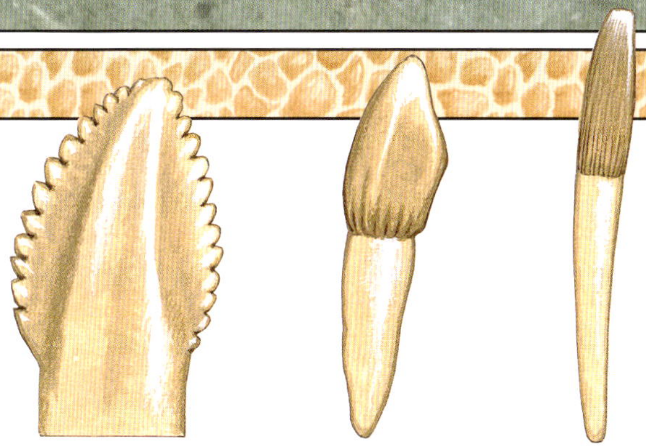

Dent de Plateosaurus **Dent d'Apatosaurus** **Dent de Diplodocus**

La forme des dents des herbivores permettait de dénuder les branches de leurs feuilles. Certaines étaient en forme de cuillère, d'autres cylindriques.

LA TAILLE : UN MOYEN DE DÉFENSE

Une si grande taille présentait donc des avantages. Plus un animal est grand, mieux il peut se défendre, ce qui devait être le cas des sauropodes. Si elle l'empêchait de courir aussi vite que les carnivores, sa taille lui permettait cependant de contre-attaquer en cas d'agression et d'infliger de graves blessures avec sa queue et ses pattes.

DANS LE MONDE ENTIER

Les sauropodes étaient un groupe florissant. Ces dinosaures colonisèrent de vastes régions du monde, comme en témoignent leurs fossiles retrouvés sur tous les continents, sauf, pour le moment, en Antarctique.

Au cours du jurassique, il y a environ 150 millions d'années, Brachiosaurus *et d'autres géants herbivores parvenaient à consommer les feuilles en haut des arbres.*

Il y a environ 230 millions d'années apparut sur Terre un groupe de dinosaures avec un long cou, une petite tête et un corps volumineux. Ces herbivores prospérèrent pendant une cinquantaine de millions d'années, jusqu'à leur extinction il y a 180 millions d'années. C'étaient les prosauropodes, « avant les sauropodes ». Il n'a cependant pas été formellement prouvé qu'ils soient les ancêtres directs des sauropodes. Certains scientifiques pensent qu'ils le sont, mais d'autres estiment qu'il n'existe aucun lien de parenté entre eux.

PLATEOSAURUS

Trias ; –220 millions d'années ; Europe ; 7 m de long.

Plateosaurus est l'un des plus anciens dinosaures géants d'Europe. Il avait un long cou avec un petit crâne long et étroit, ainsi qu'un corps en forme de poire. Son poids était concentré autour de ses hanches. Ses pattes postérieures, plus longues que les antérieures, lui permettaient peut-être de se redresser. Il pouvait ainsi atteindre le sommet des grands arbres, peut-être même courir afin de fuir un danger. Cependant, la plupart du temps, il était sans doute quadrupède. On pense qu'il vivait en troupeaux.

MELANOROSAURUS

Trias ; –220 millions d'années ; Afrique du Sud ; 12,20 m de long.

Melanorosaurus, dinosaure d'Afrique du Sud, était corpulent et lourdement charpenté, doté d'une longue queue. Il était quadrupède, avec des pattes postérieures, dotées de cinq orteils, plus longues que les antérieures. Il avait sans doute une petite tête à l'extrémité d'un long cou, comme ses congénères, bien qu'aucun fossile de crâne n'ait été trouvé pour le prouver. *Melanorosaurus* est le premier dinosaure à s'être nourri exclusivement de végétaux.

MUSSAURUS

Trias ; –215 millions d'années ; Amérique du Sud ; 3 m de long.

Mussaurus est l'un des plus anciens dinosaures herbivores d'Amérique du Sud. Il vivait probablement en troupeaux dans un habitat désertique. Il n'existe à ce jour aucun fossile d'adulte, mais des nouveau-nés ont été découverts dans un site de nidification. Les œufs, plus petits que ceux des poules, mesuraient 2,5 cm, alors que l'adulte atteignait la taille d'un hippopotame. *Mussaurus* se nourrissait sans doute du feuillage coriace des cycadées et des conifères, sauf les jeunes, qui mangeaient les parties plus tendres des plantes.

RIOJASAURUS

Trias ; –220 millions d'années ; Amérique du Sud ; 11 m de long.

Riojasaurus était l'un des plus volumineux et des plus anciens prosauropodes. À la différence de ses congénères, il ne pouvait pas se dresser sur ses pattes postérieures, bien qu'elles soient légèrement plus longues que les antérieures. Quadrupède, il restait sur ses quatre pattes même pour brouter le feuillage en hauteur. Malgré sa grande taille, cet animal n'était pas particulièrement lourd. Les os de sa colonne vertébrale étaient creux, allégeant son poids d'autant. Certains scientifiques s'appuient sur la présence de cette caractéristique également chez les sauropodes pour étayer leur théorie concernant le lien de parenté entre prosauropodes et sauropodes.

UN DÉMARCHE D'ÉLÉPHANT

Des empreintes de pas fossilisées ont appris aux scientifiques que, lorsqu'ils marchaient, les prosauropodes et les sauropodes qui leur ont succédé avaient les pattes droites, sous le corps, comme les éléphants actuels.

Le monde au temps des prosauropodes était très différent du nôtre. Les continents tels que nous les connaissons aujourd'hui n'existaient pas. Les terres émergées ne formaient qu'un seul grand continent, appelé la Pangée, que les dinosaures parcouraient librement. Mais lorsque la Pangée se divisa, les continents qui nous sont familiers commencèrent à se former. Les masses terrestres se déplacèrent sur le globe, emportant avec elles les prosauropodes et autres animaux. C'est pourquoi des fossiles de prosauropodes ont été découverts sur tous les continents, et même en plein Antarctique.

SELLOSAURUS

Trias ; –225 millions d'années ; Europe ; 2,40 m.

Ce petit dinosaure à la charpente légère était à la fois bipède et quadrupède. Il avait cinq doigts aux pattes antérieures, avec une énorme griffe au pouce. Cet herbivore avait une longue queue et des pattes postérieures plus longues que les antérieures. *Sellosaurus* ressemblait à *Plateosaurus,* mais il vécut légèrement avant et était plus petit que lui. Ses dents, elles aussi différentes, suggèrent que l'animal se nourrissait de plantes plus tendres que *Plateosaurus.*

THECODONTOSAURUS

Trias ; –210 millions d'années ; Europe ; 2,10 m de long.

Thecodontosaurus avait de longues pattes postérieures et de petites pattes antérieures. Il marchait sans doute à quatre pattes, mais quand il était tenté par quelque feuillage en hauteur, il se haussait sur ses pattes postérieures. Peut-être se dressait-il ainsi également pour s'enfuir ou pour trottiner sur de courtes distances. Il avait quatre doigts aux pattes postérieures et cinq aux antérieures. Ses pouces étaient armés d'une énorme griffe, dont il se servait peut-être pour crocheter des branches et les tirer vers sa gueule. Ses dents, en forme de cuillère et orientées vers le haut, avaient les bords crénelés.

LUFENGOSAURUS

Jurassique ; –200 millions d'années ; Asie ; 6 m de long.

Lufengosaurus, dont les fossiles ont été retrouvés en Chine, était apparenté à *Apatosaurus*. C'était un animal à long cou avec une petite tête et une mâchoire garnie de nombreuses dents espacées. Cet herbivore quadrupède pouvait sans doute se dresser sur ses pattes postérieures pour atteindre des feuilles en hauteur. Il avait de longs doigts avec une grande griffe au pouce.

Lufengosaurus

Anchisaurus

ENGLOUTIR SANS MÂCHER

Les dinosaures herbivores arrachaient les feuilles sur les branches, puis les avalaient. Avec leurs dents espacées, ils « ratissaient » les branches feuillues pour arracher les feuilles tendres. N'ayant pas de dents masticatrices, ils avalaient les végétaux sans les mâcher. Les muscles puissants de leur cou poussaient ensuite les aliments vers l'estomac.

ANCHISAURUS

Jurassique ; –190 millions d'années ; Amérique du Nord, Afrique ; 2,40 m de long.

Anchisaurus était un petit dinosaure herbivore qui marchait à quatre pattes, avec le corps au ras du sol. Mais peut-être pouvait-il, lorsqu'il se nourrissait, se dresser sur les pattes postérieures en prenant appui sur sa queue posée au sol. Cela lui permettait d'atteindre la végétation en hauteur et d'arracher les feuilles avec ses dents en forme de cuillère. Il conservait les végétaux dans la gueule avant de les avaler ; dans l'estomac, ils étaient broyés en une pulpe digeste, par de petits galets appelés des gastrolithes. La griffe de son pouce lui servait peut-être à crocheter les branches feuillues et à les tirer vers sa gueule.

MASSOSPONDYLUS

Le prosauropode *Massospondylus* est un exemple typique d'herbivore à long cou et longue queue du début du jurassique. Antérieur aux herbivores véritablement géants de la fin du jurassique, il préfigurait les espèces à venir.

LONG ET BAS

Massospondylus était long et bas sur pattes, dépassant à peine 1 m de hauteur à la hanche. Comme les autres prosauropodes, il était corpulent, avec une petite tête, un cou allongé et une longue queue. Ses mâchoires étaient garnies de dents cylindriques conçues pour arracher les feuilles sur les branches. Il avait de larges pattes avec une grosse griffe au pouce.

ATTEINDRE LES HAUTES FEUILLES

Comme beaucoup de ses congénères, *Massospondylus* était sans doute capable de se dresser sur ses pattes postérieures en soulevant les antérieures, sur de courtes de distances, pour atteindre le feuillage en hauteur. À l'image des vaches actuelles, ce prosauropode passait probablement la plus grande partie de son temps à paître, parcourant ainsi de grandes distances, peut-être en troupeaux. C'était un animal très répandu dans l'actuelle Afrique du Sud, où ont été mis au jour de nombreux fossiles.

Scène du début du jurassique, il y a 200 millions d'années, qui figure un groupe de Massospondylus. *Ils broutent la végétation basse ainsi que le feuillage au sommet des fougères arborescentes et des ginkgos.*

LES GASTROLITHES

Les herbivores avalaient des galets destinés à rester dans leur gésier. Ces gastrolithes broyaient les végétaux avalés en une bouillie digeste. Au Zimbabwe, dans le sud de l'Afrique, un spécimen contenait un gastrolithe qui provenaient de 20 km du lieu où son squelette a été découvert.

MANGEUR D'ARBRE

Massospondylus se nourrissait de la végétation du jurassique : des aiguilles de conifères, des frondes de palmiers et de fougères arborescentes, des feuilles de ginkgos ainsi que des prêles au sol.

Nom Massospondylus
Date *–200 millions d'années*
Sites fossilifères *Afrique, Amérique du Nord*
Longueur *5 m*
Régime *Plantes*
Habitat *Bois aérés*

LA GRIFFE DU POUCE

Massospondylus *avait des pattes antérieures à cinq doigts avec une griffe au pouce. Peut-être s'en servait-il pour ramasser la végétation ou pour crocheter des branches en hauteur et les porter à sa gueule.*

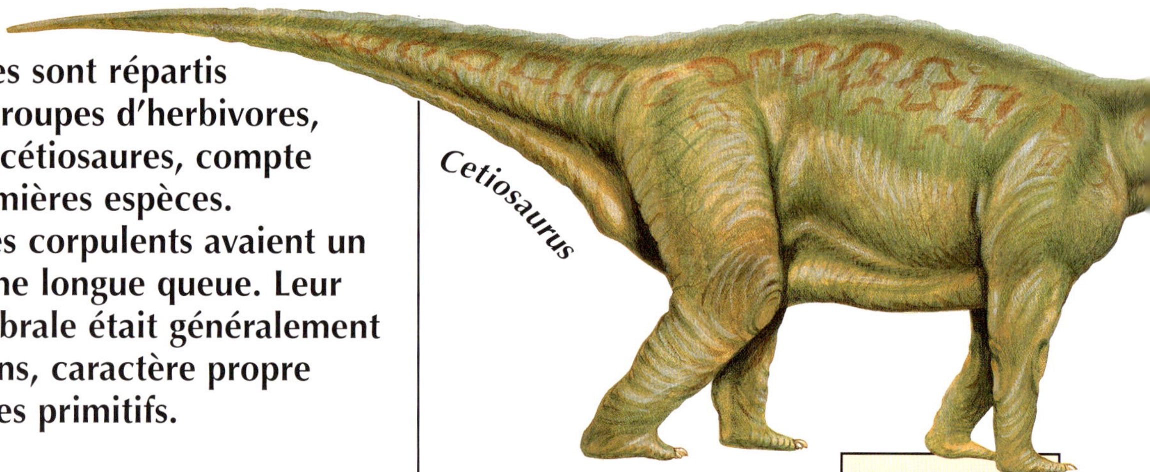

Les sauropodes sont répartis en plusieurs groupes d'herbivores, dont l'un, les cétiosaures, compte parmi les premières espèces. Ces dinosaures corpulents avaient un long cou et une longue queue. Leur colonne vertébrale était généralement faite d'os pleins, caractère propre aux sauropodes primitifs.

BARAPASAURUS

Jurassique ; –200 millions d'années ; Asie ; 18 m de long.

Originaire d'Inde, *Barapasaurus* était l'un des plus anciens sauropodes. Il était corpulent, avec une longue queue et des pattes plutôt fines, rares pour un herbivore géant, chez qui elles étaient habituellement larges. Nous disposons de quelques dents de l'animal, mais malheureusement pas de crâne. Avec ses dents en forme de cuillère et aux bords dentelés, il ratissait les branches pour en arracher les feuilles. Cet animal vivait sans doute en troupeaux.

CETIOSAURUS

Jurassique ; –175 millions d'années ; Europe, Afrique ; 18 m de long.

Cetiosaurus est renommé car il est le premier sauropode à avoir été découvert et nommé. Les fossiles de ses gigantesques os ont été trouvés en Angleterre en 1809. En 1841, il reçut son nom de *Cetiosaurus,* soit « lézard baleine », car ceux qui l'étudiaient, il y a plus de 150 ans, croyaient avoir affaire à un animal marin, une sorte de baleine ou de crocodile géant. Les scientifiques s'aperçurent plus tard qu'il s'agissait en réalité d'un animal terrestre qui marchait sur ses quatre pattes en forme de pilier. Son cou rigide ne lui permettait pas de lever la tête plus haut que ses épaules.

HAPLOCANTHOSAURUS

Jurassique ; –150 millions d'années ; Amérique du Nord ; 22 m de long.

Aucun fossile complet de ce sauropode n'a encore été découvert : son crâne et les dernières vertèbres de sa queue manquent à l'appel. Malgré ces pièces manquantes, il est évident qu'il s'agit d'un très grand herbivore quadrupède, doté d'un cou et d'un dos allongés et de longues pattes antérieures. C'est le plus primitif des sauropodes découverts à ce jour en Amérique du Nord. La colonne vertébrale de ces espèces primitives était pleine. Plus tard, vers la fin du jurassique, les herbivores développèrent des os creux qui allégeaient l'animal.

SHUNOSAURUS

Jurassique ; –170 millions d'années ; Chine ; 10 m de long.

Grâce aux nombreux spécimens retrouvés en Chine, *Shunosaurus* est l'un des sauropodes les mieux connus. Le caractère le plus notable de son anatomie est l'excroissance osseuse en forme de massue, hérissée de pointes, à l'extrémité de sa longue queue. Une arme sans doute utilisée pour fouetter et intimider l'adversaire. C'est le seul sauropode connu qui soit doté d'une telle excroissance, généralement spécifique des dinosaures à armure, comme *Ankylosaurus*.

Shunosaurus

DES OS CREUX

Au cours du jurassique, les sauropodes sont devenus plus grands, et leur colonne vertébrale a subi des modifications. Les os pleins qui la composaient sont devenus creux. Ils n'en étaient pas moins assez solides pour soutenir l'animal tout en réduisant son poids.

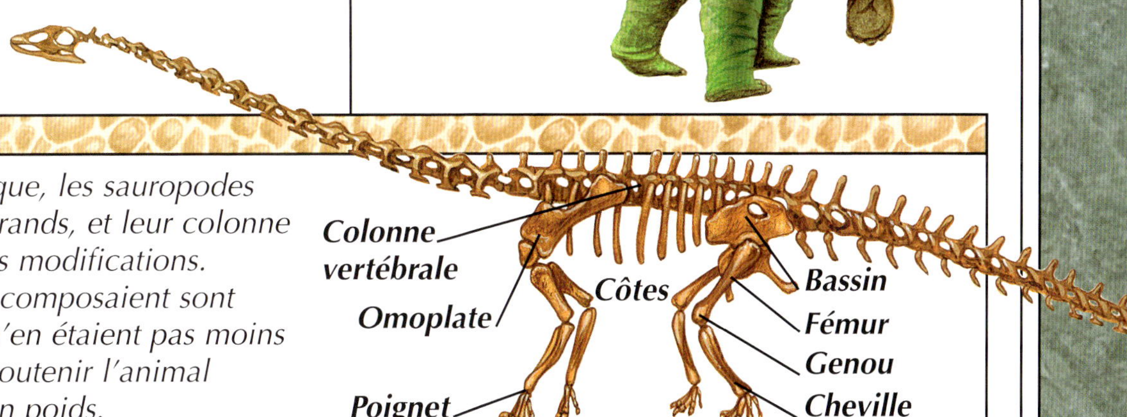

LES CAMARASAURES

Les camarasaures sont un autre groupe de sauropodes. Apparus vers la fin du jurassique, ils semblent avoir survécu jusqu'à la fin de l'âge des reptiles. Très semblables aux autres herbivores géants, ils s'en différenciaient pourtant par leurs dents orientées vers l'avant qui, chez certaines espèces, garnissaient l'ensemble de la mâchoire. Cette caractéristique les place à part des autres groupes.

CAMARASAURUS

Jurassique ; –150 millions d'années ; Amérique du Nord, Europe ; 18 m de long.

Camarasaurus avait une petite tête allongée, avec un museau plat et arrondi. Ses puissantes mâchoires étaient remplies de grandes dents en forme de cuillère, efficaces pour tailler la végétation ligneuse et coriace. Alors que les autres espèces se nourrissaient des parties tendres et juteuses des plantes, *Camarasaurus* consommait le reste, les brindilles et les branchages, par exemple. Seuls les jeunes recherchaient, semble-t-il, les parties plus tendres. Les pattes antérieures et postérieures de ce dinosaure, qui vivait sans doute en troupeaux, étaient presque de la même longueur, et son dos était à peu près horizontal. Au vu des profondes éraflures présentes sur ses os, il devait être la proie de carnivores comme *Allosaurus*.

EUHELOPUS

Jurassique ; –150 millions d'années ; Asie ; 15 m de long.

Contrairement à de nombreux sauropodes, dont les dents étaient uniquement situées à l'avant de la mâchoire, *Euhelopus*, originaire de Chine, en avait tout autour de la gueule, caractère qu'il partageait avec *Camarasaurus*. *Euhelopus* avait cependant un cou bien plus long, composé de 19 vertèbres et atteignant 5 m de long chez l'adulte (le cou de *Camarasaurus* comptait, lui, 12 vertèbres et mesurait 3 m). Du fait que les pattes antérieures et postérieures d'*Euhelopus* avaient presque la même longueur, son dos était quasi horizontal. L'animal était par ailleurs doté de grandes narines sur le dessus de la tête.

OPISTHOCOELICAUDIA

Crétacé ; –70 millions d'années ; Asie ; 12 m de long.

Opisthocoelicaudia vivait en Mongolie, dans des forêts aérées où les arbres laissaient parfois la place à des zones de végétations basses. Pour la plupart des scientifiques, cet animal, un des derniers sauropodes, est un camarasaure, mais certains le classent parmi les titanosaures. Nous ne disposons malheureusement pas, à ce jour, du crâne et du cou de cette espèce, ce qui ne facilite pas le départage de la controverse. Les os de sa queue, particulièrement solides, suggèrent que l'animal s'appuyait sur sa queue pour se dresser sur ses pattes postérieures et atteindre les feuilles en hauteur.

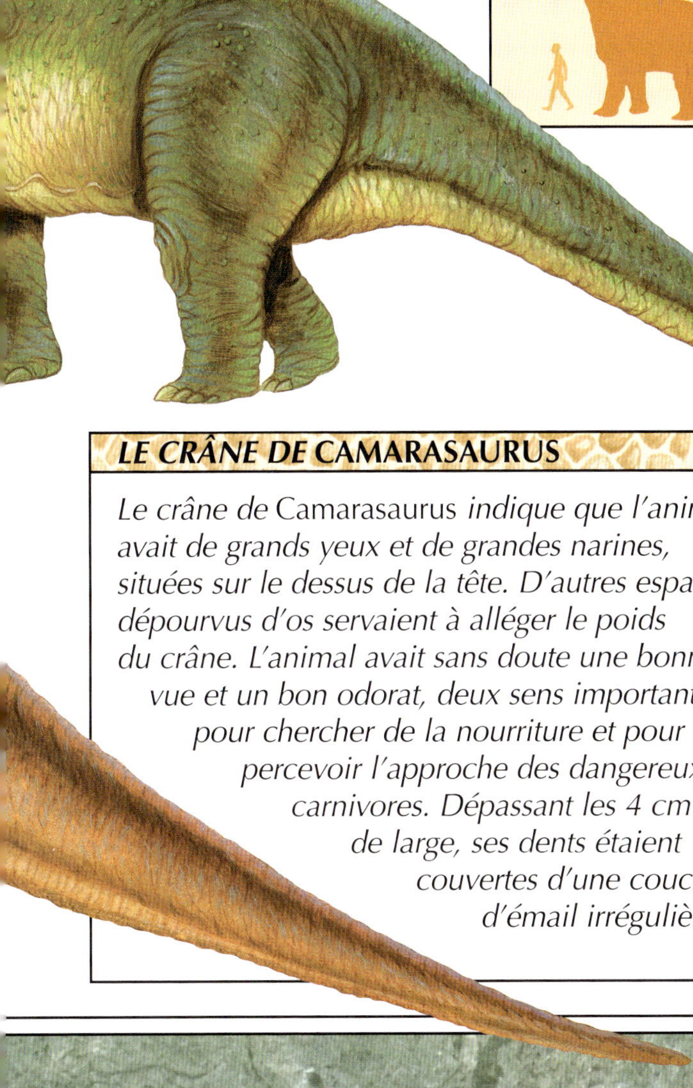

LE CRÂNE DE CAMARASAURUS

Le crâne de Camarasaurus *indique que l'animal avait de grands yeux et de grandes narines, situées sur le dessus de la tête. D'autres espaces dépourvus d'os servaient à alléger le poids du crâne. L'animal avait sans doute une bonne vue et un bon odorat, deux sens importants pour chercher de la nourriture et pour percevoir l'approche des dangereux carnivores. Dépassant les 4 cm de large, ses dents étaient couvertes d'une couche d'émail irrégulière.*

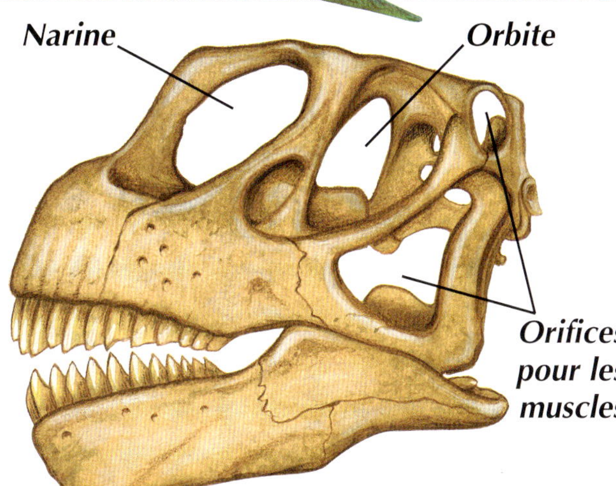

BRACHIOSAURUS

Brachiosaurus étaient l'une des « girafes » du monde des dinosaures. Son cou incroyablement long pouvait atteindre le sommet des arbres et balayer une grande étendue au sol autour de lui. Il arrachait les feuilles, puis les avalait sans les mâcher. Lorsque les aliments arrivaient dans le gésier, des gastrolithes les broyaient en une pulpe digeste. _Brachiosaurus_ devait absorber 200 kg de végétaux par jour.

Cette forêt de la fin du jurassique est en passe d'être effeuillée par un troupeau de Brachiosaurus *affamés.*

UN BON ODORAT

Brachiosaurus *avait les narines sur le haut de la tête et de grandes fosses nasales. Cela lui valait sans doute un bon odorat, peut-être même meilleur que sa vue. Ainsi, il devait percevoir la nourriture et les autres animaux avec son nez avant de les voir.*

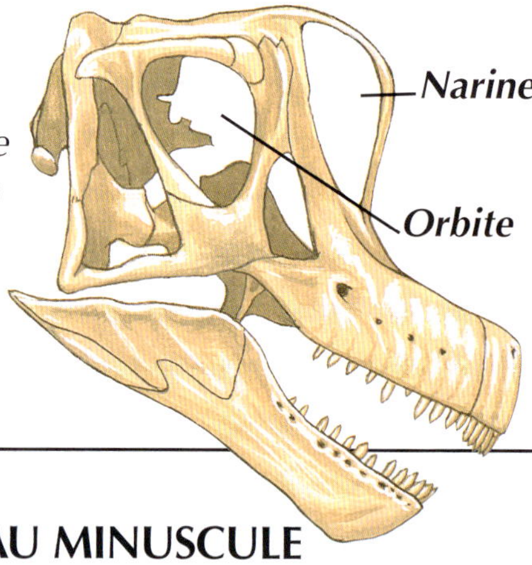

UN CERVEAU MINUSCULE

La caractéristique la plus notable de *Brachiosaurus* est son long cou gracieux. La tête était proportionnellement très petite pour un animal de cette taille, tout comme son cerveau, qui était minuscule. Il marchait sur ses quatre pattes en forme de pilier et, à la différence de la plupart des dinosaures, ses pattes antérieures étaient plus longues que les postérieures. Son dos était ainsi incliné vers sa courte queue.

DES DINOSAURES GRÉGAIRES

Tout laisse à penser que *Brachiosaurus* vivait en troupeaux. Il passait probablement le plus clair de son temps à chercher de la nourriture ou à manger. Lorsqu'il trouvait un bon territoire pour s'alimenter, son cou révélait toute son efficacité. L'étirant de toute sa longueur, *Brachiosaurus* pouvait brouter le feuillage à la cime des arbres les plus hauts, de 12 à 16 m du sol. Avec ses 52 dents tranchantes, il tirait sur les feuilles et les sectionnait.

EN HAUTEUR ET AU SOL

Brachiosaurus se nourrissait des principales espèces végétales du jurassique : des feuilles de ginkgo et de palmier, des aiguilles de conifères et des prêles au sol. Se dressait-il sur ses pattes postérieures, le cou étiré vers le faîte des arbres les plus hauts ? Ou bien balayait-il l'espace autour de lui, avec son grand cou, pour brouter les végétaux à sa portée, les quatre pattes bien arrimées au sol ? D'après les experts, il utilisait probablement les deux techniques.

FICHE BRACHIOSAURUS

Nom Brachiosaurus
Date *–150 millions d'années*
Sites fossilifères *Afrique, Europe, Amérique du Nord*
Longueur *25 m*
Régime *Plantes*
Habitat *Bois aérés*

Les diplodocidés, « double poutre », étaient des sauropodes ainsi nommés à cause des os en forme de poutre de leur queue. Ce sont les plus longs animaux qui aient jamais existé. Leur long cou était contrebalancé par la queue, encore plus importante. Ces dinosaures étaient communs en Amérique du Nord et en Afrique, à la fin du jurassique.

APATOSAURUS

Jurassique ; –150 millions d'années ; Amérique du Nord ; 21 m de long.
Comparée à sa taille massive, la tête d'*Apatosaurus* était étonnamment petite et son cerveau minuscule. Un adulte pesait 30 t, que soutenaient quatre pattes solides, les antérieures plus courtes que les postérieures. Il avait des doigts courts, pourvus de griffes à l'arrière et nus à l'avant. Lorsque l'animal posait sa patte au sol, il y laissait une profonde empreinte de 1 m de diamètre. Au vu de ses narines, situées sur le haut de la tête, les spécialistes crurent dans un premier temps qu'il s'agissait d'une espèce aquatique évoluant dans l'eau, le haut de la tête dépassant à la façon d'un périscope. Mais cette hypothèse est aujourd'hui abandonnée.

MAMENCHISAURUS

Jurassique ; –160 millions d'années ; Asie ; 25 m de long.
Mamenchisaurus, dinosaure originaire de Chine, était le dinosaure au plus long cou. Mesurant 14 m, il représentait la moitié de la longueur totale de l'animal ! Il était composé de 19 vertèbres, chacune soutenue par deux sortes de tiges enveloppantes. Cet agencement privait son cou de toute souplesse ; l'animal ne parvenait à le plier qu'au niveau de la tête et des épaules. *Mamenchisaurus* avait une petite tête en forme de boîte et des mâchoires garnies de dents en forme de cuillère, idéales pour ratisser la végétation et arracher les feuilles de leurs branches. Dans son estomac, des gastrolithes broyaient les aliments en une pulpe digeste.

Seismosaurus

SEISMOSAURUS

Jurassique ;
– 150 millions d'années ;
Amérique du Nord ; 40 m de long.

Seismosaurus était un des plus grands diplodocidés et, comme les autres membres de sa famille, il avait une petite tête perchée à l'extrémité d'un cou incroyablement long. Il avait des dents cylindriques, à l'avant de la mâchoire, et des narines sur le dessus de la tête. Il n'existe qu'un seul squelette fossile de cet animal, mais il a permis d'apprendre beaucoup de choses à son sujet. Il avalait des galets (gastrolithes) pour broyer la nourriture – on en trouva 250 à l'emplacement de son estomac. Ces gastrolithes, mesurant environ 5 cm de diamètre, étaient polis par l'usure. Le régime de *Seismosaurus* se composait sans doute d'un mélange de végétaux tendres et coriaces.

Barosaurus

DE VÉRITABLES FOUETS

Tous les diplodocidés étaient dotés d'une longue queue à l'extrémité effilée comme un fouet. Attaqués par un prédateur, ils fouettaient leur agresseur pour l'éloigner.

BAROSAURUS

Jurassique ; – 150 millions d'années ;
Amérique du Nord, Afrique ;
27 m de long.

Pourquoi les diplodocidés, comme *Barosaurus,* avaient-ils de si courtes pattes antérieures ? Peut-être pour économiser du poids, allégement fort utile lorsque l'animal se dressait pour manger. *Barosaurus* et ses congénères étaient peut-être capable de soulever le haut du torse et les pattes antérieures, en prenant appui sur la queue. En étirant son cou, particulièrement long, au maximum et en levant bien haut ses pattes antérieures, ce dinosaure atteignait des plantes à 15 m du sol.

Les animaux de la taille des diplodocidés devaient vivre une centaine d'années. En l'espace d'une vie, un individu ingurgitait des tonnes de nourriture, feuilles tendres ou tiges ligneuses. Ces dinosaures étaient de véritables « machines à manger », avec de petites dents droites comme des crayons qui grignotaient sans cesse, tandis que, dans l'estomac, les gastrolithes broyaient les végétaux en une pulpe digeste.

SUPERSAURUS

Jurassique ; – 150 millions d'années ; Amérique du Nord ; 42 m de long.

Supersaurus est digne de son nom : c'était un des plus grands animaux à avoir jamais foulé la Terre. Non seulement il était incroyablement long, mais il mesurait en outre 16,50 m de haut, du bout des pattes à la tête, avec son cou de 12 m. Quatre pattes en forme de pilier soutenaient son poids de 50 t. Et ses très larges pieds charnus, rembourrés comme ceux des éléphants, faisaient office d'amortisseur lorsque l'animal marchait. Ainsi, l'extrémité des pattes s'évasait pour absorber l'impact de chaque pas du géant. Il est probable que celui-ci déambulait en maintenant le cou et la queue à l'horizontale, dans le prolongement du corps. Cet animal vivait sans doute en troupeaux, se déplaçant entre divers territoires d'alimentation.

DICRAEOSAURUS

Jurassique ; – 150 millions d'années ; Afrique ; 14 m de long.

Dicraeosaurus

Dicraeosaurus est un petit diplodocidé, avec une queue et un cou courts, mais une grosse tête. Sa principale caractéristique est sa crête le long du dos. Cet attribut inhabituel, présent chez un seul autre diplodocidé, *Amargasaurus,* est constitué d'un prolongement osseux des vertèbres, du bout de la queue jusqu'au cou. Chaque pointe, en forme de Y, servait de point d'attache à des muscles. *Dicraeosaurus* et *Amargasaurus* sont considérés comme une ramification de la famille des diplodocidés.

Supersaurus

AMARGASAURUS

Crétacé ; –130 millions d'années ; Amérique du Sud ; 10 m de long.

Amargasaurus était un diplodocidé de taille moyenne, dont la caractéristique la plus notable était la double rangée de pointes, mesurant 65 cm, dressées le long de son cou. Alors que certains scientifiques pensent qu'elles servaient de support à une membrane de peau, d'autres estiment que chaque pointe était doublée d'un fourreau dur comme de la corne, peut-être un élément de défense contre les attaques des prédateurs. Un seul spécimen a été découvert à ce jour : c'était en Argentine, mais, la queue manquant, sa taille réelle demeure incertaine.

Amargasaurus

UN AMARGASAURUS À *VOLANTS* ?

*Deux rangées de longues pointes osseuses prolongeaient les vertèbres d'*Amargasaurus*, notamment le long de son cou. Peut-être étaient-elles recouvertes d'une membrane de peau en forme de volants qui faisait office de régulateur thermique pour absorber ou évacuer la chaleur. À moins qu'elle ne fût destinée à attirer un partenaire lors des parades nuptiales, ou encore à faire fuir les agresseurs.*

UNE PETITE TÊTE

Contrairement aux carnivores tel Allosaurus*, les diplodocidés avaient une petite tête allongée et effilée. Les yeux étaient bien en arrière du museau, et les narines, situées en haut de la tête, en général au-dessus des yeux. Leurs dents, semblables à des crayons, étaient disposées à l'avant de la mâchoire.*

Diplodocus
(10 t)

Allosaurus
(3 t)

DIPLODOCUS

Un des plus grands diplodocidés, *Diplodocus,* est aussi un des plus étudiés. Au fil du temps, les connaissances à son sujets ont évolué. On pensait autrefois que sa queue traînait au sol lorsqu'il marchait; on sait aujourd'hui qu'il la maintenait en l'air. On croyait qu'il atteignait la cime des arbres; maintenant on le suppose à peine capable de soulever la tête au-delà de ses épaules.

UNE QUEUE EFFILÉE

Le nom de Diplodocus, *« double poutre », fait référence à sa longue et souple queue. Chaque vertèbre était doublée d'un os supplémentaire qui protégeait les vaisseaux sanguins de la queue et qui contribuait à la renforcer.*

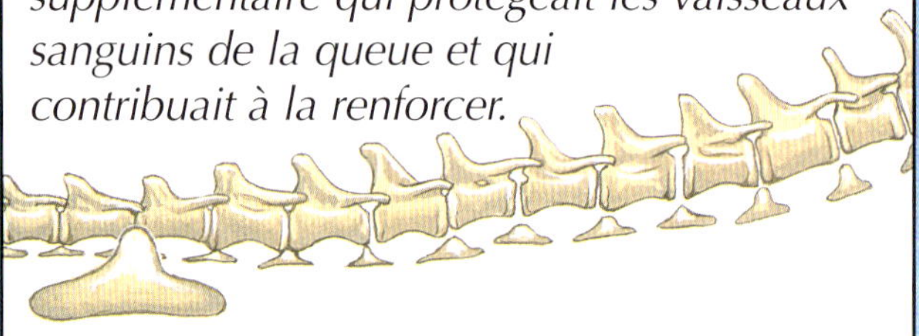

Ce troupeau de Diplodocus *avance vers un nouveau territoire d'alimentation. Ces dinosaures marchent avec leur grand cou étiré droit devant eux et balançant légèrement. Lorsque des prédateurs les attaquaient, les* Diplodocus *les faisaient fuir en utilisant leur longue queue comme un fouet.*

DES BESTIAUX DE 10 t

Le cou de *Diplodocus* mesurait 8 m de long, et sa queue, avec ses 14 m, encore davantage. Étirée dans le prolongement du dos, elle représentait à peu près la moitié de la longueur totale de l'animal. La tête du dinosaure, n'excédant pas 50 cm, était minuscule comparée à sa taille. Il avait de petites dents cylindriques plantées à l'avant de la mâchoire, mais aucune plus au fond.
Ses pattes postérieures, dotées de cinq doigts, étaient plus longues que les antérieures. Il pesait environ 10 t, soit l'équivalent de deux éléphants, mais c'était peu pour un animal aussi corpulent. Cette légèreté relative était due au fait que ses vertèbres étaient creuses.

LA TÊTE BASSE

Lorsque *Diplodocus* se déplaçait, son cou et sa queue étaient à peu près à l'horizontale. Selon les spécialistes, il vivait en troupeaux, migrant d'un territoire d'alimentation à un autre. D'après des études récentes, il ne pouvait sans doute pas soulever le cou au-delà de la hauteur de ses épaules, ce qui devait l'empêcher d'attraper les feuilles en hauteur comme le faisaient les autres sauropodes.

UN MANGEUR DE FOUGÈRES

Incapable de lever la tête plus haut que ses épaules, *Diplodocus* devait se nourrir de végétations basses, comme les prêles et les fougères, et non pas du feuillage du haut des arbres.

Nom Diplodocus
Date *–150 millions d'années*
Sites fossilifères
Amérique du Nord
Longueur *27 m*
Régime *Végétaux*
Habitat *Bois aérés*

UN CRÂNE DE DIPLODOCUS

Sur ce crâne de Diplodocus*, on constate la présence de dents uniquement à l'avant de la mâchoire. Il en avait de 50 à 60, faibles et cylindriques, mais aucune n'était destinée à la mastication. Avec ces dents orientées vers l'avant, l'animal ratissait la végétation, arrachant les feuilles tendres sur les branches et les tiges.*

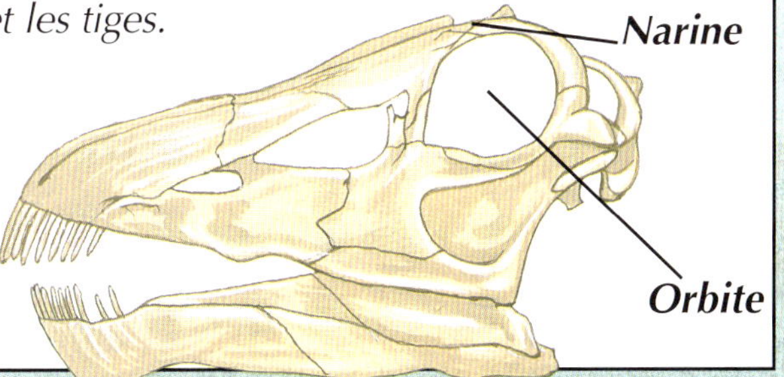

Les titanosaures, « lézards géants », sont le groupe de sauropodes le plus récent. Il comprend des animaux mesurant de 7 à 30 m de long. Certaines espèces, peut-être toutes, étaient dotées d'une armure osseuse, inexistante chez les autres sauropodes. Ces animaux sont apparus il y a environ 145 millions d'années, à la fin du jurassique ou au début du crétacé, et ils ont résisté jusqu'à la fin de l'âge des reptiles, il y a 65 millions d'années.

SALTASAURUS

Crétacé ; –80 millions d'années ; Amérique du Sud ; 12 m de long.

Saltasaurus, trouvé en Argentine, est l'un des plus petits titanosaures, mais également l'un des plus étranges. Jusqu'à la découverte de cet animal, personne n'aurait cru qu'un sauropode puisse avoir une peau cuirassée, capable de résister à l'attaque d'un prédateur. Ceci mis à part, il présentait tous les caractères habituels des sauropodes : un cou long et souple, des pattes en forme de pilier et une queue effilée.

ARGENTINOSAURUS

Crétacé ; –90 millions d'années ; Amérique du Sud ; 30 m de long.

Argentinosaurus est le plus lourd des dinosaures connus et le plus grand animal terrestre qui ait jamais existé. Seuls quelques os ont été retrouvés, dont des vertèbres de 1,50 m de longueur, qui ont permis aux spécialistes de reconstituer la taille de cet animal gigantesque. Ils estiment son poids à 100 t ou même davantage, alors que ses côtes creuses, caractère étrange chez un herbivore, allégeaient l'animal. Il était sans doute la proie du prédateur *Giganotosaurus.*

ALAMOSAURUS

Crétacé ; –70 millions d'années ; Amérique du Nord ; 21 m de long.

Alamosaurus est le seul titanosaure d'Amérique du Nord. Présent jusqu'à la fin de l'âge des dinosaures, c'est un des derniers herbivores géants. Cet animal devait être une étrange vision sur ce continent nord américain qui n'avait pas hébergé de sauropodes depuis 35 millions d'années. Selon les scientifiques, il aurait migré d'Amérique du Sud, où vivaient la plupart des titanosaures, vers l'Amérique du Nord, lorsque l'isthme de Panamá eut réuni les deux parties du continent.

MALAWISAURUS

Crétacé ; –100 millions d'années ; Afrique ; 10 m de long.

Malawisaurus est un des plus anciens titanosaures découverts et également l'un des plus petits. Il doit son nom au site de découverte de ses fossiles : le Malawi, en Afrique de l'Est. Des parties de son crâne ont été, heureusement (et étonnamment), retrouvées avec d'autres os fossiles. Bien qu'il n'existe pas réellement de preuves, on suppose qu'il s'agissait d'un animal cuirassé.

LA PEAU CUIRASSÉE DE SALTASAURUS

La peau cuirassée de Saltasaurus *est une caractéristique étonnante. Son dos était constellé de plaques osseuses ovales d'une largeur de 10 cm, séparées par des nodules de la taille d'un pois. Une telle cuirasse était sans doute destinée à protéger l'animal contre les dents et les griffes des carnivores. Ces derniers avaient donc intérêt à viser les parties plus vulnérables de l'animal, comme son ventre.*

Les squelettes complets de titanosaures sont rares, et on ne sait pas vraiment à quoi ressemblaient ces animaux. Les scientifiques ont d'abord cru qu'ils appartenaient à la famille des diplodocidés, car leurs dents fossiles cylindriques sont semblables à celles de dinosaures mieux connus. Aujourd'hui, on estime cette ressemblance fortuite, et on considère ces espèces comme un groupe à part.

PARALITITAN

Crétacé ; –95 millions d'années ; Afrique ; 25 m de long.

Pesant de 50 à 80 t, *Paralititan* est un des dinosaures les plus lourds qui aient jamais existé. Découvert en Égypte, il vivait dans une région tropicale soumise aux marées. C'était une zone constellée de marécages, de rivages et de mangroves avec des palétuviers, les plus grands arbres à racines aériennes. Il n'existe à ce jour qu'un seul spécimen, incomplet ; mais les 16 os exhumés permettent d'identifier l'animal comme un titanosaure, dont la tête s'élevait à environ 9 m du sol.

JANENSCHIA

Jurassique ; –155 millions d'années ; Afrique ; 24 m de long.

Il n'existe qu'un seul spécimen, incomplet, de *Janenschia*. Découvert en Tanzanie, il ne comprenait pas le crâne, ni bien d'autres os significatifs. Pendant des années, il a été considéré comme un des plus anciens titanosaures, un des rares retrouvés hors d'Amérique du Sud, continent qui en compte le plus grand nombre. Aujourd'hui, les scientifiques commencent à envisager l'hypothèse selon laquelle *Janenschia* ne serait pas un titanosaure : il appartiendrait au groupe des camarasaures.

UN ORGANE PUISSANT

Les sauropodes avaient un cœur robuste, suffisamment puissant pour propulser le sang aux quatre coins de leur organisme. Cet organe devait travailler très dur lorsque l'animal levait la tête plus haut : il lui fallait alors envoyer le sang contre la pesanteur, le faire « monter » le long du cou vers le cerveau.

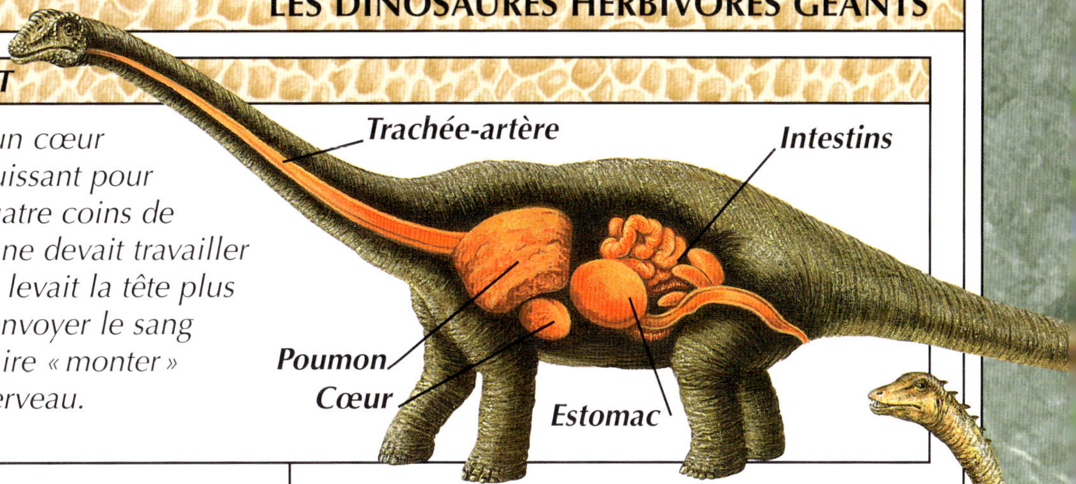

AEGYPTOSAURUS

Crétacé ; –95 millions d'années ; Afrique ; 15 m de long.

On n'a trouvé en Égypte que quelques vertèbres, quelques os des pattes et un fragment d'omoplate d'*Aegyptosaurus* (« lézard égyptien »). Ces restes, envoyés en Allemagne pour être étudiés, ont été malheureusement détruits en 1944, pendant la Seconde Guerre mondiale. Cet animal restera donc mystérieux jusqu'à la prochaine découverte. Il est considéré comme un titanosaure à cause des os de ses pattes, semblables à ceux de *Saltasaurus*.

ANTARCTOSAURUS

Crétacé ; –80 millions d'années ; Amérique du Sud, Asie ; 18 m de long.

Antarctosaurus, dont le nom signifie « lézard du Sud » (car il vient de l'hémisphère Sud), a été découvert dans plusieurs pays d'Amérique du Sud, ainsi qu'en Inde. Dans le passé, lorsque le continent sud-américain et la péninsule indienne étaient reliés, cet animal se déplaçait librement sur ce territoire. En Amérique du Sud, des fragments d'œufs de la taille d'un melon ont été retrouvés à côté de fossiles d'*Antarctosaurus*. Peut-être s'agit-il des siens, ou bien de ceux d'un titanosaure semblable.

Les titanosaures étaient un groupe de sauropodes dont la répartition était très vaste, comme en témoignent les restes fossiles retrouvés sur tous les continents, à l'exception de l'Australie et de l'Antarctique. De nombreux spécimens viennent d'Amérique du Sud, où la récente découverte d'œufs, probablement pondus par un titanosaure, apporte des informations précieuses sur les premières étapes du cycle de vie de ces animaux gigantesques.

NEUQUENSAURUS

Crétacé ; –70 millions d'années ; Amérique du Sud ; 15 m de long.

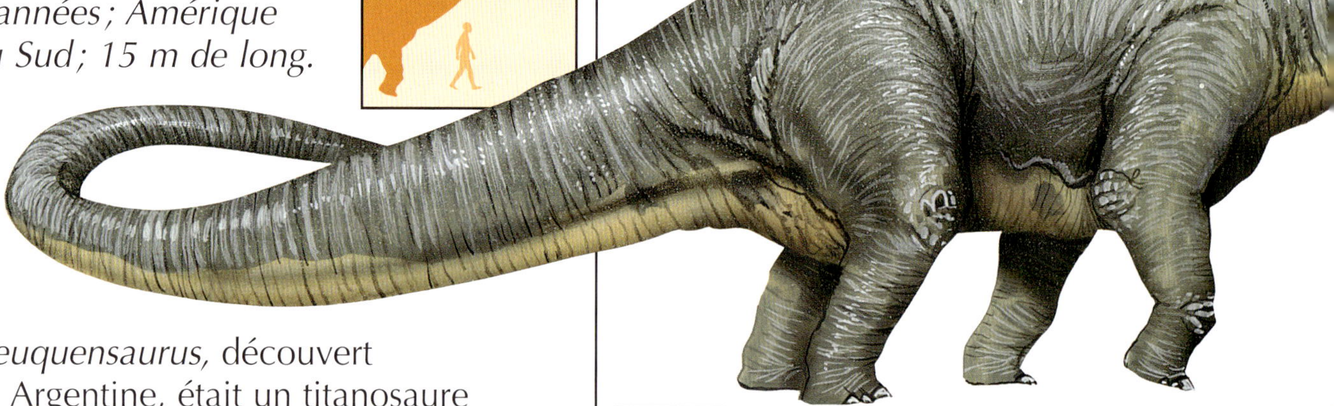

Neuquensaurus, découvert en Argentine, était un titanosaure de taille moyenne. Représentative du groupe, sa peau, surtout celle du dos, était constellée de plaques osseuses ovales et de protubérances osseuses, des ostéodermes. Ces éléments osseux se développent à partir de la peau des dinosaures, de même que chez les dinosaures à armure, tel *Ankylosaurus.* Il n'existe à ce jour que quelques os de ce dinosaure, qui suggèrent une ressemblance avec *Saltasaurus.* Peut-être d'ailleurs s'agit-il du même animal.

DES ŒUFS DE SAUROPODES

Les œufs de sauropodes étaient généralement ronds ou légèrement ovales. La surface était granulée et irrégulière, et la coquille des œufs attribués aux titanosaures était épaisse comme un crayon.

RAPETOSAURUS

Crétacé ; 70 millions d'années ; Afrique ; 8 m de long.

En 1995, le squelette presque complet d'un jeune *Rapetosaurus* a été retrouvé dans l'île de Madagascar, au large de la côté est de l'Afrique. C'est une découverte primordiale, car il s'agit du premier titanosaure dont le crâne ait été retrouvé intact. Auparavant, personne ne savait à quoi pouvait ressembler la tête de ces animaux. Celle de celui-ci était petite, avec des narines situées au-dessus des yeux, tout comme *Diplodocus*. Mais pour le reste, son crâne ressemblait plus à celui de *Brachiosaurus,* auquel il est, semble-il, apparenté. Son cou était long, sa queue longue et effilée.

HYPSELOSAURUS

Crétacé ; –70 millions d'années ; Europe ; 12 m de long.

Hypselosaurus, découvert en France et en Espagne, était un titanosaure de taille moyenne. Il avait des pattes plus larges que les autres membres de sa famille. Quelques gros œufs, presque ronds et mesurant 30 cm de diamètre environ, ont été retrouvés à ses côtés, mais il est difficile d'affirmer que ce sont les siens. Si cela était le cas, ce serait la preuve que les sauropodes étaient ovipares (pondant des œufs) et non pas vivipares (donnant naissance à des petits vivants). À l'éclosion, le petit devait peser 3 kg environ, l'adulte faisant 5 t.

Hypselosaurus

Une épaisse coquille protégeait l'embryon contre les prédateurs. L'air dont avaient besoin les petits filtrait à travers les pores.

TITANOSAURUS

En 1871, une partie d'un gigantesque fémur de 1,17 m de longueur a été découverte près de la ville de Jabalpur, en Inde. L'os fut correctement identifié comme étant celui d'un dinosaure, mais il était impossible de l'attribuer à l'une des espèces connues à l'époque. Lorsque quelques grosses vertèbres caudales furent exhumées dans la même région, les scientifiques purent en conclure qu'il s'agissait d'un dinosaure totalement nouveau.

NOMMER LE NOUVEAU DINOSAURE

En 1877, le géologue anglais Richard Lydekker (1849-1915) attribua le nom de *Titanosaurus indicus,* « lézard titanesque d'Inde », au nouveau dinosaure trouvé en Inde. C'était la première découverte majeure dans l'hémisphère Sud. Lydekker le nomma *Titanosaurus* en référence aux puissants Titans de la mythologie grecque, des êtres à la force et à la puissance exceptionnelles, car c'était le plus grand dinosaure connu à l'époque.

UN FOUET EN GUISE DE QUEUE

Titanosaurus ressemblait à *Diplodocus*. Il avait un long cou et une longue queue, effilée comme un fouet à l'extrémité. Comme chez les autres titanosaures, la peau de son dos était couverte de plaques cuirassées, des ostéodermes.

FICHE TITANOSAURUS

Nom Titanosaurus
Date *–70 millions d'années*
Sites fossilifères *Afrique, Asie, Europe, Amérique du Sud*
Longueur *20 m*
Régime *Végétaux*
Habitat *Bois aérés*

Dans ce paysage de la fin du crétacé, un groupe de Titanosaurus *sort d'un bois pour boire de l'eau fraîche.*

JEUNES ET VIEUX ENSEMBLE

Titanosaurus vivait peut-être en troupeaux qui se déplaçaient constamment, jeunes et vieux mélangés.

DES GALETS DANS L'ESTOMAC

Herbivore, *Titanosaurus* devait manger la végétation classique de la fin du crétacé. Les plantes à fleurs, des magnolias et des viburnum, dominaient la végétation basse, remplaçant les anciennes espèces, comme les fougères et les prêles. L'herbe n'existait pas encore. Des chênes, des érables, des noyers et des hêtres poussaient aux côtés des conifères et des cycadées prédominants. Comme les autres herbivores géants, *Titanosaurus* avait sans doute des galets dans le gésier (des gastrolithes), qui broyaient les aliments en une pulpe plus digeste pour l'animal.

LA MORT D'UN GÉANT

Où que se trouvât Titanosaurus, *ses prédateurs rôdaient dans les environs. Sa grande taille était sa meilleure défense, car la force d'un coup de queue ou de patte suffisait à anéantir l'agresseur. Cela l'incitait à s'attaquer à des proies plus faibles : les jeunes, les vieux et les malades.*

CHAPITRE 4

CUIRASSES, CORNES ET PLAQUES

Les dinosaures herbivores n'étaient pas tous gigantesques comme les sauropodes du jurassique, un des nombreux groupes apparus à l'âge des reptiles. D'autres groupes d'herbivores, plus petits mais tout aussi intéressants, développèrent diverses caractéristiques physiques, comme des plaques sur le dos, des pointes et des cornes sur la face ou la queue. Les scientifiques les classent en autant de familles distinctes.

DES DINOSAURES À PLAQUES

Il s'agissait de stégosaures, herbivores de taille moyenne, quadrupèdes, avec quelques plaques et pointes dressées le long du dos et de la queue. Le plus connu des ces dinosaures à plaques est *Stegosaurus*.

Dans ce paysage, qui se situe il y a 70 millions d'années, des dinosaures à armure, à cornes et à crâne épais viennent s'abreuver à la rivière.

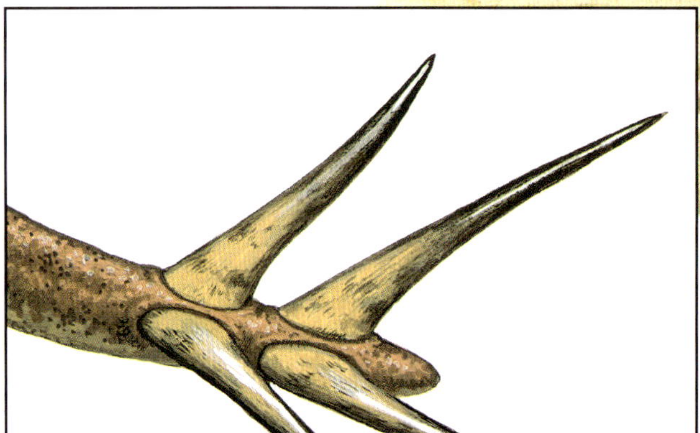

Certaines espèces avaient de longues pointes acérées à l'extrémité de la queue.

LES DINOSAURES À CUIRASSE

Les dinosaures à cuirasse comprennent les nodosaures et les ankylosaures, herbivores de taille moyenne qui marchaient à quatre pattes. Leur corps était couvert de plaques osseuses enchâssées dans la peau. Certains avaient des pointes osseuses, d'autres une massue au bout de la queue. Le plus connu est *Ankylosaurus*.

DINOSAURES À CORNES ET À CRÂNE ÉPAIS

Les cératopsiens (dinosaures à cornes) et les pachycéphalosaures (dinosaures à crâne épais) sont deux autres groupes de dinosaures pourvus d'attributs distinctifs. Tous deux forment le groupe des marginocéphales, « tête bordée », en référence à leurs carapace, collerette et cornes sur la tête. Certains marchaient sur quatre pattes (quadrupèdes), d'autres sur deux (bipèdes). Tous étaient herbivores. *Triceratops* (ci-dessous) est le plus connu des dinosaures à cornes, et *Stegoceras* le plus connu des dinosaures à crâne épais.

Certains dinosaures avaient des cornes et une collerette osseuse autour du cou.

Apparus il y a 170 millions d'années, les stégosaures ont vécu sur notre planète pendant environ 80 millions d'années, quelques espèces survivant jusqu'au milieu du crétacé, il y a quelque 90 millions d'années. Leur apogée se situe à la fin du jurassique, il y a 150 millions d'années. Leur répartition géographique était importante, comme en témoignent les fossiles découverts en Afrique, en Asie, en Europe et en Amérique du Nord.

SCELIDOSAURUS

Jurassique ; –200 millions d'années ; Europe ; 4 m de long.

Scelidosaurus n'est pas classé parmi les stégosaures, mais il serait un ancêtre de ce groupe. Cela semble évident à la vue de sa peau parsemée de nombreuses petites plaques osseuses. Contrairement aux grandes plaques dressées des stégosaures, celles de *Scelidosaurus* étaient petites et basses, certaines striées, d'autres en forme de cône. C'était, semble-t-il, un herbivore lent, doté d'une petite tête et d'une queue plus longue que celle des stégosaures.

DACENTRURUS

Jurassique ; –155 millions d'années ; Europe ; 5 m de long.

Dacentrurus est l'un des rares dinosaures à plaques découverts en Europe. Son cou, son dos et sa queue étaient hérissés de deux rangées de piquants. Il ressemblait au stégosaure africain *Kentrosaurus.*

À l'origine, *Dacentrurus* (« queue pointue ») avait été appelé *Omosaurus* (« lézard épaule »), mais ce nom avait déjà été accordé à une espèce disparue de crocodile. Lorsque l'erreur fut découverte, on lui trouva une nouvelle appellation.

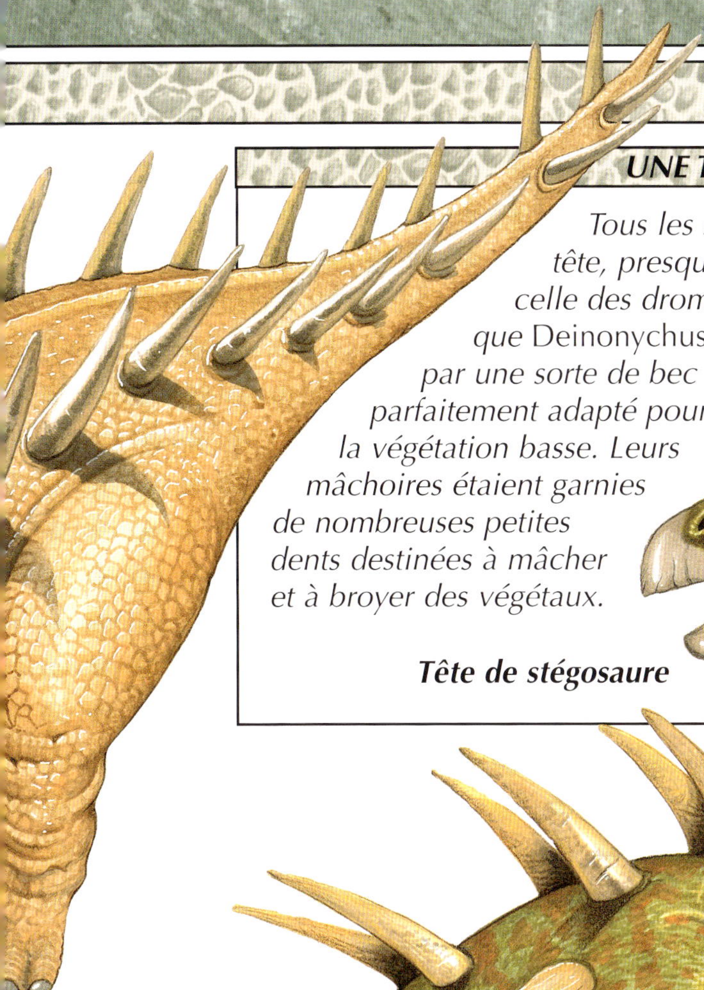

UNE TÊTE MINUSCULE

Tous les stégosaures avaient une petite tête, presque de la même taille que celle des dromaeosaures prédateurs tels que Deinonychus. *Leur museau se terminait par une sorte de bec corné, parfaitement adapté pour tailler la végétation basse. Leurs mâchoires étaient garnies de nombreuses petites dents destinées à mâcher et à broyer des végétaux.*

Tête de stégosaure **Tête de dromaeosaure**

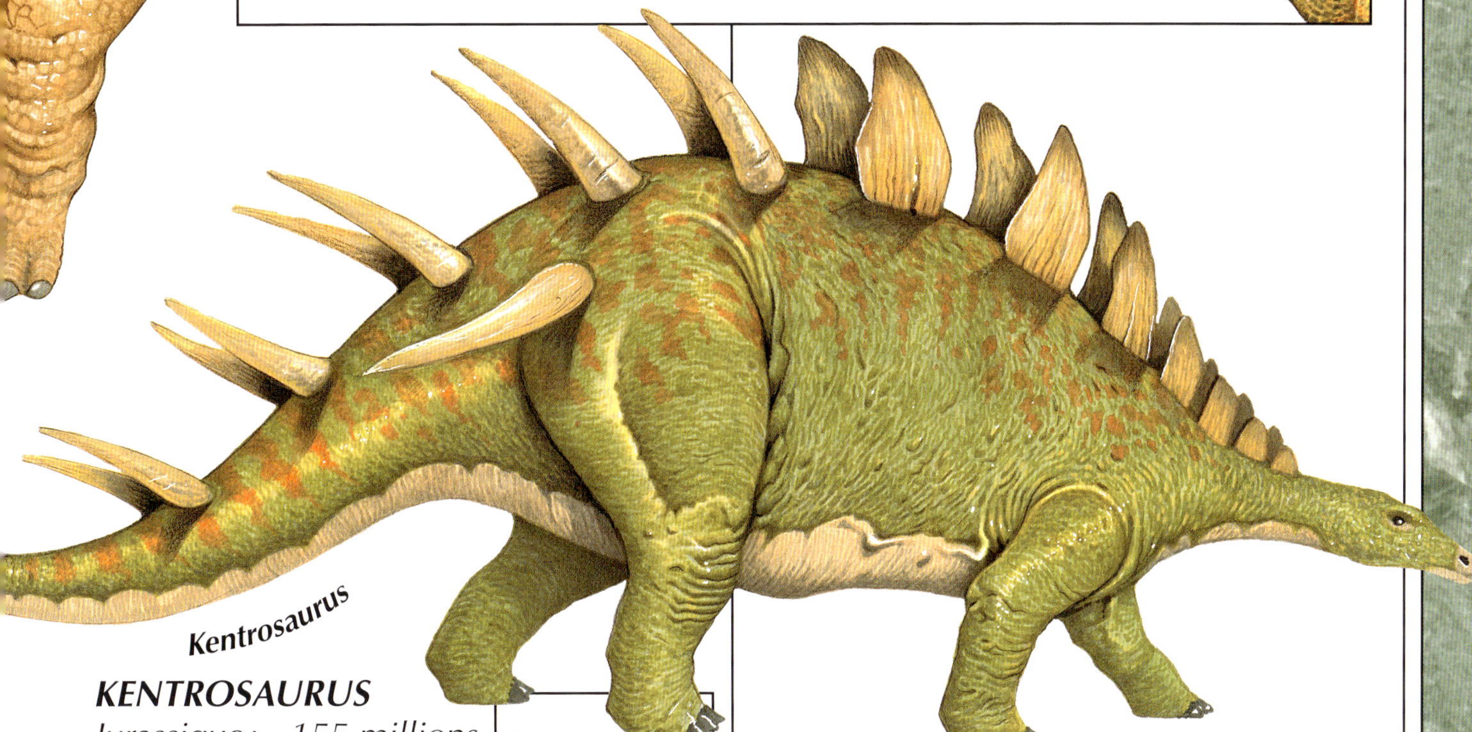

Kentrosaurus

KENTROSAURUS

Jurassique; –155 millions d'années; Afrique; 5 m de long.

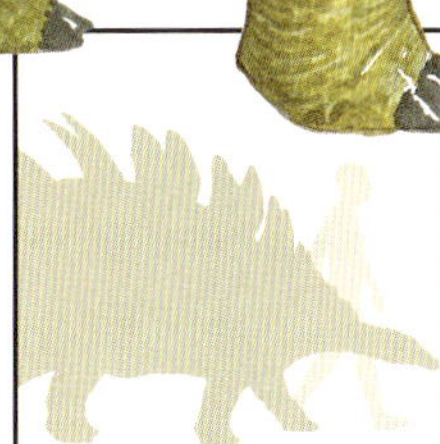

Deux rangées de plaques osseuses étaient enchâssées dans la peau de son dos. Il y en avait 14 au total, disposées face à face, en deux rangées, du cou jusqu'au milieu du dos. Venaient ensuite, du milieu du dos au bout de la queue, sept paires de pointes, plus une pointe supplémentaire sur chaque hanche. La tête de *Kentrosaurus* était petite et étroite, et son cerveau minuscule, pas plus gros qu'une noix. Il avait un bec édenté, mais ses joues étaient garnies de nombreuses petites dents chétives. Ses grandes fosses nasales suggèrent un bon odorat.

Tous les stégosaures avaient des plaques osseuses qui se développaient dans la peau. Elles n'étaient pas en os compact et épais et n'avaient sans doute pas fonction d'armure. D'après les chercheurs, elles servaient à attirer un partenaire durant les parades nuptiales. Selon une autre hypothèse, elles permettaient de réguler la température du corps, en absorbant ou évacuant de la chaleur.

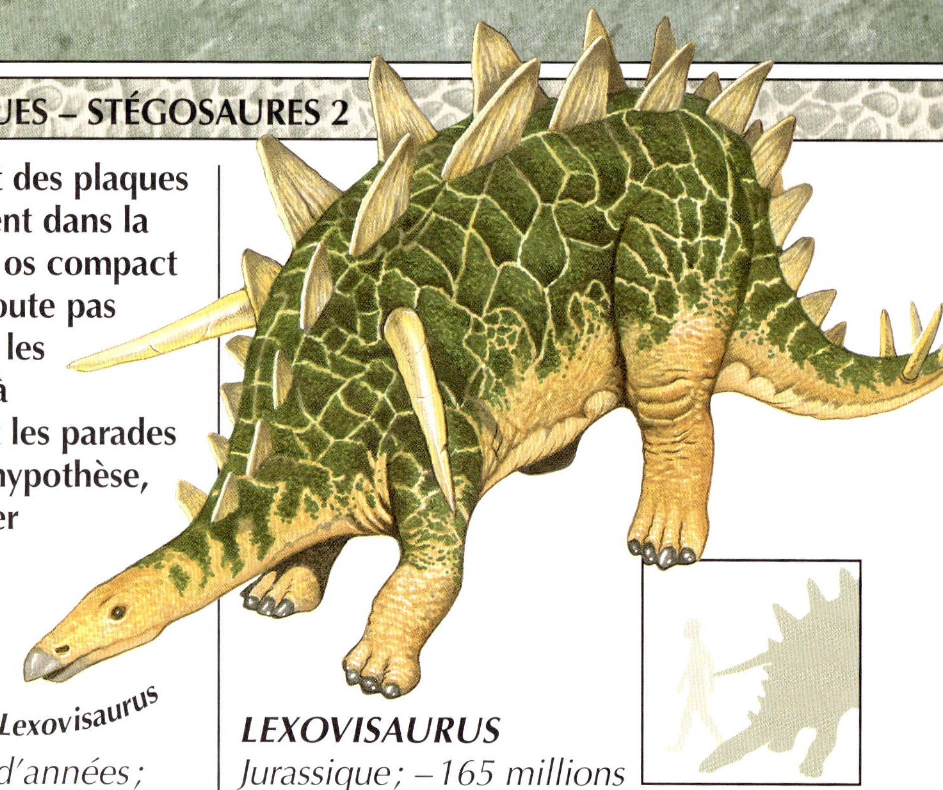

HUAYANGOSAURUS

Jurassique ; –165 millions d'années ; Asie ; 4,50 m de long.
La Chine a produit de nombreux et importants fossiles de dinosaures, dont *Huayangosaurus,* un stégosaure primitif. C'était un des plus anciens stégosaures, doté de caractéristiques primitives absentes chez les espèces ultérieures. Il avait des dents à l'avant du museau (contrairement aux espèces futures), de longues pattes (les pattes antérieures des espèces suivantes étaient courtes), et ses plaques étaient étroites et épaisses, alors que celles de ses descendants étaient larges et fines.

LEXOVISAURUS

Jurassique ; –165 millions d'années ; Europe ; 5 m de long.
Lexovisaurus était un stégosaure du milieu du jurassique. Ses os fossilisés ont été découverts en France et en Angleterre. Il avait deux rangées de fines plaques osseuses le long du dos ainsi que deux ou trois paires de longues pointes acérées au bout de la queue. Sur ses épaules se dressait une paire de pointes, de 1 m de longueur et de 27 cm de diamètre à la base. Ces attributs étaient sans doute destinés à la défense, pour maintenir les agresseurs à distance.

DES ÉPINES SUR LES ÉPAULES ET SUR LES HANCHES

Plusieurs stégosaures arboraient de longues pointes acérées sur les côtés, au niveau des épaules ou des hanches. Contrairement aux plaques dorsales, dont on suppose qu'elles n'étaient pas destinées à la défense (il ne faut pas les considérer comme une armure), les pointes l'étaient très certainement. Orientées vers le bas, elles devaient être directement pointées contre l'agresseur, qui risquait de s'empaler dessus s'il tentait une attaque.

TUOJIANGOSAURUS

Jurassique ; – 155 millions d'années ; Asie ; 7 m de long.

Le cou, le dos et le haut de la queue de *Tuojiangosaurus,* un stégosaure de Chine, étaient hérissés de quinze paires de plaques pointues et étroites, dont les plus grandes étaient au niveau des hanches. Il avait deux paires de longues épines acérées au bout de sa courte queue, caractère qu'il partageait avec *Stegosaurus*.

Tuojiangosaurus était long et bas sur pattes, sa hauteur à la hanche étant de 2 m. D'après la forme de son corps, il tenait de toute évidence sa tête basse, position idéale pour un animal qui se nourrissait au niveau du sol. Il mangeait sans doute des végétaux du jurassique, comme les cycadées, les prêles, les fougères et les parties tendres d'autres plantes.

Les stégosaures étaient des animaux lents qui marchaient sur leurs quatre pattes. Ils devaient cependant pouvoir se dresser sur les pattes postérieures, appuyés sur leur queue. Ils le faisaient sans doute occasionnellement, pour atteindre leurs plantes favorites, situées plus haut que d'habitude. Le plus souvent, cependant, ils se nourrissaient de plantes basses, situées à 1 m du sol au maximum.

CHIALINGOSAURUS

Jurassique ; –165 millions d'années ; Asie ; 4 m de long.

D'après un certain nombre de squelettes incomplets découverts dans le sud de la Chine, il semble que *Chialingosaurus* soit un stégosaure. Il avait, sur le cou et le dos, des plaques hautes et épineuses, et non larges et fines. De telles caractéristiques étant généralement attribuées aux stégosaures primitifs, *Chialingosaurus* leur est assimilé.

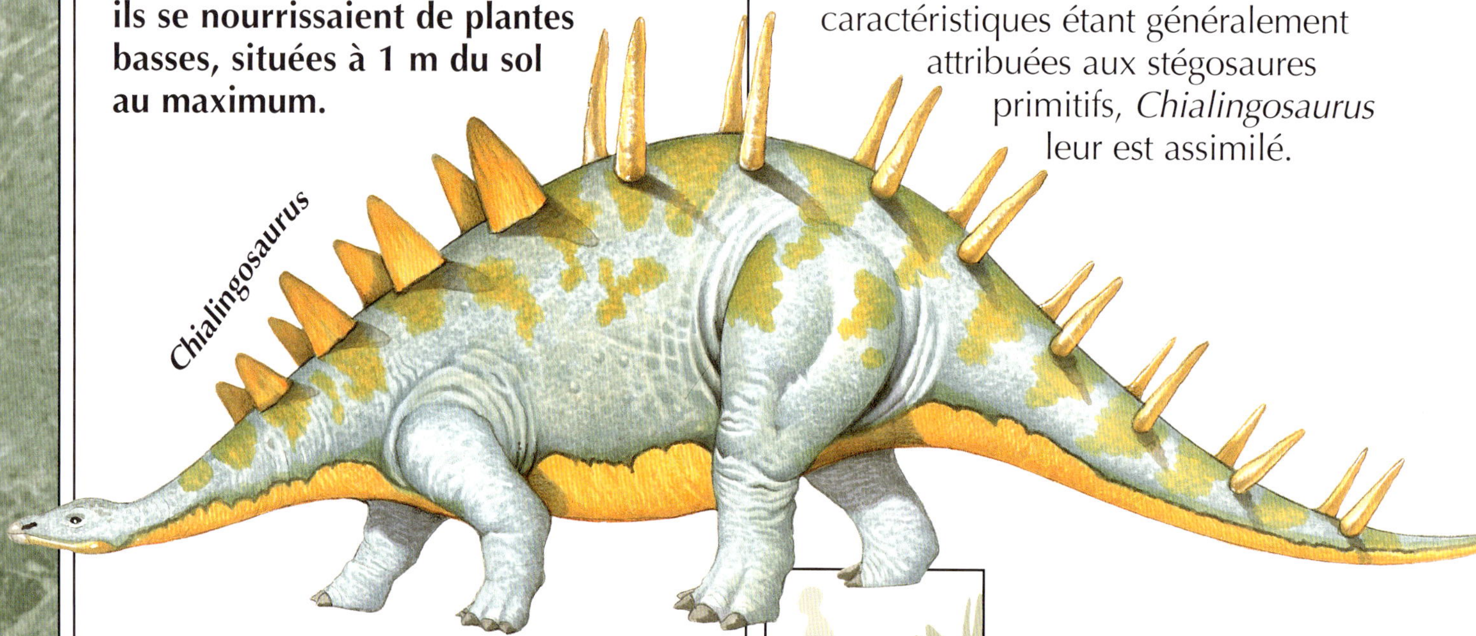

DES PATTES D'ÉLÉPHANT

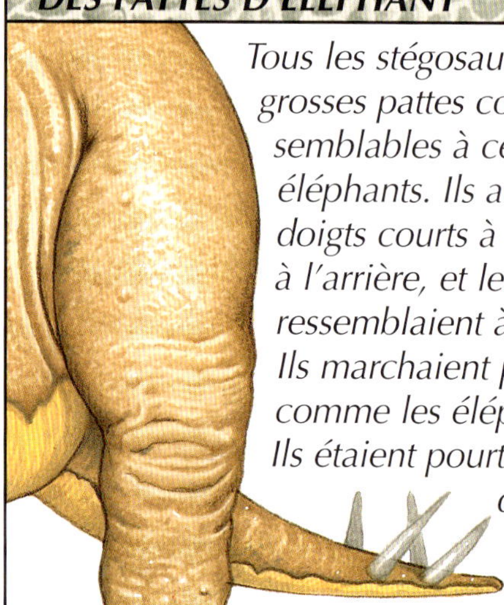

Tous les stégosaures avaient de grosses pattes courtes et raides, semblables à celles des éléphants. Ils avaient cinq doigts courts à l'avant, quatre à l'arrière, et leurs talons ressemblaient à des sabots. Ils marchaient pattes tendues, comme les éléphants. Ils étaient pourtant pourvus de poignets et de chevilles, mais ces articulations étaient très raides.

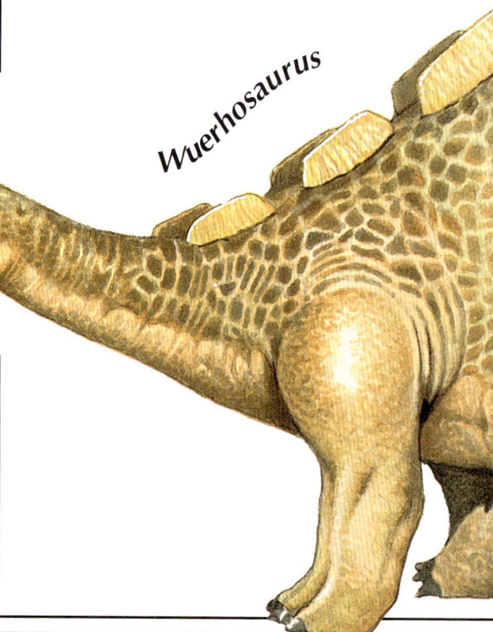

« *YINGSHANOSAURUS* »
Jurassique ; – 145 millions d'années ; Asie ; 5 m de long.
Les scientifiques n'ont pas encore complètement décrit ce dinosaure, découvert en Chine. Son nom est donc temporaire et susceptible d'être modifié.

« *Yingshanosaurus* » avait de grandes plaques en forme d'aile sur les épaules. Elles ont dû se développer à partir des plaques osseuses dorsales, auxquelles elles ressemblent. Peut-être étaient-elles destinées à protéger les flancs de l'animal en cas d'attaque, à la façon des pointes des autres stégosaures.

WUERHOSAURUS
Crétacé ; – 130 millions d'années ; Asie ; 8 m de long.
Wuerhosaurus, originaire de Chine, avait des plaques longues et basses, légèrement incurvées. On suppose qu'il avait quatre pointes osseuses à l'extrémité de la queue, mais, aucun fossile complet n'ayant été trouvé à ce jour, cela n'est pas prouvé. *Wuerhosaurus* est l'un des quelques stégosaures présents au crétacé.

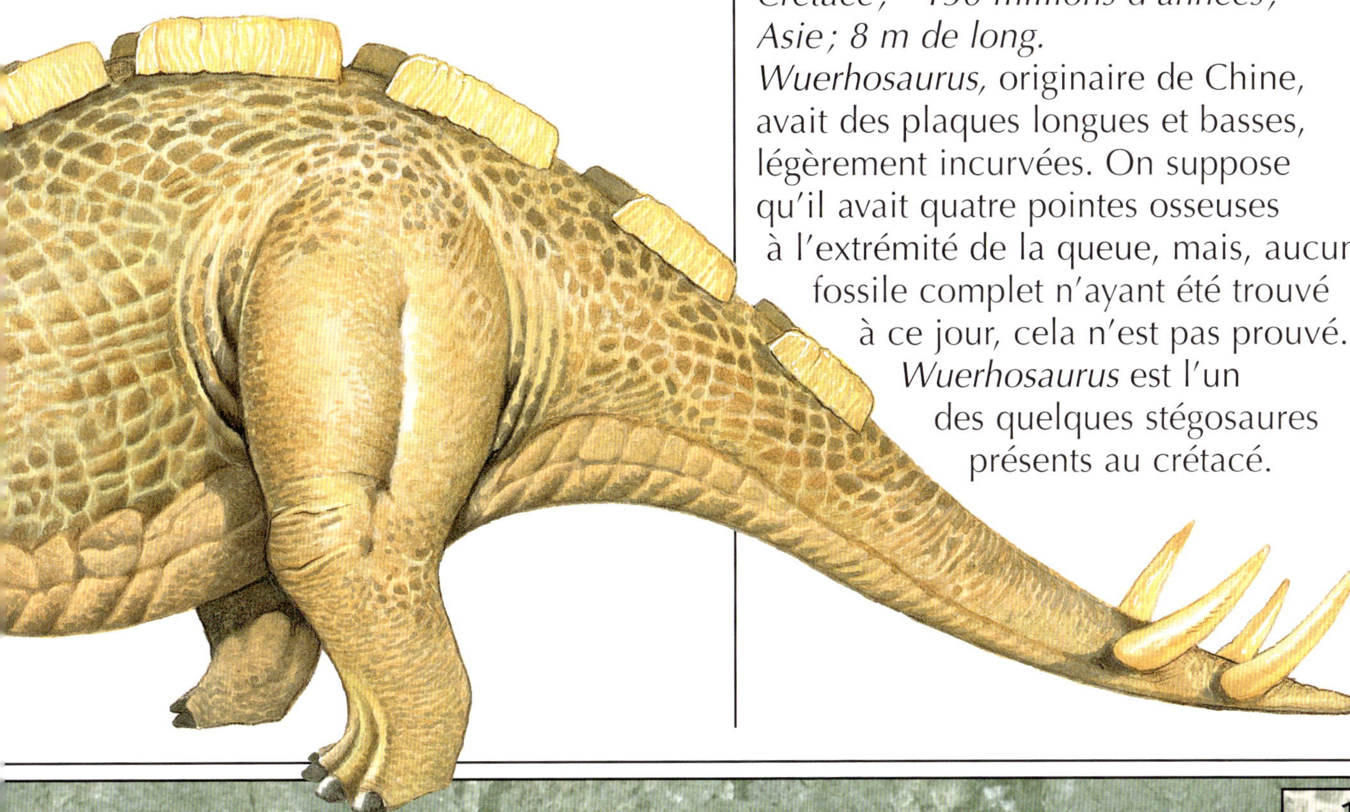

STEGOSAURUS

Stegosaurus est le dinosaure à plaques le plus connu et le plus grand stégosaure.

Nom Stegosaurus
Date _– 140 millions d'années_
Sites fossilifères _Amérique du Nord_
Longueur _9 m_
Régime _Plantes_
Habitat _Bois aérés, plaines inondables_

LES PLAQUES DE STEGOSAURUS

Les plaques de Stegosaurus _étaient peut-être couvertes d'une peau irriguée de vaisseaux sanguins. Auquel cas, lorsqu'un afflux de sang parvenait dans ces vaisseaux, les plaques rougissaient et représentaient des signaux pour d'autres animaux._

LE REPTILE À TOIT

En 1877, un nouveau dinosaure étonnant attira l'attention de la communauté scientifique mondiale. Il reçu le nom de _Stegosaurus,_ qui signifie « reptile à toit », car on pensait que ses plaques osseuses étaient disposées comme les éléments de la carapace des tortues. Les scientifiques ne comprirent que des années plus tard qu'elles étaient en réalité dressées et ne représentaient pas la « toiture » de l'animal. Celui-ci était long et bas sur pattes, avec une petite tête et des pattes postérieures deux fois plus longues que les antérieures. À l'extrémité de sa queue épaisse et rigide se dressaient quatre longues pointes cornées.

UN DARD DANS LA QUEUE

Stegosaurus était un herbivore lent qui vivait sans doute en petits groupes familiaux. Il semble que les forêts et les plaines inondables des rivières aient été son habitat naturel. Il était vulnérable aux attaques de prédateurs tels qu'*Allosaurus*. En cas de danger, *Stegosaurus* se défendait avec sa queue. Immobile, ses lourdes pattes fermement plantées au sol, il fouettait l'air dans tous les sens. Si l'agresseur s'approchait trop près, il risquait de se faire sérieusement blesser par les piquants de la queue.

Deux mâles Stegosaurus *se défient pour une femelle. Ils émettent des sons furieux, secouent la queue et se mettent de profil pour exposer leurs dimensions complètes et ainsi impressionner l'adversaire. Le sang afflue dans leurs plaques dorsales, les faisant rougir.*

LA DISPOSITION DES PLAQUES

17 plaques, de diverses tailles, étaient dressées le long du cou, du dos et d'une partie de la queue de Stegosaurus. *On ne sait pas comment elles étaient disposées : peut-être étaient-elles alignées en quinconce sur une rangée ou face à face sur deux rangées.*

Apparus il y a 175 millions d'années, les nodosaures sont les premiers dinosaures à armure complète. Ils doivent leur nom, qui signifie « lézard à nodules », aux excroissances osseuses enchâssées dans leur peau. Ils ressemblent à des ankylosaures, apparus postérieurement, mais leurs pattes étaient plus fines et plus longues, et ils ne possédaient pas de massue caudale, différence évidente avec les ankylosaures.

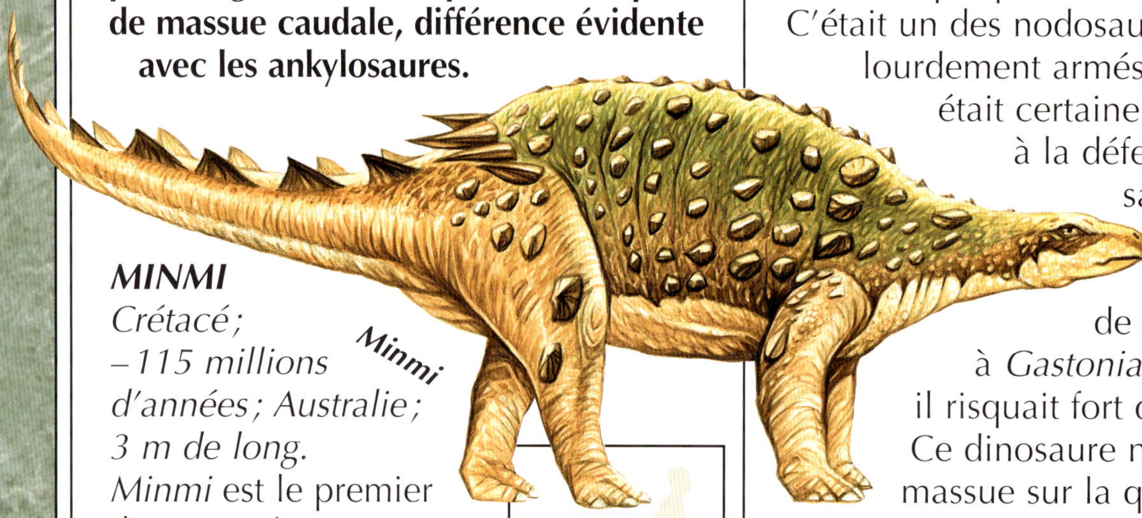

MINMI

Crétacé ; –115 millions d'années ; Australie ; 3 m de long.

Minmi est le premier dinosaure à armure retrouvé dans l'hémisphère Sud. C'était un petit nodosaure avec des plaques osseuses de diverses formes. Même son ventre en était pourvu, à la différence de la plupart des autres dinosaures à armure, chez qui il était nu et vulnérable. Cette armure alourdissait considérablement l'animal qui pourtant, loin d'être lent, pouvait probablement se déplacer assez vite, puisque ses longues pattes suggèrent qu'il pouvait même trotter.

GASTONIA

Crétacé ; –125 millions d'années ; Amérique du Nord ; 2,50 m de long.

De nombreuses pointes osseuses étaient dressées sur le cou, les flancs et le long de la queue de *Gastonia*. Les plus longues, situées sur les épaules, mesuraient 30 cm. Sur le dos, les plaques étaient triangulaires. C'était un des nodosaures les plus lourdement armés. Cet attirail était certainement destiné à la défense. Il était sans doute difficile pour un prédateur de s'attaquer à *Gastonia,* car il risquait fort de se blesser. Ce dinosaure n'avait pas de massue sur la queue, mais ses piquants étaient suffisamment acérés pour poignarder l'agresseur.

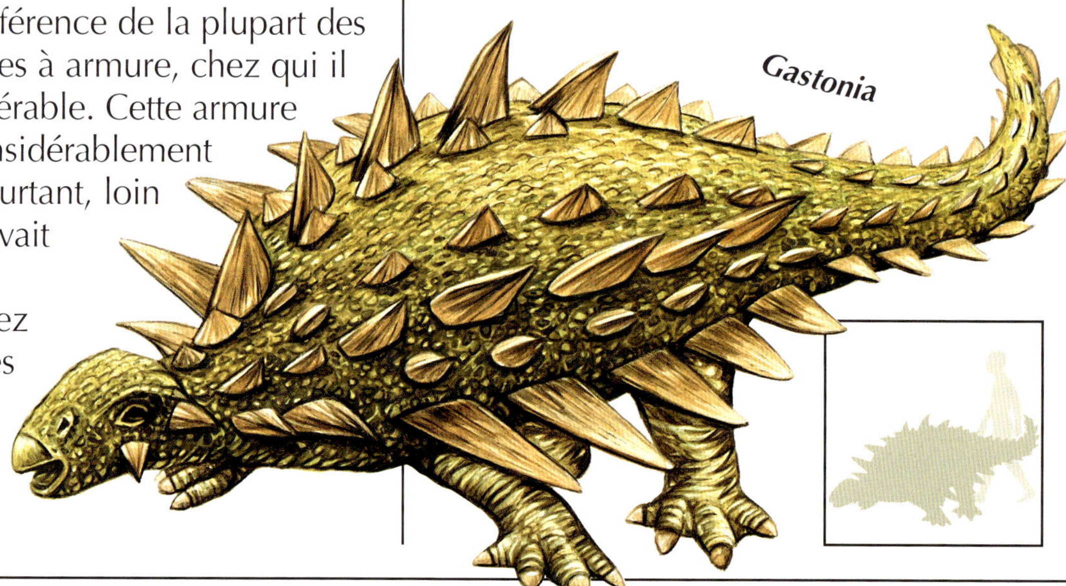

UNE ARMURE DE DINOSAURE

L'armure des nodosaures et des ankylosaures était composée de nombreuses plaques osseuses, plates ou parfois pointues. Les plus grandes étaient situées sur le cou et sur les épaules, les plus petites sur le dos et la queue. Les espaces qui les séparaient étaient remplis d'un léger rembourrage osseux.

Edmontonia

EDMONTONIA

Crétacé ; –70 millions d'années ; Amérique du Nord ; 7 m de long.

Edmontonia était un grand nodosaure du Canada, qui se distinguait par les grandes épines dressées sur ses épaules et ses flancs. Orientées vers l'avant, elles servaient sans doute de dispositif de défense contre les prédateurs tels qu'*Albertosaurus*. Les adultes croisaient peut-être aussi leurs piquants, lors de compétitions de force, à la façon des cerfs croisant leurs bois et poussant jusqu'à ce que le plus faible cède.

GARGOYLEOSAURUS

Jurassique ; –150 millions d'années ; Amérique du Nord ; 3 m de long.

Gargoyleosaurus avait un crâne triangulaire comme celui d'un ankylosaure. Mais, dépourvu de massue caudale, son squelette ressemblait davantage à celui d'un nodosaure. Ce dinosaure à armure possédait ainsi des caractères des deux familles, ce qui le placerait en fait à mi-chemin entre les deux. Peut-être était-ce un ancêtre des ankylosaures, apparus après les nodosaures.

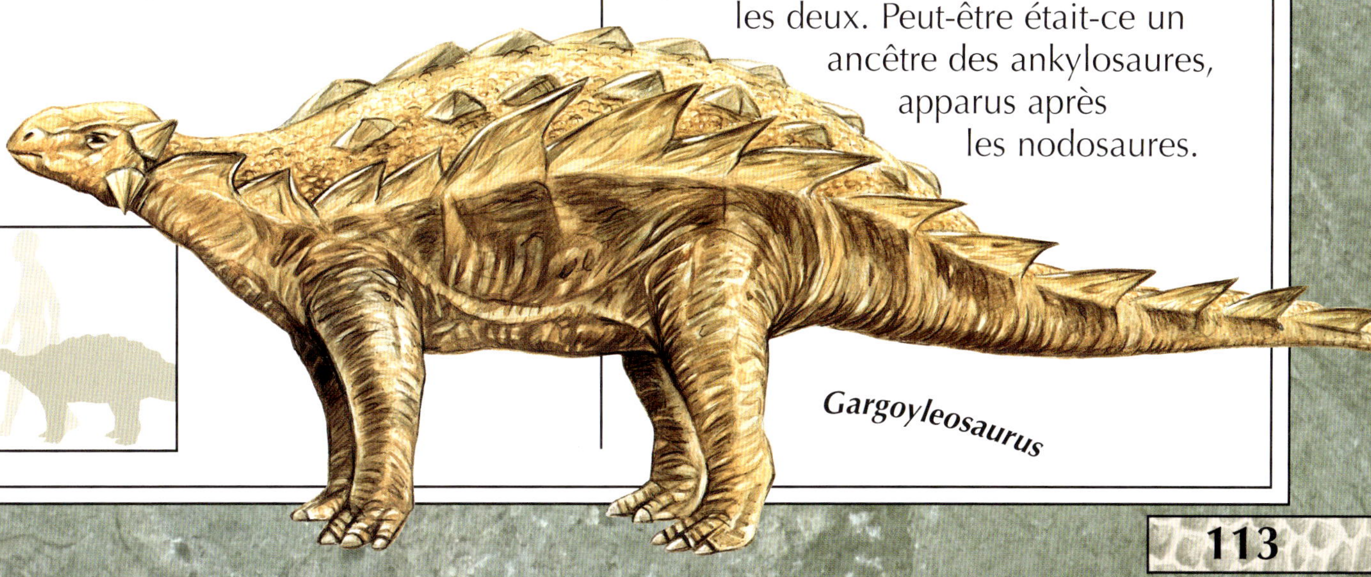

Gargoyleosaurus

Les premiers ankylosaures sont apparus il y a environ 130 millions d'années, au début du crétacé, et ont survécu jusqu'à la fin de l'âge des reptiles. Ils doivent leur nom, qui signifie « lézard fusionné », aux plaques osseuses soudées, assemblées comme une armure sur leur corps. C'étaient des dinosaures répandus, dont les fossiles ont été retrouvés sur la plupart des continents (y compris l'Antarctique), mais pas en Amérique du Sud. Ces herbivores à armure avaient une massue osseuse à l'extrémité de la queue.

SAICHANIA

Crétacé ; –80 millions d'années ; Asie ; 7 m de long.

Saichania était un ankylosaure originaire de Chine, vivant dans un habitat chaud et sec, sans doute quasi désertique. De nombreuses plaques et pointes osseuses protégeaient sa tête, son corps et sa queue, entourant l'animal d'une armure protectrice. Mais son ventre, comme celui des autres membres de sa famille, était nu. Au bout de la queue, il avait une petite massue osseuse.

EUOPLOCEPHALUS

Crétacé ; –70 millions d'années ; Amérique du Nord ; 7 m de long.

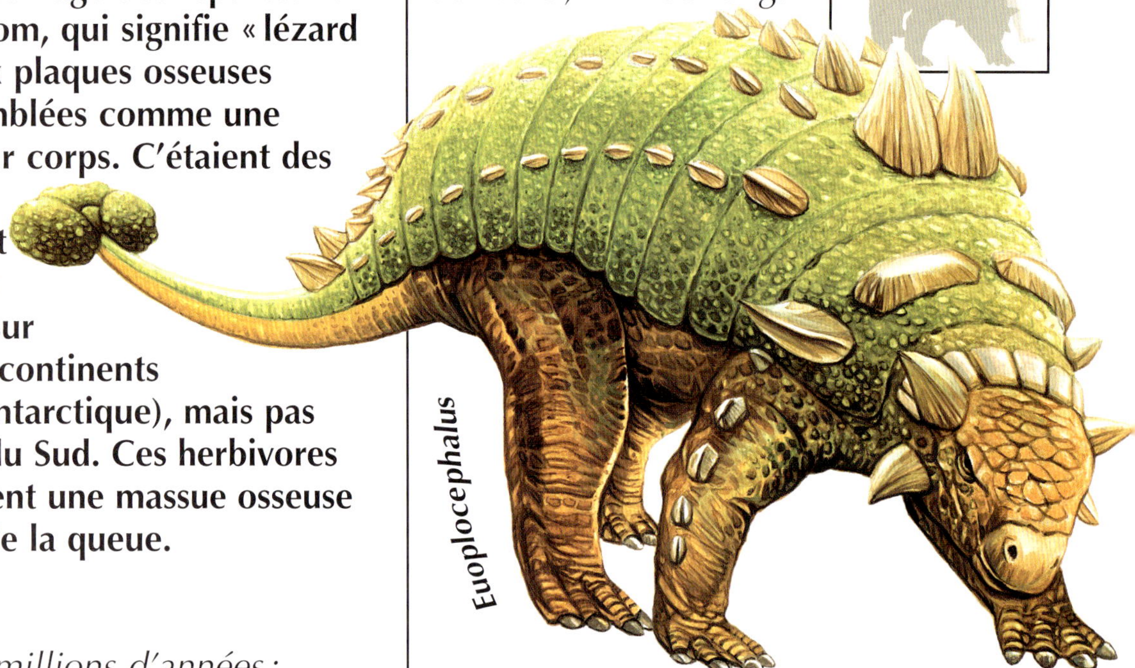

Euoplocephalus

Euoplocephalus devait vivre en troupeaux dans la forêt. C'était un dinosaure lourdement armé, revêtu de plaques et de nodules osseux ; même ses paupières étaient cuirassées. Les plaques osseuses, enchâssées dans son cuir, étaient disposées en bandes dans la largeur de son dos. Son cou était protégé par quatre cornes, et son dos était parcouru de pointes. Confronté à un agresseur, il le menaçait de sa massue caudale afin de le dissuader d'approcher.

Saichania

PINACOSAURUS

Crétacé ; –80 millions d'années ; Asie ; 5 m de long.

Découvert en Chine et en Mongolie, *Pinacosaurus* fréquentait un habitat semi-désertique, chaud et sec. Il vivait à la même époque et dans la même région que son proche parent *Saichania*. Nous ne connaissons pas le régime alimentaire de ces deux espèces, mais il est possible qu'ils aient été en concurrence pour les mêmes types de végétaux. Le crâne de *Pinacosaurus* n'était que partiellement couvert de plaques osseuses, avec quelques zones de peau exposée. Hormis cette caractéristique, il ressemblait aux autres ankylosaures.

TALARURUS

Crétacé ; –85 millions d'années ; Asie ; 5 m de long.

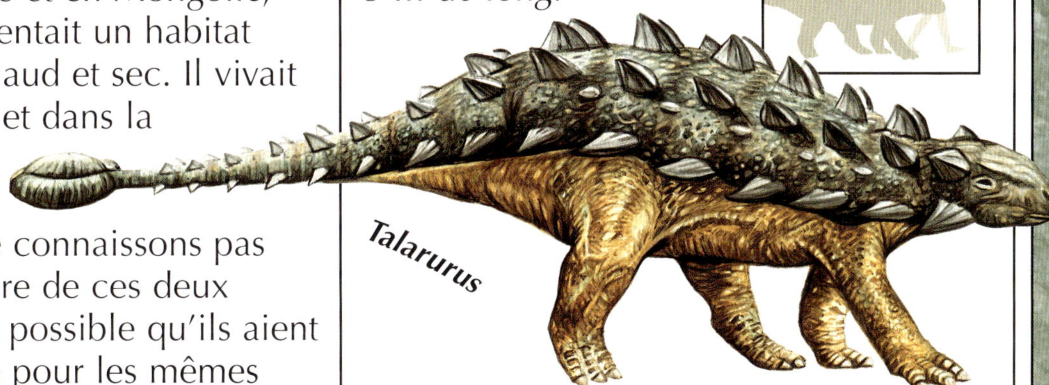

Talarurus, de Mongolie, était trapu, avec un poitrail large et une longue queue terminée par une lourde massue. Sa tête et son corps étaient couverts de plaques osseuses et de nodules, produits dans la peau et non pas reliés au squelette. *Talarurus* avait quatre doigts aux pattes postérieures, alors que d'autres ankylosaures, comme *Euoplocephalus,* n'en avaient que trois.

UNE TÊTE CASQUÉE

Le crâne des ankylosaures était presque triangulaire. Ils avaient un large bec adapté pour brouter la végétation au sol et des dents minuscules. Leur tête était couverte de plaques osseuses, et ils avaient de courtes cornes en forme de pyramide derrière le cou.

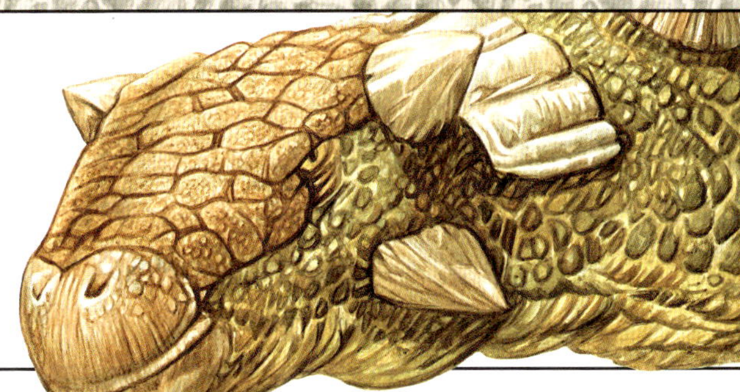

Apparu à la fin de l'âge des reptiles, *Ankylosaurus* est l'un des plus grands dinosaures à armure. Nos connaissances à son sujet sont limitées, car il existe très peu de spécimens, mais c'est pourtant l'un des dinosaures les plus connus.

Nom Ankylosaurus
Date *–70 millions d'années*
Sites fossilifères *Amérique du Nord*
Longueur *10 m*
Régime *Végétaux*
Habitat *Bois aérés*

UNE PROTECTION GLOBALE

Ankylosaurus ressemblait à un tonneau soutenu par quatre courtes pattes. Cet animal trapu, ne dépassant pas 1 m de hauteur, était deux fois plus large que haut. D'épaisses plaques osseuses, enchâssées dans la peau, couvraient tout le haut de son corps et étaient disposées en largeur sur son dos. Sa tête, sa face et ses paupières étaient aussi cuirassées. Il avait des rangées de pointes le long du dos et des cornes à l'arrière de la tête. Sa queue se terminait en une large massue, composée d'excroissances osseuses agglomérées.

LE CRÂNE D'ANKYLOSAURUS

Ankylosaurus *avait des plaques osseuses en forme de pyramide à l'arrière de la tête. Ses mâchoires étaient remplies de petites dents de mastication, et son museau était prolongé en un large bec corné.*

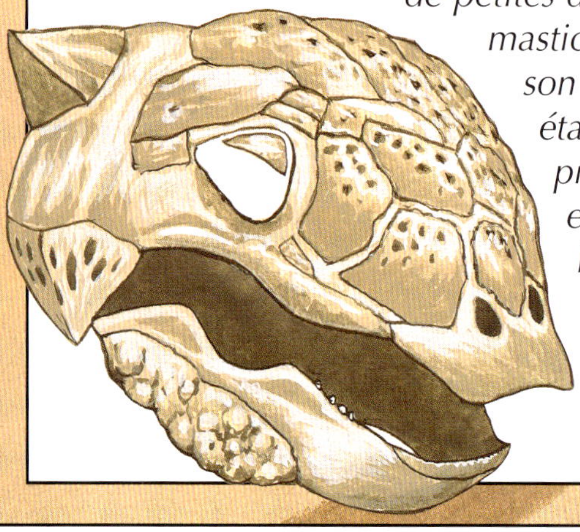

UNE MISE EN GARDE

Ankylosaurus passait sans doute la plupart de son temps à se nourrir. Lorsqu'il était attaqué, il se défendait avec sa massue caudale. Mais, avant cela, il faisait rougir sa peau grâce à un afflux de sang, pour mettre son adversaire en garde.

LES PLANTES BASSES

Court sur pattes, *Ankylosaurus* se nourrissait de végétations basses, ne dépassant pas 2 m de hauteur. Il les pinçait avec son large bec, puis tirait dessus. Il malaxait ses aliments avec sa grande langue avant de les avaler.

Attaqué par le prédateur Tyrannosaurus, *cet* Ankylosaurus, *furieux, se défend en envoyant un violent coup de massue dans la mâchoire de son agresseur.*

*LA MASSUE CAUDALE D'*ANKYLOSAURUS

La massue à l'extrémité de sa queue était composée de deux ou plusieurs plaques osseuses soudées en une lourde boule. Le dessous de la queue était raide et renforcé de tendons osseux qui lui donnaient davantage de puissance.

Les cératopsiens étaient un groupe répandu de dinosaures du crétacé. Certaines espèces arboraient des cornes sur la tête, d'autres étaient ornés d'une collerette osseuse. De tailles très variables, les cératopsiens pouvaient être petits comme une dinde ou grands comme un éléphant. Malgré des différences importantes, tous possédaient une caractéristique commune : un museau en forme de bec, semblable à celui des perroquets.

PSITTACOSAURUS

Crétacé ; –130 millions d'années ; Asie ; 2,50 m de long.

Psittacosaurus

Psittacosaurus, retrouvé en Chine et en Mongolie, était un des premiers dinosaures à bec. Il s'en servait pour cisailler la végétation. Ce cératopsien primitif était un herbivore élancé et bipède. Il avait des pommettes saillantes, qui, en quelques millions d'années, se sont transformées en des cornes de dinosaures comme celles de *Triceratops.*

Leptoceratops

LEPTOCERATOPS

Crétacé ; –70 millions d'années ; Australie, Amérique du Nord ; 2 m de long.

Ce dinosaure, élancé et sans doute rapide, était un cératopsien primitif. Il appartenait à un petit groupe appelé protocératopsien, « première face à cornes », nom un peu trompeur, car il n'avait pas de cornes sur la tête ! D'autres caractéristiques déterminantes, comme une collerette osseuse, le classent cependant parmi les dinosaures à cornes, au côté de *Triceratops.*

UN BEC DE PERROQUET

Psittacosaurus, *« lézard perroquet », doit son nom à la forme caractéristique de son crâne, doté d'un bec osseux semblable à celui d'un perroquet et probablement couvert de corne. Ses mâchoires, à l'arrière du bec, étaient dotées de nombreuses petites dents, destinées à la mastication. Son bec en était totalement dépourvu. Il avait de grands yeux et de petites narines.*

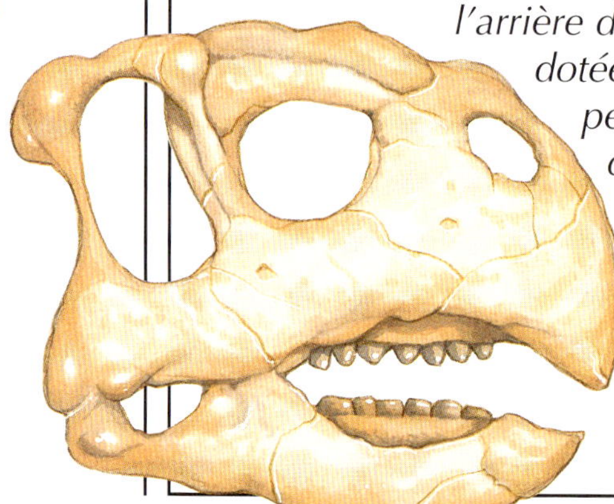

PROTOCERATOPS

Cétacé; –80 millions d'années; Asie; 2,50 m de long.

Protoceratops

Protoceratops est célèbre car c'est le premier dinosaure retrouvé sur un site de nidification. Découverts dans le désert de Gobi, en Mongolie, ses œufs cylindriques mesuraient 20 cm de longueur et 17,5 cm de largeur. Pondus dans un nid creusé dans le sable du désert, à même le sol, ils étaient disposés en spirale. Au fil de la croissance des petits, la collerette distinctive des adultes se développait pour protéger la peau délicate du cou.

CHASMOSAURUS

Crétacé; –75 millions d'années; Amérique du Nord; 5 m de long.

Chasmosaurus est l'un des cératopsiens les plus étudiés, car on a retrouvé de nombreux fossiles de son squelette. Il avait une petite corne sur le nez et deux autres, recourbées vers le haut, au-dessus des yeux. La grande collerette osseuse, à l'arrière de sa tête, semblait robuste, mais elle était en réalité assez fine et fragile. Probablement inutile comme bouclier lors d'une attaque, c'était plutôt un trompe-l'œil, qui faisait apparaître l'animal plus grand qu'il ne l'était réellement, pour confondre ou effrayer l'adversaire. Cet herbivore, semblable au rhinocéros actuel, pesait environ 3,5 t, mais on le suppose rapide sur ses quatre pattes robustes.

Chasmosaurus

Les collerettes et les cornes sont les caractères les plus notables des cératopsiens, qui représentent autant d'indices sur le comportement de ces animaux. À en juger par la position des cornes, deux individus devaient pouvoir croiser leurs cornes, se poussant mutuellement dans un combat pour départager le plus fort.

CENTROSAURUS

Crétacé; –75 millions d'années; Amérique du Nord; 6 m de long.

Centrosaurus vivait dans les forêts marécageuses, où il se nourrissait de la végétation basse qu'il arrachait avec son bec puissant. Ses dents de mastication, au fond de la mâchoire, émiettaient les aliments et, dans l'estomac, les gastrolithes les réduisaient en une bouillie facile à absorber par le système digestif. Ces animaux migraient sans doute en troupeaux, sur de grandes distances, pour rejoindre de nouveaux territoires d'alimentation ou leur site de nidification.

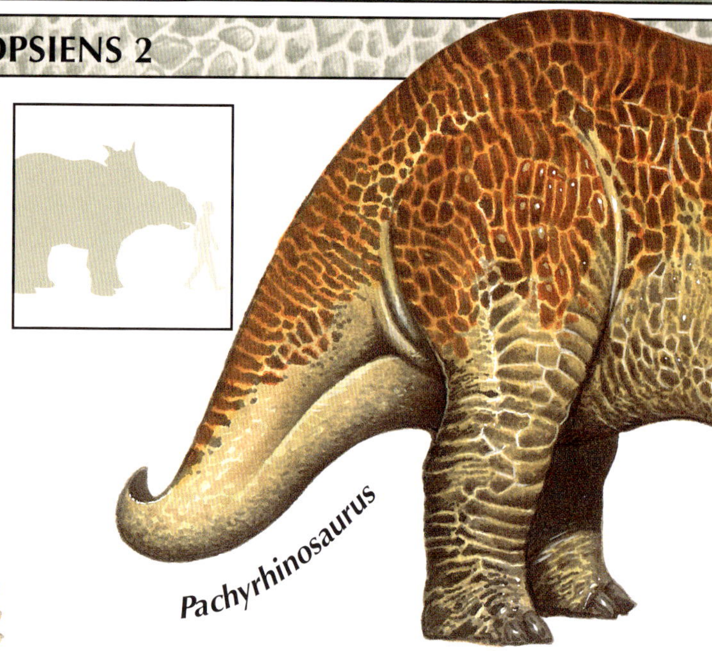

STYRACOSAURUS

Crétacé; –70 millions d'années; Amérique du Nord; 5 m de long.

Styracosaurus était un des cératopsiens qui avaient le plus de cornes. Six longues cornes et plusieurs plus petites pointaient de sa collerette. Une autre, de 60 cm de longueur, était dressée au bout de son museau. On pense qu'il vivait en grands troupeaux et, malgré ses 3 t et ses petites pattes courtes, il semble qu'il pouvait courir à 32 km/h.

PACHYRHINOSAURUS

Crétacé ; –70 millions d'années ; Amérique du Nord ; 6 m de long. *Pachyrhinosaurus* était un cératopsien avec une collerette ornée de petites cornes sur le pourtour. La présence d'une corne sur le museau est incertaine, car aucun crâne complet n'a encore été découvert. En revanche, *Pachyrhinosaurus* avait un coussinet osseux sur l'extrémité du museau, dont certains scientifiques pensent qu'il tenait lieu de corne. D'autres estiment qu'il s'agit de la base d'une corne, cassée ou perdue.

TOROSAURUS

Crétacé ; –70 millions d'années ; Amérique du Nord ; 7,50 m de long. *Torosaurus* était le cératopsien qui avait la plus grande tête : elle mesurait 2,60 m de longueur. L'ensemble de son crâne est plus grand que celui de tout autre animal qui ait jamais existé sur Terre. Il avait une courte corne sur le museau, deux longues cornes au-dessus des yeux et un bec édenté. Comme les autres membres de sa famille, *Torosaurus* avait une queue courte et des pattes postérieures plus longues que les antérieures, ce qui assurait sa stabilité. Il vivait sans doute en troupeaux.

Torosaurus

DES ESPACES COUVERTS DE PEAU

Les collerettes étaient parfois allégées par des espaces sans os. Lorsque le sang affluait dans la peau qui recouvrait la collerette, ces espaces s'éclairaient comme des yeux, attirant un partenaire ou effrayant un adversaire.

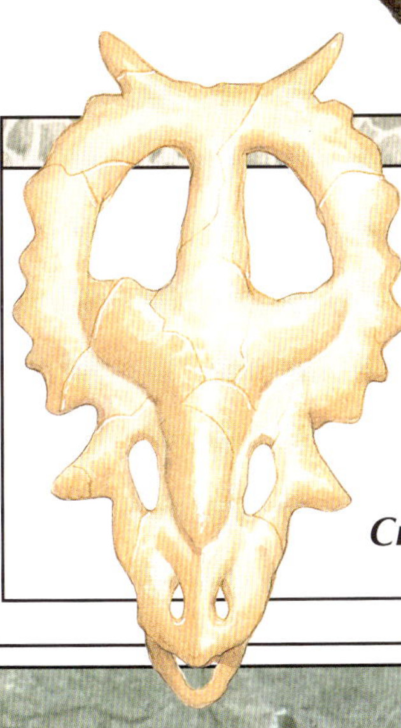

***Crâne de* Pachyrhinosaurus**

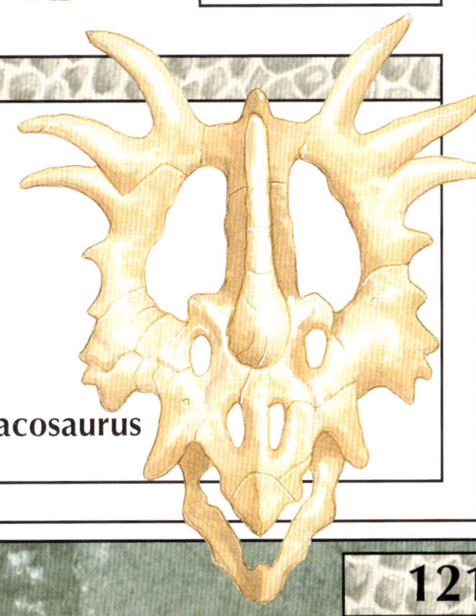

***Crâne de* Styracosaurus**

TRICERATOPS

Triceratops, « face à trois cornes », est le plus connu des dinosaures à cornes.

Nom Triceratops
Date *–70 millions d'années*
Sites fossilifères *Amérique du Nord*
Longueur *9 m*
Régime *Végétaux*
Habitat *Bois aérés*

UN CRÂNE DE TRICERATOPS

Triceratops *avait une grande collerette ondulée en os plein, contrairement à celle des autres cératopsiens, souvent percée de trous. Il avait deux cornes de 1 m de longueur au-dessus des yeux et une, plus courte, au bout du museau.*

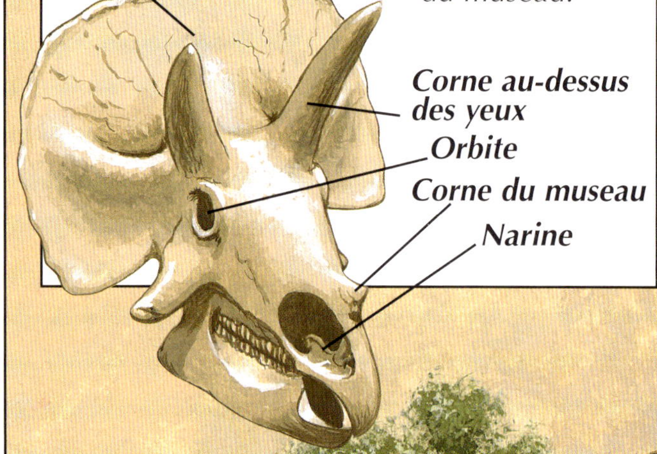

RENFORCÉ POUR LA PUISSANCE

Triceratops était robuste ; il avait une petite queue, des pattes trapues terminées par des sabots ; il pesait environ 10 t. La collerette osseuse et les trois cornes acérées sur sa face étaient ses caractères les plus notables. Son bec corné était édenté, mais les côtés de sa mâchoire étaient dotés de nombreuses petites dents pour mastiquer.

LA PROTECTION DES FAIBLES

Triceratops était un animal grégaire, vivant probablement en troupeaux de centaines, voire de milliers d'individus. Pour assurer la protection des jeunes, des vieux et des faibles, les adultes plus forts les laissaient au centre et montaient la garde autour d'eux.

UN RÉGIME VÉGÉTARIEN

Triceratops était un herbivore qui se nourrissait de plantes basses, qu'il taillait avec son bec. Il réduisait les végétaux en petits morceaux, à l'aide de ses dents de mastication, avant de les avaler. Lorsqu'elles étaient usées, ses dents tombaient, et de nouvelles poussaient à la place.

Cette famille de Triceratops *protège les jeunes vulnérables lors d'une attaque par des carnivores. Les adultes les poussent derrière eux et frappent les agresseurs avec leurs cornes acérées.*

DES COMBATS ENTRE CONGÉNÈRES

Des crânes de Triceratops *ont été découverts portant des traces de blessures guéries, comme des trous ou de profondes éraflures. Ces marques ont sans doute été causées par la pointe des cornes de congénères, lors de combats territoriaux ou pour une femelle.*

Les pachycéphalosaures, « dinosaures à crâne épais », sont parfois appelés « dinosaures à dôme osseux ». Apparus il y a 130 millions d'années environ, ils ont survécu jusqu'à la fin de l'âge des reptiles. De tailles variables, ils pouvaient mesurer de 1 à 5 m de longueur. Des spécimens ont été découverts en Asie, en Europe et en Amérique du Nord, mais pas encore dans l'hémisphère Sud.

WANNANOSAURUS

Crétacé ; –85 millions d'années ; Asie ; 60 cm de long.

Wannanosaurus, originaire de Chine, est l'un des plus petits dinosaures connus. Sa tête était petite et plate, avec un crâne épais et de nombreuses dents pointues. Il avait de petites pattes antérieures aux doigts griffus, une lourde queue et de puissantes pattes postérieures, dotées de trois doigts griffus. Il devait être rapide à la course, pour fuir le danger. Cet herbivore vivait probablement en troupeaux et se nourrissait de plantes basses.

PRENOCEPHALE

Crétacé ; –70 millions d'années ; Asie ; 2,50 m de long.

Découvert en Mongolie, *Prenocephale* avait un crâne en forme de dôme, bien bombé, pouvant suggérer qu'il contenait un gros cerveau. Fausse impression, car, comme celui de tous les dinosaures à crâne épais, le cerveau de *Prenocephale* était petit et enfermé sous une épaisse couche osseuse. À l'arrière de la tête, il avait une couronne de petites pointes et de nodules osseux, mais le reste du crâne était lisse. Ses dents acérées étaient bien adaptées pour tailler les feuilles et les tiges des plantes basses et des buissons. Les gastrolithes probablement présents dans son estomac broyaient ensuite les aliments.

HOMALOCEPHALE

Crétacé ; –80 millions d'années ; Asie ; 3 m de long.

Le crâne de nombreux pachycéphalosaures était en forme de dôme, mais pas celui de *Homalocephale*. La calotte crânienne était aplatie et ornée, à l'arrière, dessus ou sur les joues, de nodules osseux, de petits piquants et de rangées de protubérances. Il avait de grands yeux et sans doute un bon odorat. À défaut de moyen de défense, sa vue et son odorat lui permettaient de repérer les prédateurs proches. Sa défense était la fuite immédiate grâce à ses deux longues pattes.

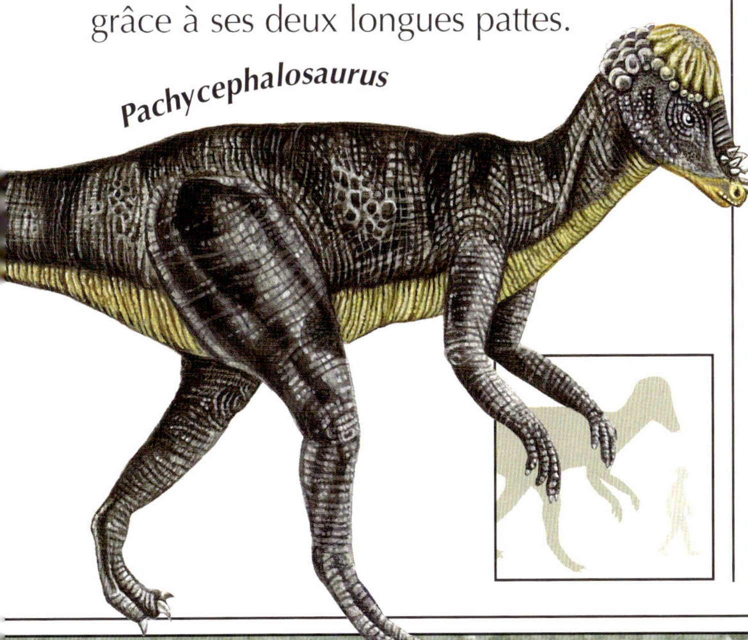

PACHYCEPHALOSAURUS

Crétacé ; –70 millions d'années ; Amérique du Nord ; 4,60 m de long.
Pachycephalosaurus était le plus grand des pachycéphalosaures. Il est impossible de connaître sa taille avec certitude, ni de se faire une idée de son apparence, car, malheureusement, seul son crâne a été retrouvé. Il était orné de nodules osseux sur le museau et à l'arrière de la tête. Ses mâchoires étaient couvertes de nombreuses dents minuscules. Un des derniers dinosaures de ce groupe, il disparut en même temps que de nombreuses autres espèces il y a 65 millions d'années, à la fin de l'âge des reptiles.

LE CRÂNE DE PACHYCEPHALOSAURUS

Pachycephalosaurus *était le pachycéphalosaure dont le crâne était le plus imposant. Très longue, sa tête mesurait 60 cm, mais elle était surmontée d'un dôme incroyablement épais de 25 cm. Sous cette masse osseuse protectrice, la boîte crânienne contenait un cerveau minuscule.*

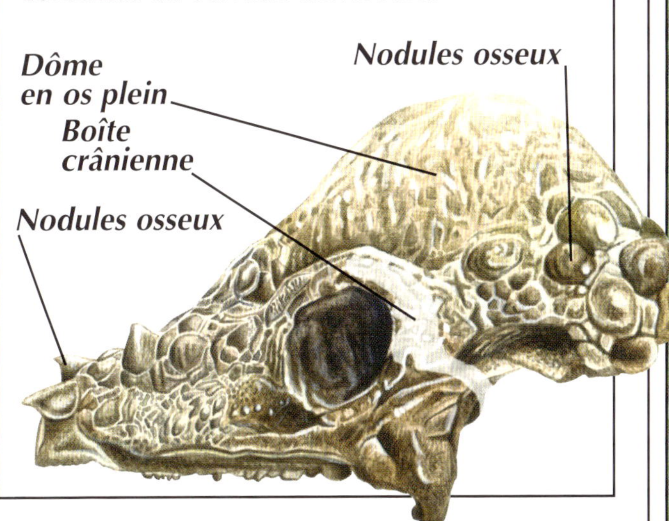

Lorsque des animaux développent de nouvelles caractéristiques, il existe toujours de bonnes raisons. Le crâne épais des pachycéphalosaures était destiné aux combats entre congénères. Ces dinosaures se disputaient les femelles, les meilleurs territoires ou se contestaient la place de mâle dominant à coups de tête. Pour se départager, ils s'affrontaient tête contre tête ou encore en frappant les flancs de l'adversaire.

« MICROCEPHALE »

Crétacé ; –75 millions d'années ; Amérique du Nord ; 30 cm de long (incertain).

« Microcephale » n'est connu que grâce à deux petits dômes osseux, de 5 cm environ chacun, retrouvés au Canada. C'était de toute évidence une espèce minuscule. Son appellation est encore susceptible de changer, car il n'a pas encore été complètement étudié par les scientifiques. Son nom actuel signifie « tête minuscule ».

BÂTI POUR LA VITESSE

Les pachycéphalosaures avaient de longues pattes postérieures et de courtes pattes antérieures. C'étaient de rapides coureurs, capables de pointes de vitesse sur de courtes distances pour échapper à un prédateur ou pour attraper de petites proies.

STYGIMOLOCH

Crétacé ; –70 millions d'années ; Amérique du Nord ; 3 m de long.

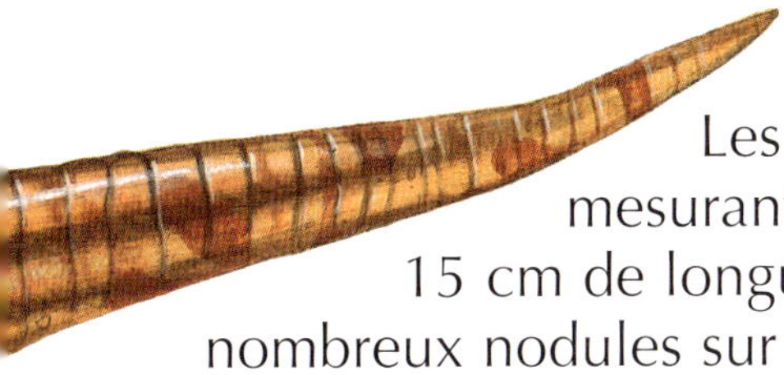

Les piquants, mesurant de 10 à 15 cm de longueur, et les nombreux nodules sur la tête de *Stygimoloch* sont une caractéristique unique chez les pachycéphalosaures. On ne sait pas si le mâle et la femelle en étaient pourvus ou seulement un des deux sexes. Cet animal ne livrait peut-être pas de combats de tête, mais utilisait plutôt son dôme et ses pointes pour les parades nuptiales.

SE DÉFENDRE

Les pachycéphalosaures utilisaient sans doute leur dôme osseux comme arme de défense. Attaqués par un prédateur, ils devaient lui asséner un violent coup de tête qui devait le déséquilibrer et le ralentir suffisamment pour laisser le temps au pachycéphalosaure de s'enfuir.

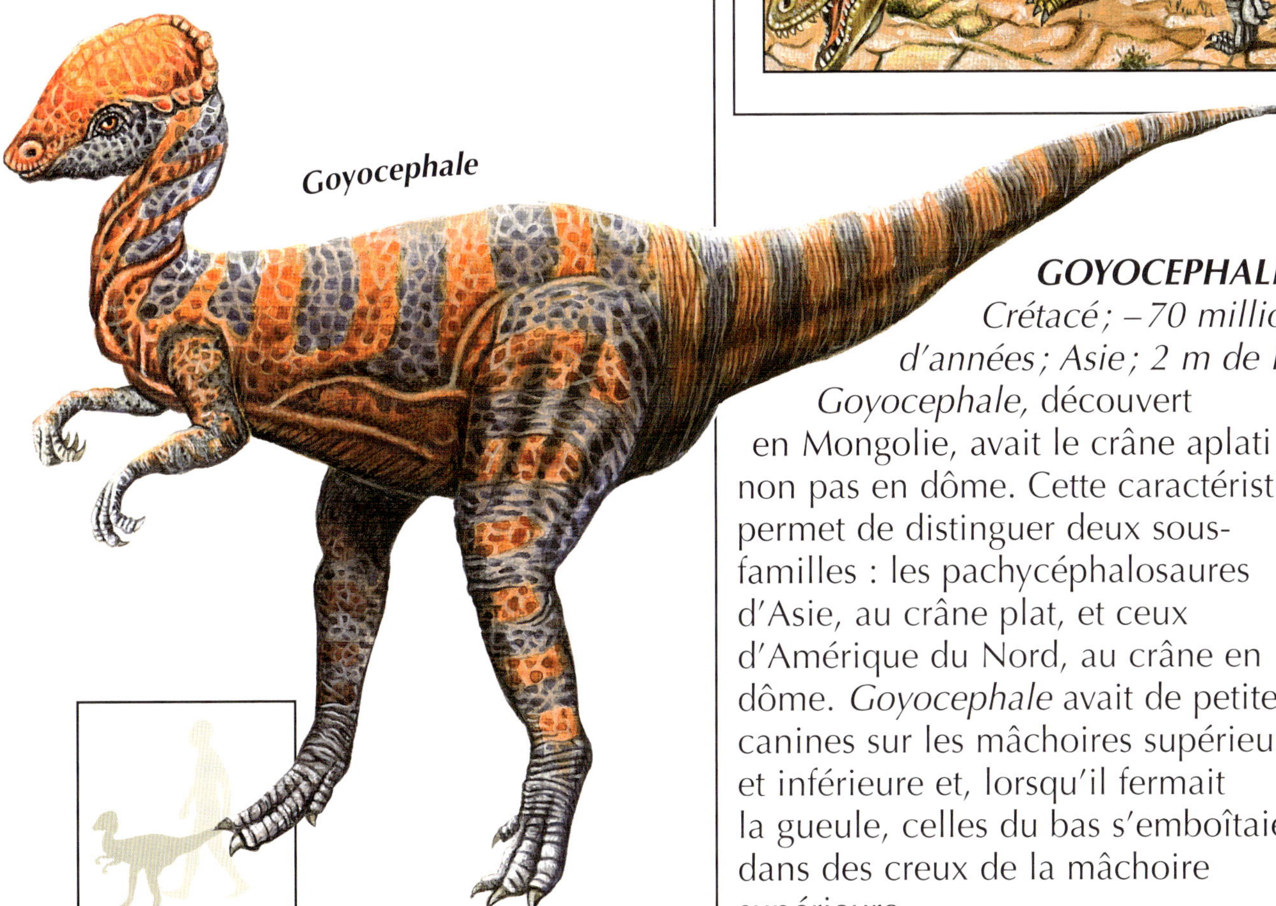

Goyocephale

GOYOCEPHALE

Crétacé ; –70 millions d'années ; Asie ; 2 m de long.

Goyocephale, découvert en Mongolie, avait le crâne aplati et non pas en dôme. Cette caractéristique permet de distinguer deux sous-familles : les pachycéphalosaures d'Asie, au crâne plat, et ceux d'Amérique du Nord, au crâne en dôme. *Goyocephale* avait de petites canines sur les mâchoires supérieure et inférieure et, lorsqu'il fermait la gueule, celles du bas s'emboîtaient dans des creux de la mâchoire supérieure.

STEGOCERAS

Stegoceras et les autres pachycéphalosaures sont généralement considérés comme des animaux qui s'affrontaient tête contre tête, ce qui n'est pas forcément exact. Ce faisant, l'animal prenait le risque de se blesser. Peut-être *Stegoceras* visait-il plutôt les flancs de ses adversaires, réservant le combat tête contre tête à des causes particulières : femelles ou territoire.

Nom Stegoceras
Date *–70 millions d'années*
Sites fossilifères *Amérique du Nord*
Longueur *2 m*
Régime *Végétaux*
Habitat *Forêts*

Dans ce combat territorial, ces deux Stegoceras *se poussent et se bousculent pour déterminer lequel sera le mâle dominant du troupeau. Le vaincu sera peut-être contraint de quitter le groupe.*

UN CRÂNE DE STEGOCERAS

Mesurant une vingtaine de centimètres de longueur, la tête d'un adulte était très épaisse vers l'avant. La partie la plus épaisse, située au-dessus du cerveau, faisait 6 cm. L'arrière de la tête était orné d'une petite collerette osseuse et bosselée.

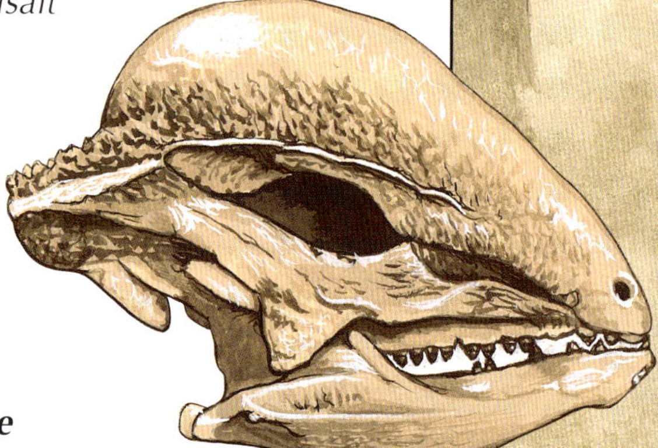

Petite collerette

LONGUES PATTES, LONGUE QUEUE

Stegoceras était un pachycéphalosaure de taille moyenne, qui se déplaçait sur deux pattes. Chez les jeunes, le crâne était relativement plat. Il ne prenait une forme de dôme qu'à l'âge adulte. *Stegoceras* avait de grands yeux, et donc sans doute une bonne vue. Il avait cinq doigts à l'extrémité de chacune de ses petites pattes antérieures et quatre aux postérieures. Sa queue, peu mobile, était longue et raide.

TÊTE CONTRE TÊTE

Stegoceras vivait probablement en troupeaux, arpentant les forêts ainsi que les berges des rivières et des lacs. De temps à autre, des individus s'affrontaient dans des combats tête contre tête. Les jeunes aussi se battaient, mais par jeu, pour imiter les adultes.

TRANCHANT COMME UN RASOIR

Stegoceras était sans doute un herbivore. Ses mâchoires étaient remplies de nombreuses petites dents acérées, certaines crénelées et tranchantes, efficaces pour mettre en pièces les végétaux ligneux et coriaces. Il se nourrissait peut-être aussi occasionnellement d'insectes, de petits lézards et de mammifères.

LA MAIN À LA GUEULE

Les pattes de Stegoceras *étaient adaptées pour attraper les plantes, peut-être pour les tirer vers sa mâchoire et permettre à ses dents de se planter dans les feuilles. Ses griffes pouvaient lui servir à déterrer des racines ou d'autres aliments.*

CHAPITRE 5

LES DINOSAURES À BEC DE CANARD

Au cours du jurassique et du crétacé, de nouveaux types d'herbivores, bipèdes et quadrupèdes, firent leur apparition. Ils n'avaient pas les pieds plats comme beaucoup d'autres herbivores, tels que les sauropodes, et marchaient sur la pointe des pieds. Cette démarche particulière leur valut le nom d'ornithopodes, qui signifie « pattes d'oiseau », nom attribué par Othniel Charles Marsh (1831-1899). Généralement agiles, capables de se déplacer rapidement, ils pouvaient mesurer de 2 à 20 m environ. Ils étaient les premiers herbivores dotés de dents pour la mastication, mais également les premiers à avoir des poches au niveau des joues. C'était un groupe prospère, réparti en de nombreuses familles et répandu, comme en témoignent les fossiles retrouvés sur tous les continents, y compris en Antarctique.

DES DINOSAURES AUX « DENTS DIFFÉRENCIÉES »

Ces dinosaures aux dents différenciées étaient les hétérodontosaures. Ils avaient trois types de dents : pour couper, pour mâcher et pour percer. Apparus au début du jurassique, ils étaient les premiers ornithopodes.

Le groupe des ornithopodes comprenait des espèces de tailles très variables.

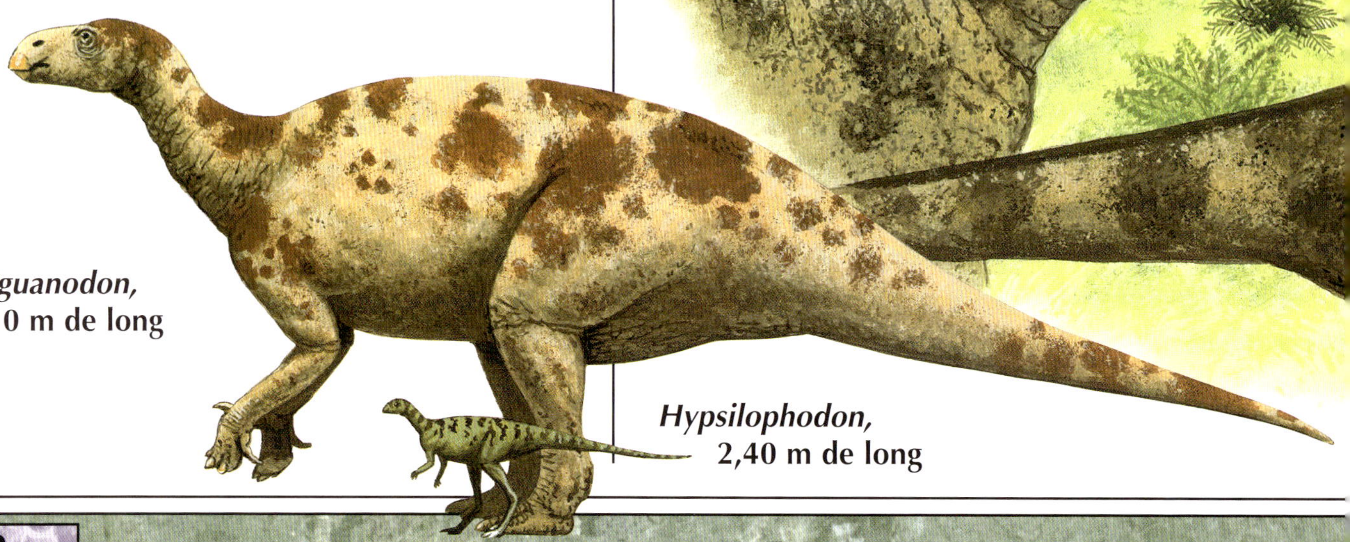

***Iguanodon*, 10 m de long**

***Hypsilophodon*, 2,40 m de long**

DES DINOSAURES AUX « DENTS À ARÊTE SAILLANTE »

Ces hypsilophodontes se distinguaient par des dents taillées en ciseau et dotées d'une crête saillante. *Leaellynasaura* est un exemple typique d'hypsilophodonte.

DES DINOSAURES À « DENTS D'IGUANE »

Les iguanodons se caractérisaient par leurs nombreuses petites dents crénelées et bien serrées.

DES DINOSAURES À BEC DE CANARD

Ces animaux sont des hadrosaures, ou « grands lézards ». La forme de leur museau leur vaut aussi le surnom de « dinosaures à bec de canard ». *Maiasaura* est un des hadrosaures les plus connus.

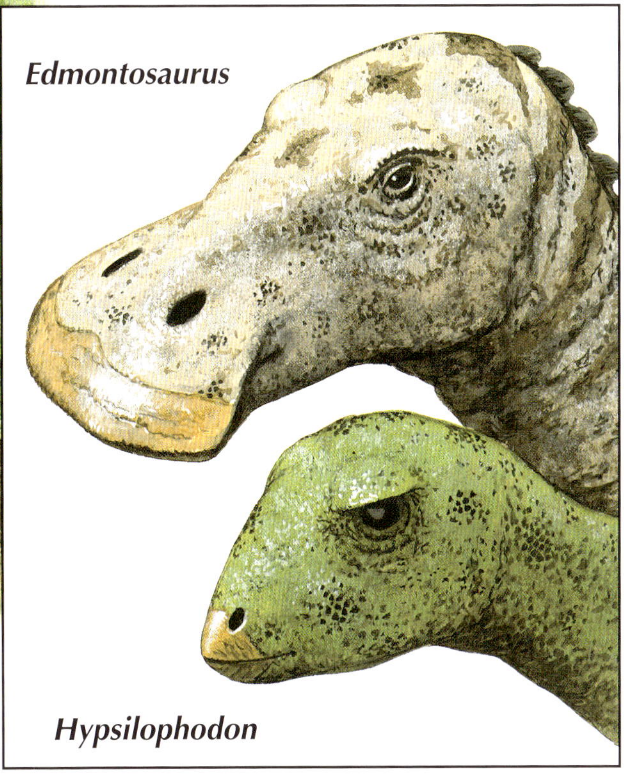

Les ornithopodes avaient un bec osseux et corné au bout du museau, parfaitement adapté pour couper les végétaux.

De petits groupes d'ornithopodes traversent un paysage du crétacé, il y a 120 millions d'années, au cours de leur migration d'un territoire d'alimentation à un autre.

LES HÉTÉRODONTOSAURES 1

Les hétérodontosaures, dinosaures aux « dents différenciées », sont les premiers ornithopodes. Ils sont apparus à la fin du trias ou au début du jurassique, il y a environ 220 millions d'années. Il semble qu'ils vivaient en Afrique du Sud, bien que des fossiles isolés aient été retrouvés en Europe, en Amérique du Sud et peut-être aussi en Amérique du Nord. Tous étaient de petits herbivores bipèdes, avec un bec corné et des dents différenciées.

Pisanosaurus

PISANOSAURUS

Trias ; –220 millions d'années ; Amérique du Sud ; 90 cm de long (incertain).

Selon certains scientifiques, *Pisanosaurus,* originaire d'Argentine, serait le plus ancien hétérodontosaure connu. Mais son appartenance à cette famille est contestable, car seuls ont été retrouvés des fragments de crâne, de mâchoire, de colonne vertébrale et un os de la patte, tous provenant du même individu. L'animal avait des dents pointues, mais apparemment pas de canines, comme en avaient les autres espèces du groupe, dont *Heterodontosaurus* est le plus connu. Quelle que soit son appartenance, on sait que cet animal, présent il y a 220 millions d'années, était l'un des premiers dinosaures sur Terre. D'après son fossile, c'était un reptile de petite taille, caractéristique commune à tous les dinosaures primitifs.

TROIS DIFFÉRENTS TYPES DE DENTS

Comme son nom l'indique, Heterodontosaurus, *« lézard aux dents différenciées », avait différents types de dents. Celles juste à l'arrière du bec, taillées en ciseau, servaient à couper. Ensuite, les canines, semblables à celles des chiens (peut-être seulement chez le mâle), permettaient de déchiqueter ou d'arracher les végétaux. Au fond de la mâchoire, de nombreuses dents plus larges étaient destinées à la mastication.*

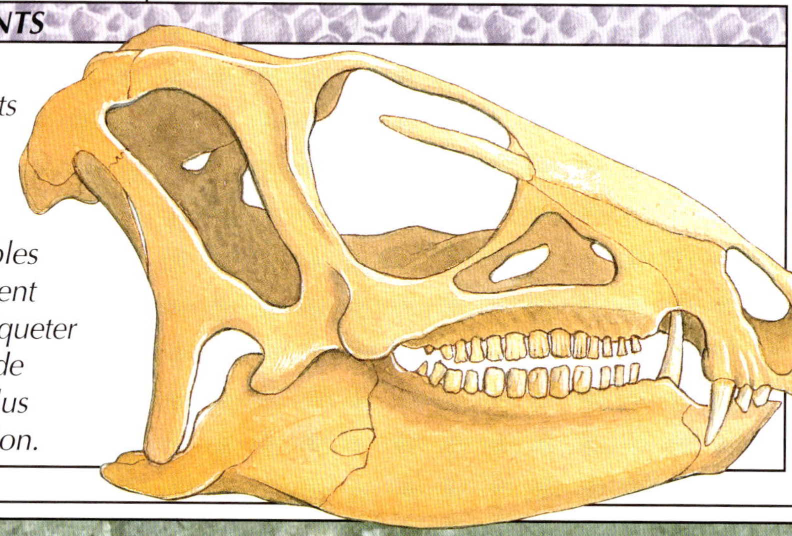

ABRICTOSAURUS

Jurassique ; –205 millions d'années ; Afrique du Sud ; 1,20 m de long.
Abrictosaurus est probablement l'un des premiers hétérodontosaures. Cependant, l'identification des nombreux petits fragments fossiles demeure très aléatoire. Le crâne retrouvé est dépourvu de canines, si bien que cet *Abrictosaurus* pourrait tout simplement être une femelle *Heterodontosaurus*, les canines étant sans doute des attributs masculins. On ne pourra prouver ou infirmer cette théorie que lorsqu'on disposera d'autres spécimens.

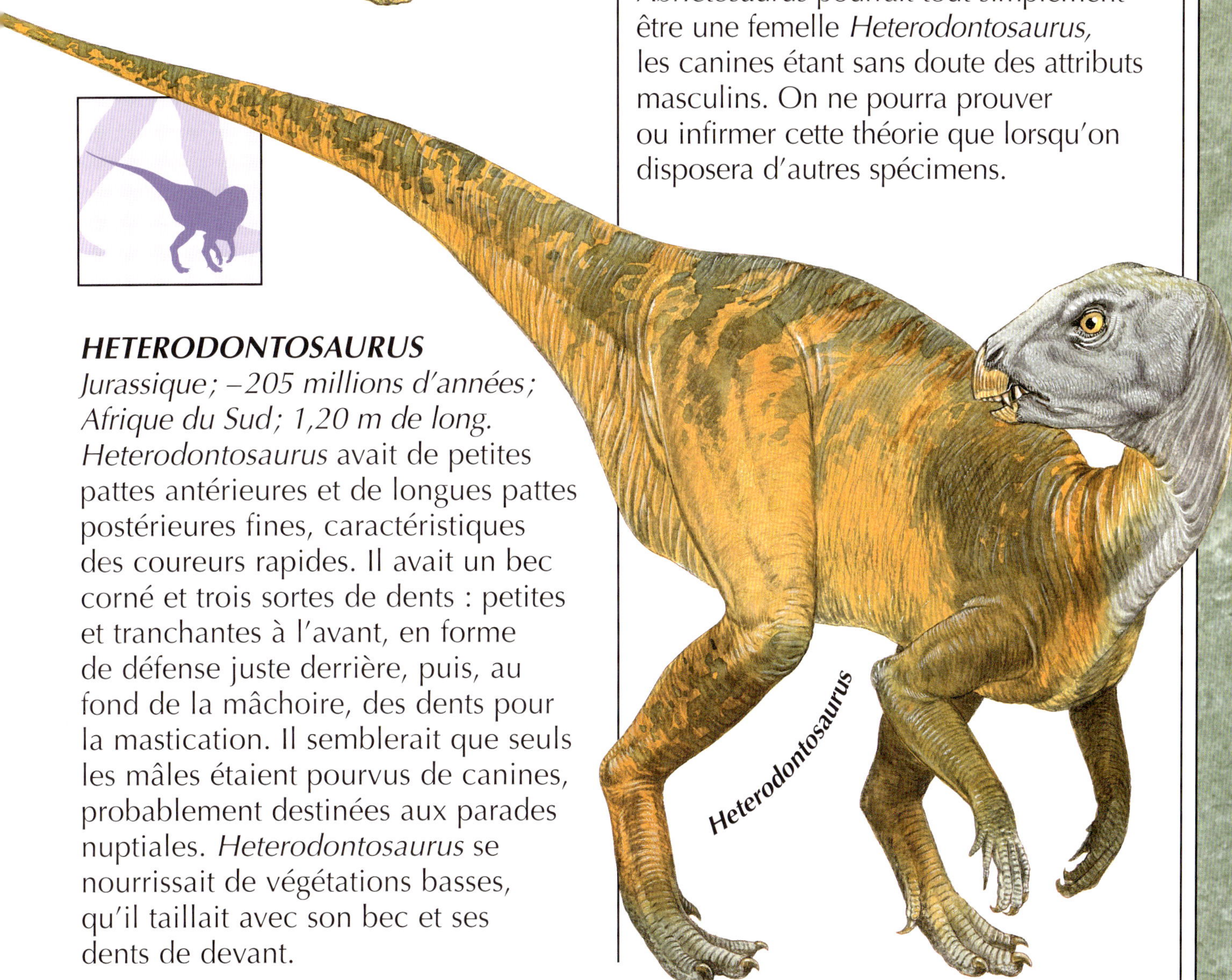

HETERODONTOSAURUS

Jurassique ; –205 millions d'années ; Afrique du Sud ; 1,20 m de long.
Heterodontosaurus avait de petites pattes antérieures et de longues pattes postérieures fines, caractéristiques des coureurs rapides. Il avait un bec corné et trois sortes de dents : petites et tranchantes à l'avant, en forme de défense juste derrière, puis, au fond de la mâchoire, des dents pour la mastication. Il semblerait que seuls les mâles étaient pourvus de canines, probablement destinées aux parades nuptiales. *Heterodontosaurus* se nourrissait de végétations basses, qu'il taillait avec son bec et ses dents de devant.

Les hétérodontosaures sont généralement considérés comme des herbivores qui taillaient les plantes basses avec leur bec. Mais peut-être étaient-ils omnivores, se nourrissant à la fois de végétaux et de viande. Ils avaient des pattes antérieures puissantes et de grandes pattes postérieures dotées de doigts griffus, bien adaptés pour creuser. Ils déterraient sans doute des racines, mais peut-être aussi de petits animaux ou des insectes dans leur terrier.

D'après les dents de *Lycorhinus,* seuls restes qui aient été retrouvés, l'animal devait ressembler à *Heterodontosaurus.* Ses mâchoires supérieure et inférieure étaient armées de grandes canines bien acérées, semblables à de petites défenses. Ces dents lui ont valu son nom, qui signifie « museau de loup ». Les canines étant généralement une caractéristique des carnivores, il existe des doutes quant à l'usage qu'en faisaient les hétérodontosaures. D'après les scientifiques, elles étaient davantage destinées aux parades nuptiales ou aux combats qu'à la consommation de viande.

LYCORHINUS
Jurassique ;
–200 millions d'années ;
Afrique du Sud ; 1,20 m de long (incertain).

Lanasaurus

LANASAURUS

Jurassique ; –200 millions d'années ; Afrique du Sud ; 1,20 m de long (incertain).

Lanasaurus, autre hétérodontosaure originaire d'Afrique du Sud, n'est lui aussi connu que par ses dents. Peut-être est-il un autre spécimen de *Lycorhinus,* mais, pour lever le mystère, il faudrait trouver d'autres fossiles. Ses dents s'aiguisaient par frottement les unes contre les autres : elles étaient alors bien affûtées. Lorsqu'il perdait ses vieilles dents usées, de nouvelles poussaient à leur place, par groupes de trois.

Echinodon

ECHINODON

Jurassique ; –150 millions d'années ; Europe ; 60 cm de long.

Les scientifiques ne sont pas unanimes quant à l'appartenance d'*Echinodon,* découvert dans le sud de l'Angleterre, au groupe des hétérodontosaures. La présence d'écailles osseuses parmi les os fossiles incite certains spécialistes à les classer dans une famille d'ornithopodes à part : les fabrosaures. Mais ses dents semblent cependant contredire cette théorie, car il avait de petites canines pointues dans les mâchoires supérieure et inférieure, caractéristique propre aux hétérodontosaures. *Echinodon* était un petit herbivore, un des derniers membres de cette famille.

DES POCHES AUX JOUES

En étudiant la position des dents sur les mâchoires, il semble évident que les hétérodontosaures avaient des joues proéminentes, caractéristique partagée par tous les ornithopodes. La surface des dents destinées à la mastication était inclinée vers l'extérieur et, lorsque l'animal mâchait ses aliments, une partie glissait à l'intérieur de ses joues. Ensuite, il renvoyait régulièrement les aliments dans sa gueule, à l'aide de sa langue, pour poursuivre la mastication.

LESOTHOSAURUS

L'appartenance de *Lesothosaurus* au groupe des hétérodontosaures n'étant pas certaine, il est classé chez les fabrosaures.

Nom Lesothosaurus
Date *–200 millions d'années*
Sites fossilifères
Afrique du Sud
Longueur *1 m*
Régime *Végétaux*
Habitat *Régions semi-désertiques*

DORMIR QUAND IL FAIT TROP CHAUD

Lesothosaurus *devait dormir pendant de longues périodes, économisant ainsi son énergie, comme le prouvent deux squelettes retrouvés pelotonnés l'un contre l'autre. D'après les scientifiques, ces animaux se seraient installés dans un terrier pour estiver (l'équivalent en été de l'hibernation) pendant la saison chaude et seraient morts pendant leur sommeil.*

PETIT MAIS RAPIDE

Lesothosaurus avait de longues pattes postérieures caractéristiques des rapides coureurs et de petites pattes antérieures dotées de cinq doigts, efficaces pour saisir. Il avait une longue queue effilée, étirée par des tendons osseux. Son cou était souple, sa tête petite et triangulaire avec de grands yeux. Ses dents de devant (incisives) étaient tranchantes et pointues, les autres servaient à mâcher.

LES PLANTES BASSES

Lesothosaurus était un herbivore. À certaines périodes de l'année, les aliments devaient être rares dans les habitats chauds qu'il fréquentait. Son alimentation était composée de plantes basses et peut-être de racines, qu'il déterrait avec ses pattes antérieures.

Un groupe de Lesothosaurus *avance dans ce paysage semi-désertique du jurassique, s'arrêtant pour se nourrir de la végétation éparse du lieu, des feuilles coriaces comme des cycadées.*

LE SQUELETTE DE LESOTHOSAURUS

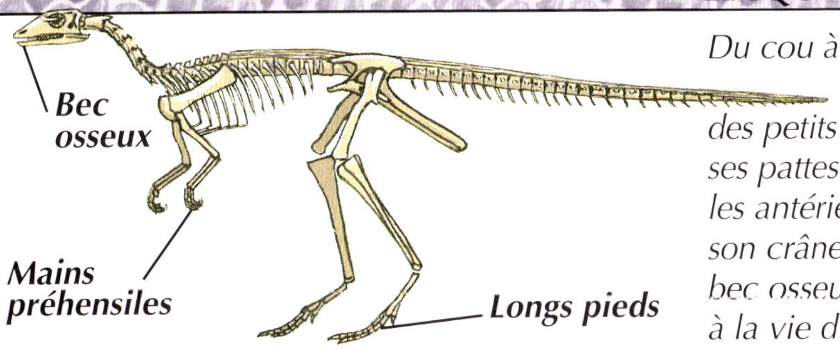

Du cou à la queue, le squelette de Lesothosaurus *ressemble à celui des petits théropodes (carnivores), tout comme ses pattes postérieures, longues et fines, et les antérieures aux doigts préhensiles. Mais son crâne contredit cette ressemblance, son bec osseux et ses dents signant son adaptation à la vie d'herbivore et non de carnivore.*

UN DINOSAURE DE LA TAILLE D'UN CHIEN

Lesothosaurus, de la taille d'un chien, vivait probablement en groupes, arpentant les vastes plaines semi-désertiques. Essentiellement bipède, il se remettait peut-être parfois à quatre pattes pour manger. Lorsqu'il percevait un danger, il détalait dans une course aussi soudaine que rapide.

Les hypsilophodontes, des dinosaures aux « dents à arête saillante », étaient une famille d'ornithopodes qui vécut sur Terre pendant plus de 100 millions d'années, de – 170 à – 65 millions d'années. Petits ou moyens, ces animaux ne dépassaient pas 4 m de long. Ils étaient répandus, comme en témoignent leurs fossiles trouvés sur presque tous les continents.

OTHNIELIA

Jurassique ; – 150 millions d'années ; Amérique du Nord ; 1,40 m.

Othnielia était un animal à la charpente légère, doté d'une petite tête avec de grands yeux, un bec osseux et des dents qui s'affûtaient les unes contre les autres. Comme les autres espèces de sa famille, il avait des poches aux joues, dans lesquelles glissaient des aliments que sa langue repoussait vers l'intérieur de la gueule pour qu'ils soient mâchés. Il avait des pattes postérieures adaptées au sprint, des doigts griffus et une queue rigide qui l'équilibrait pendant la course.

Othnielia

HYPSILOPHODON

Crétacé ; – 120 millions d'années ; Europe, Amérique du Nord ; 2,40 m de long.

Hypsilophodon

Hypsilophodon était un dinosaure rapide qui vivait en troupeaux. Il était bipède et avait quatre doigts à chaque patte. Il avait un petit crâne, de gros yeux, un bec osseux et des poches aux joues, où il stockait des aliments partiellement mâchés. Ses mâchoires étaient garnies d'une trentaine de dents taillées en ciseau. Il était herbivore et se nourrissait de plantes au sol telles que fougères et prêles. Il usait ses dents en mâchant, et lorsque les anciennes tombaient, de nouvelles poussaient à la place.

FULGUROTHERIUM

Crétacé ; –130 millions d'années ; Australie ; 2 m de long.

Les fossiles de *Fulgurotherium* sont rares. Au début, les scientifiques pensaient qu'il s'agissait d'un théropode (carnivore). Mais ses mâchoires, pourvues d'un bec édenté et de dents taillées en ciseau, étaient typiques des hypsilophodontes herbivores. Sans doute migrateur, il se déplaçait chaque année vers le nord pour échapper aux rigueurs de l'hiver, lorsque l'Australie et l'Antarctique étaient reliés.

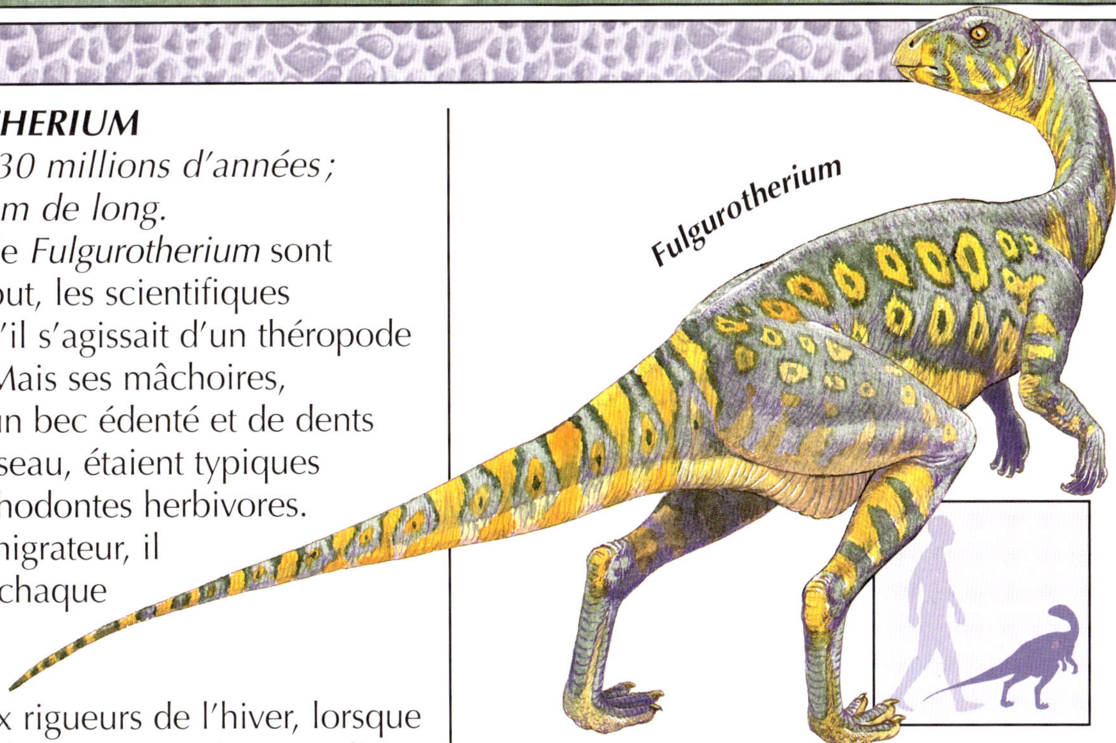

THESCELOSAURUS

Crétacé ; –70 millions d'années ; Amérique du Nord ; 4 m de long.

Thescelosaurus, un des derniers hypsilophodontes, était un herbivore des forêts qui vécut jusqu'à la fin de l'âge des reptiles. Grâce à la découverte exceptionnelle du cœur d'un *Thescelosaurus* surnommé Willo, on a pu constater que cet organe était composé de quatre cavités et qu'il ressemblait davantage au cœur d'un oiseau qu'à celui d'un mammifère ou d'un reptile. Cela a permis de prouver que certains dinosaures possédaient un métabolisme basal et étaient sans doute des animaux à sang chaud, ce qui leur permettait une vie très active.

BÂTI POUR LA VITESSE

Les membres de la famille des hypsilophodontes étaient des espèces agiles et rapides. Capables d'atteindre 40 km/h sur de courtes distances, ils sont souvent comparés à certains animaux rapides actuels, comme les gazelles. La capacité à courir plus vite que les prédateurs était leur unique moyen de défense.

Les hypsilophodontes doivent leur nom à la forme très distinctive de leurs dents de mastication, dont la surface est profondément entaillée. Lorsque l'animal mastiquait, la mâchoire supérieure se refermait sur celle du bas, dans un léger mouvement circulaire vers l'extérieur. Cela avait pour effet de broyer les aliments et de les réduire en des morceaux de plus en plus minuscules. C'est ainsi que ruminent les vaches et les chameaux actuels.

AGILISAURUS

Jurassique ; – 165 millions d'années ; Asie ; 1 m de long.

Ce petit herbivore originaire de Chine laisse les scientifiques perplexes : ils ne parviennent pas à déterminer s'il appartient ou pas à la famille des hypsilophodontes. Peut-être fait-il partie d'une famille de dinosaures entièrement nouvelle. Sa tête était courte, avec des mâchoires garnies de dents pointues et larges à l'avant, et de grandes dents de mastication, en forme de feuille et très resserrées, à l'arrière. Il avait de grands yeux, un petit cou, des pattes antérieures courtes, de longues pattes postérieures et une longue queue.

UN RÉGIME VÉGÉTARIEN

Dépourvus de dents à l'avant de la mâchoire, les hypsilophodontes avaient un bec corné qui servait à tailler les végétaux. Avec leur langue puissante, ils enfournaient ces aliments dans les poches des joues. De grandes dents masticatrices, dotées d'arêtes saillantes, commençaient alors à les broyer, les réduisant rapidement en une bouillie liquide facile à avaler.

Dryosaurus

DRYOSAURUS

Jurassique ; –150 millions d'années ; Afrique, Amérique du Nord ; 4 m de long.

Dryosaurus est reconnaissable à son bec corné et à ses dents masticatrices aux arêtes saillantes, situées au niveau des joues et enrobées d'un émail grossier. Il vivait sans doute en groupes, comme ses congénères, migrant sur de longues distances, d'un terrain d'alimentation à un autre. Avec les cinq doigts de ses pattes antérieures, il devait saisir et attirer les végétaux à sa gueule.

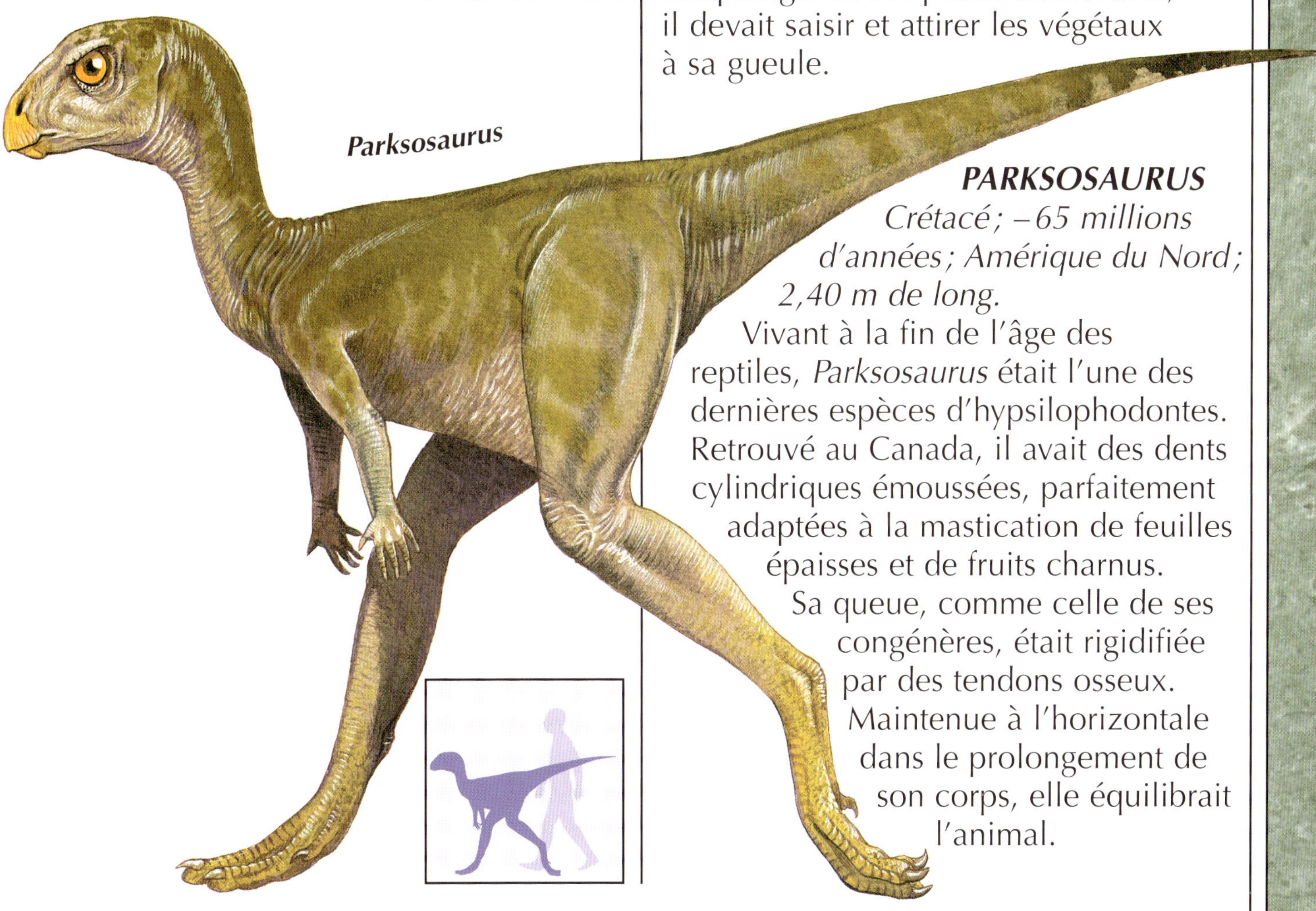

Parksosaurus

PARKSOSAURUS

Crétacé ; –65 millions d'années ; Amérique du Nord ; 2,40 m de long.

Vivant à la fin de l'âge des reptiles, *Parksosaurus* était l'une des dernières espèces d'hypsilophodontes. Retrouvé au Canada, il avait des dents cylindriques émoussées, parfaitement adaptées à la mastication de feuilles épaisses et de fruits charnus.

Sa queue, comme celle de ses congénères, était rigidifiée par des tendons osseux. Maintenue à l'horizontale dans le prolongement de son corps, elle équilibrait l'animal.

LEAELLYNASAURA

VOIR DANS L'OBSCURITÉ

Leaellynasaura vivait près du pôle Sud, où il faisait nuit pendant quatre mois de l'année. Ses grands yeux et le nerf optique qui les reliait au cerveau lui permettaient sans doute de voir dans l'obscurité.

Lorsque les reptiles régnaient sur Terre, l'Australie ne se trouvait pas au même emplacement qu'aujourd'hui. Situé plus au sud, ce continent était relié à l'Antarctique. Les animaux, dont *Leaellynasaura,* un petit hypsiliphodonte, y survivaient dans un climat froid et sombre.

Nom Leaellynasaura
Date *– 105 millions d'années*
Sites fossilifères *Australie*
Longueur *1 m*
Régime *Végétaux*
Habitat *Bois aérés*

UNE SIESTE D'HIVER

Leaellynasaura hibernait sans doute pendant les mois d'hiver. Ainsi, son rythme cardiaque et sa respiration ralentissaient et sa température corporelle chutait, ce qui lui permettait d'économiser de l'énergie. Aux beaux jours, l'animal reprenait sa vie active.

BÂTI POUR LA VITESSE

Leaellynasaura était un peu plus grand qu'une dinde. Ce dinosaure bipède avait de grands yeux, un bec édenté et des dents masticatrices aux arêtes saillantes. À en juger par ses longues pattes postérieures, c'était un animal rapide. Il devait courir avec la queue tendue dans le prolongement du corps, pour faire contrepoids et ne pas tomber.

DES RACINES ET DES BAIES

Herbivore, *Leaellynasaura* grignotait la végétation basse : feuilles, tiges, fougères et baies. Peut-être grattait-il la terre pour manger racines et tubéreuses.

UN DINOSAURE À SANG CHAUD ?

Leaellynasaura était peut-être un animal grégaire qui vivait dans des forêts. Selon certains scientifiques, il était capable de supporter un froid intense en générant lui-même de la chaleur, à la façon des animaux à sang chaud. Si tel était le cas, on peut supposer que *Leaellynasaura* était actif toute l'année et n'hibernait pas.

Dans le crépuscule quasi constant de l'Australie au crétacé, ces Leaellynasaura *se regroupent pour s'abreuver à une source d'eau fraîche.*

Les iguanodontes, « dents d'iguane », étaient nommés ainsi à cause de la ressemblance de leurs dents avec celles des iguanes actuels. Ces animaux, semblables à des cerfs ou à des vaches, ingurgitaient de grandes quantités de végétaux. Apparus au milieu du jurassique il y a 170 millions d'années, ils vécurent jusqu'à la fin de l'âge des reptiles, il y a 65 millions d'années. Ces ornithopodes étaient de tailles variées, et leurs fossiles ont été retrouvés sur la plupart des continents.

OURANOSAURUS

Crétacé ; –110 millions d'années ; Afrique ; 7 m de long.

Ouranosaurus, l'un des plus grands iguanodontes, était reconnaissable à sa voile caractéristique, une membrane de 50 cm le long de sa colonne vertébrale. On n'en connaît pas la fonction, mais sans doute était-elle vivement colorée, ce qui effrayait les prédateurs.

MUTTABURRASAURUS

Crétacé ; –110 millions d'années ; Australie ; 7 m de long.

À première vue, *Muttaburrasaurus* ressemble à *Iguanodon,* le plus connu des iguanodontes. Des différences visibles les distinguent cependant. *Muttaburrasaurus* avait un bourrelet osseux sur le museau, qu'*Iguanodon* n'avait pas. Ses dents étaient adaptées pour couper les plantes, alors que celles d'*Iguanodon* lui permettaient plutôt de broyer ses aliments.

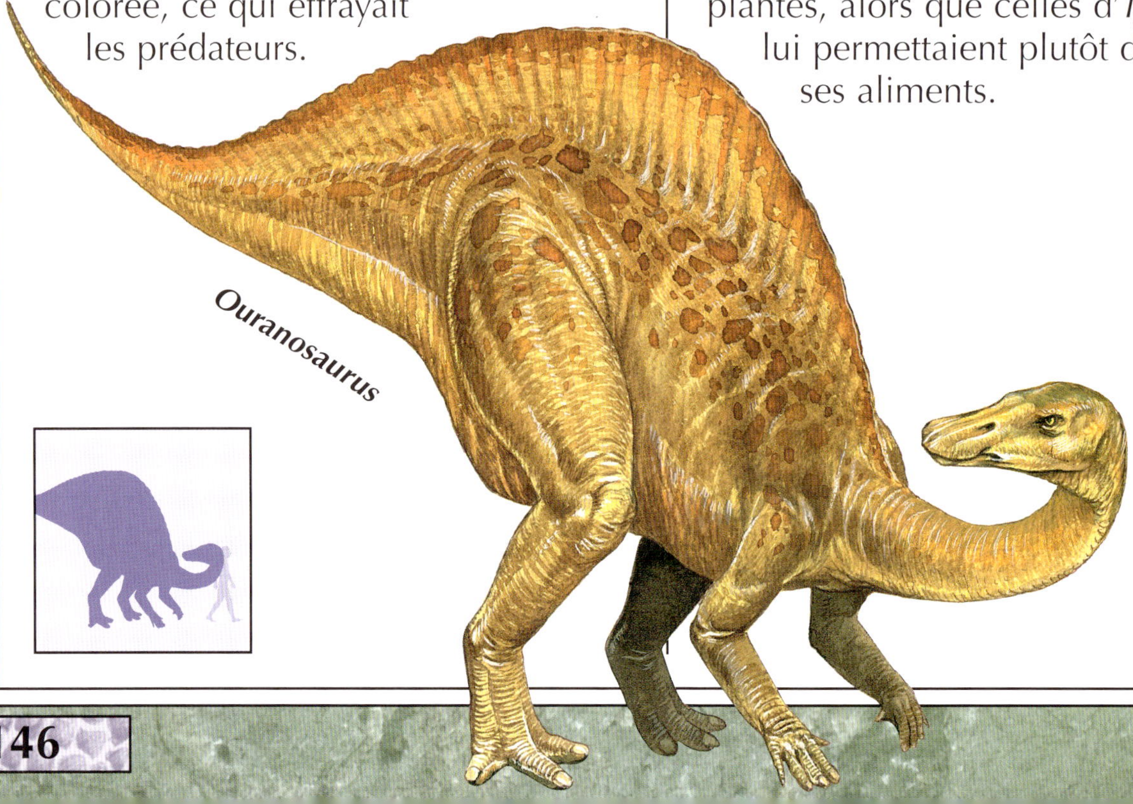

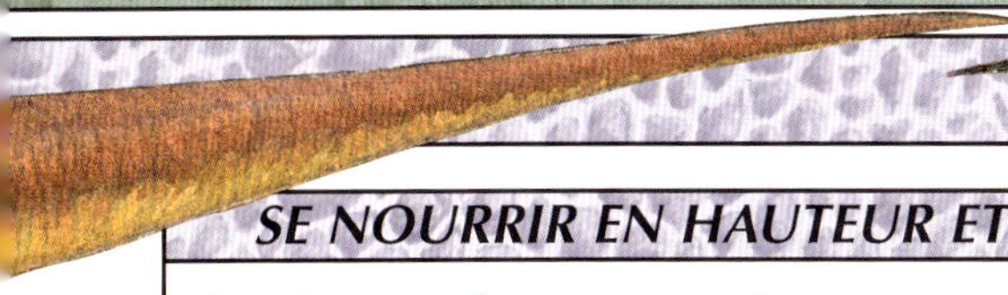

SE NOURRIR EN HAUTEUR ET AU SOL

Les iguanodontes passaient la plupart de leur temps à quatre pattes, mangeant des plantes basses. Parfois, ils se redressaient sur leurs pattes postérieures pour atteindre la végétation en hauteur.

RHABDODON

Crétacé ; –75 millions d'années ; Europe ; 4,70 m de long.

Rhabdodon était un iguanodonte de taille moyenne, avec de grandes dents masticatrices en forme de bâtonnets, dont la surface était émoussée. En étudiant ses os de près, les scientifiques se sont aperçus qu'ils étaient parcourus de cercles de croissances, comme chez certains reptiles actuels. D'après ces cercles, qui suggèrent des périodes alternées de croissances rapide et lente, *Rhabdodon* atteignait sa taille adulte en seize ans. Sa croissance ralentissait avec l'âge.

CAMPTOSAURUS

Jurassique ; –150 millions d'années ; Europe, Amérique du Nord ; 6 m de long.

Camptosaurus, l'un des premiers iguanodontes, est bien connu car il en existe de nombreux spécimens. Il vivait dans les forêts de conifères, où il se nourrissait de végétations basses, qu'il broyait avec ses dents taillées en ciseau. Peut-être fouillait-il aussi la terre avec ses griffes incurvées pour trouver de la nourriture. Doté de puissantes pattes postérieures, c'était sans doute un bon coureur. La vitesse était d'ailleurs son seul moyen de défense face aux attaques de prédateurs comme *Allosaurus.*

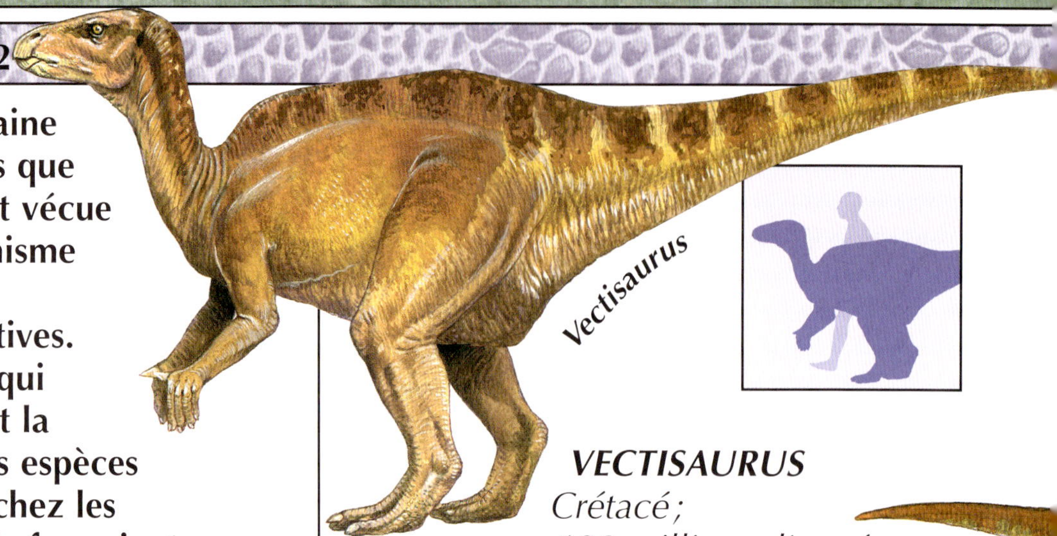

Au cours de la centaine de millions d'années que les iguanodontes ont vécue sur Terre, leur organisme a connu de petites modifications évolutives. Les tendons osseux qui rigidifiaient le dos et la queue des premières espèces étaient rectilignes ; chez les dernières espèces, ils formaient des croisillons. Les premiers avaient quatre orteils, tandis que les derniers n'en avaient plus que trois. Au cours de l'évolution, leurs dents se serrèrent, et ces espèces finirent par devenir des dinosaures à bec de canard, les hadrosaures, le dernier groupe d'iguanodontes.

TENONTOSAURUS

Crétacé ; –115 millions d'années ; Amérique du Nord ; 7 m de long.

Tenontosaurus était un grand herbivore qui ressemblait à *Iguanodon*. Comme lui, il avait des pattes en sabot et une queue raidie par des tendons. Des dents du carnivore *Deinonychus* ont été retrouvées avec des restes de *Tenontosaurus,* ce qui tend à prouver que *Deinonychus* en faisait sa proie, à moins qu'il n'ait été un charognard.

VECTISAURUS

Crétacé ; –130 millions d'années ; Europe ; 4 m de long.

À mesure que de nouveaux fossiles de dinosaures sont exhumés et nous livrent de nouvelles informations, les anciennes découvertes sont réexaminées. Les chercheurs s'aperçoivent parfois que les spécimens autrefois identifiés comme des espèces à part correspondent en réalité à un animal déjà connu. Ainsi, *Vectisaurus,* un iguanodonte originaire d'Angleterre, nommé en 1879 comme une espèce à part entière, serait en fait, d'après les scientifiques actuels, un jeune *Iguanodon.*

PROBACTROSAURUS

Crétacé ; –100 millions d'années ; Asie ; 6 m de long.

Certains caractères de *Probactrosaurus,* comme sa tête allongée et aplatie, sont semblables à ceux des dinosaures à bec de canard (les hadrosaures). Ce n'est d'ailleurs pas étonnant, étant donné que les iguanodontes sont leurs ancêtres et que *Probactrosaurus,* originaire de Chine, est probablement l'un des premiers. C'était un herbivore au museau étroit, avec une longue mâchoire inférieure et des dents planes, adaptées à la mastication. Lorsque les dents usées tombaient, de nouvelles poussaient à la place.

LE DOS ET LA QUEUE RAIDES

Le dos et la queue des iguanodontes étaient très peu mobiles. En effet, des tendons osseux, disposés en croisillons entre les vertèbres, verrouillaient la colonne vertébrale et la rigidifiaient.

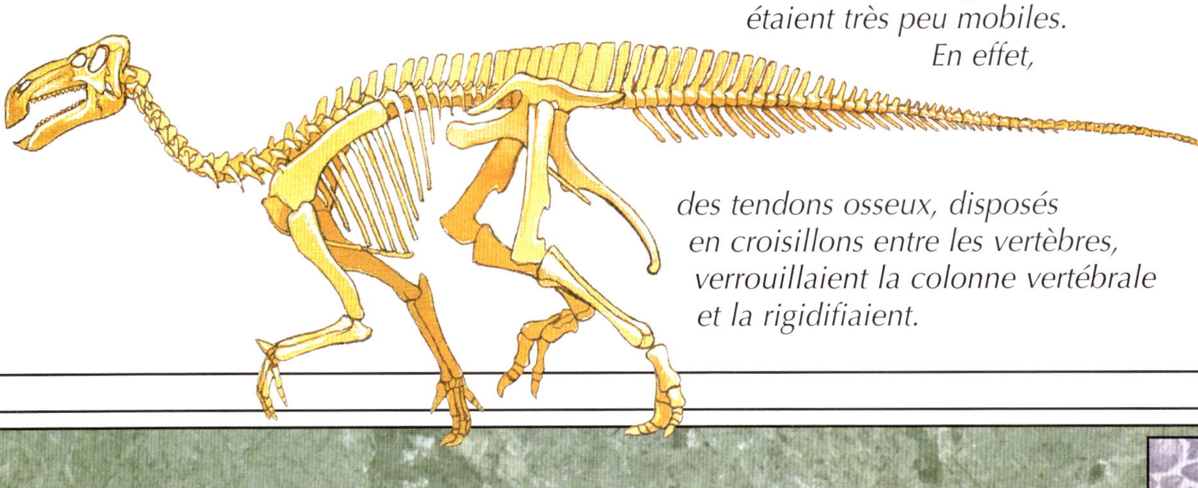

IGUANODON

Iguanodon est l'un des plus célèbres dinosaures. Le premier fossile est une dent retrouvée à Cuckfield, petite ville du Sussex, en Angleterre. Elle attira l'attention du collectionneur de fossiles Gideon Mantell (1790-1852), qui l'attribua à une espèce préhistorique inconnue. Au Royal College of Surgeons, à Londres, il vit la dent d'un iguane actuel, reptile d'Amérique du Sud. Plus petite que le fossile de sa collection, elle lui ressemblait cependant beaucoup. En 1825, le docteur nomma cet animal primitif _Iguanodon,_ « dent d'iguane ». C'était le deuxième dinosaure à être nommé.

Nom Iguanodon
Date *– 130 millions d'années*
Sites fossilifères *Asie, Europe, Amérique du Nord*
Longueur *10 m*
Régime *Végétaux*
Habitat *Zones boisées*

UN POUCE PIQUANT

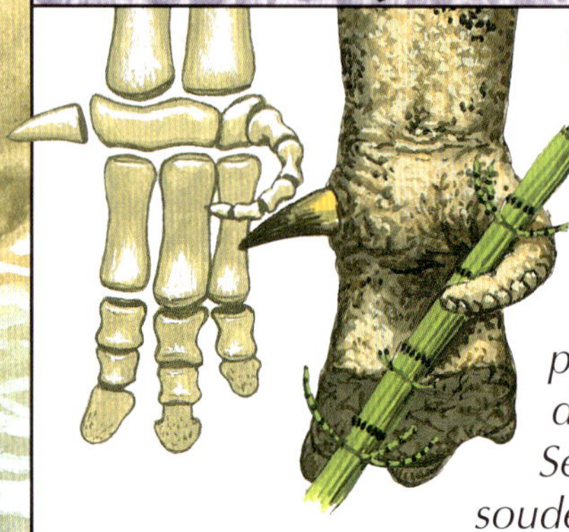

Iguanodon *avaient quatre doigts griffus aux pattes antérieures et un grand pouce doté d'une pointe. Ses doigts étaient soudés, mais il pouvait les plier, notamment l'auriculaire, qui lui permettait de coincer des objets contre la paume.*

UNE TÊTE DE CHEVAL

Iguanodon était grand et avait une longue queue raide. Sa tête, semblable à celle d'un cheval, avait un bec édenté couvert d'une couche de corne.
Ses mâchoires étaient garnies de dents masticatrices de 5 cm, bien serrées.
Il avait trois doigts en sabot aux pattes postérieures, comme les vaches et les chevaux actuels, et quatre doigts avec un pouce à pointe aux pattes antérieures.

BIPÈDE ET QUADRUPÈDE

Iguanodon marchait à 20 km/h sur les pattes postérieures ou à quatre pattes. Il se déplaçait avec la queue dans le prolongement du dos.
Il devait vivre en groupes dans un habitat boisé, peuplé de fougères arborescentes, de conifères et de magnolias.

UNE BOUILLIE DIGESTE

Iguanodon coupait les plantes, feuilles, tiges, fruits et graines avec son bec. D'un mouvement circulaire, ses longues dents masticatrices broyaient les végétaux en une bouillie pâteuse. La langue remuait sans cesse les aliments en un va-et-vient incessant entre les poches des joues et l'intérieur de la gueule, jusqu'à ce qu'ils soient prêts à être avalés.

*Une famille d'*Iguanodon *se désaltère à la rivière et broute les plantes du début du crétacé qui poussent sur les berges. Lorsqu'ils repartiront, les empreintes de leurs pattes et leurs crottes seront les seules traces de leur passage.*

LA POINTE DU POUCE, MODE D'EMPLOI

Iguanodon *devait se servir de son pouce comme d'une arme de défense pour poignarder l'ennemi. Sans doute en menaçait-il ses rivaux lors des luttes opposant deux individus, qui s'affrontaient jusqu'à l'abandon de l'un d'entre eux.*

Les hadrosaures, familièrement appelés « dinosaures à bec de canard » à cause de la forme de leur museau, sont le dernier groupe de dinosaures à s'être développé sur Terre. Apparus il y a 100 millions d'années, ce sont des descendants des iguanodontes. Très prospères, ils colonisèrent une grande partie de la planète, puis disparurent à la fin de l'âge des reptiles, il y a 65 millions d'années.

HADROSAURUS

Crétacé ; –75 millions d'années ; Amérique du Nord ; 9 m de long.
Hadrosaurus est réputé pour être le premier squelette de dinosaure quasi complet découvert. Il a été exhumé aux États-Unis en 1857 et nommé l'année suivante. Son nom signifie simplement « grand lézard ».

SAUROLOPHUS

Crétacé ; –70 millions d'années ; Asie, Amérique du Nord ; 12 m de long.
Saurolophus avait une longue queue, de petites pattes antérieures et de longues pattes postérieures dotées de trois doigts en sabot. À l'arrière de la tête, une longue crête osseuse descendait le long du museau et s'ouvrait sur un orifice près des narines. Ce trou était sans doute recouvert d'une valve de peau qui permettait à l'animal de produire ses sons en soufflant dedans, et ainsi de communiquer.

UN BEC DE CANARD EN GUISE DE GUEULE

Les chercheurs ont surnommé les hadrosaures « dinosaures à bec de canard » parce que l'extrémité édentée de leur museau s'évasait en demi-cercle, tel un « bec » aplati. La mâchoire supérieure était plus avancée que celle du bas, et les deux étaient couvertes d'une épaisse couche de corne résistante.

LAMBEOSAURUS

Crétacé ; –70 millions d'années ; Amérique du Nord ; 9 m de long.

Cet animal était coiffé de deux structures osseuses. À l'avant, une crête osseuse rectangulaire et creuse, reliée à ses narines, permettait à *Lambeosaurus* d'émettre des sons profonds et retentissants. Derrière la crête se dressait une corne en os plein, orientée vers l'arrière et reliée au dos par une membrane de peau. La corne était, semble-t-il, un attribut exclusivement masculin, alors que la crête apparaissait chez les deux sexes.

KRITOSAURUS

Crétacé ; –75 millions d'années ; Amérique du Nord ; 8 m de long.

Cet hadrosaure avait une large face aplatie dotée d'une arête osseuse sur le bout du museau, sans doute destinée à améliorer son odorat. *Kritosaurus* n'avait pas de crête sur le sommet de la tête. Derrière le bec, les mâchoires étaient dotées de centaines de dents bien serrées qui broyaient les végétaux avant que l'animal ne les avale. Lorsqu'elles tombaient, les dents usées étaient remplacées par de nouvelles. *Kritosaurus* vivait probablement en troupeaux de nombreux individus, arpentant chaque année de grandes distances. Selon certains scientifiques, ce serait peut-être le même animal qu'*Hadrosaurus*.

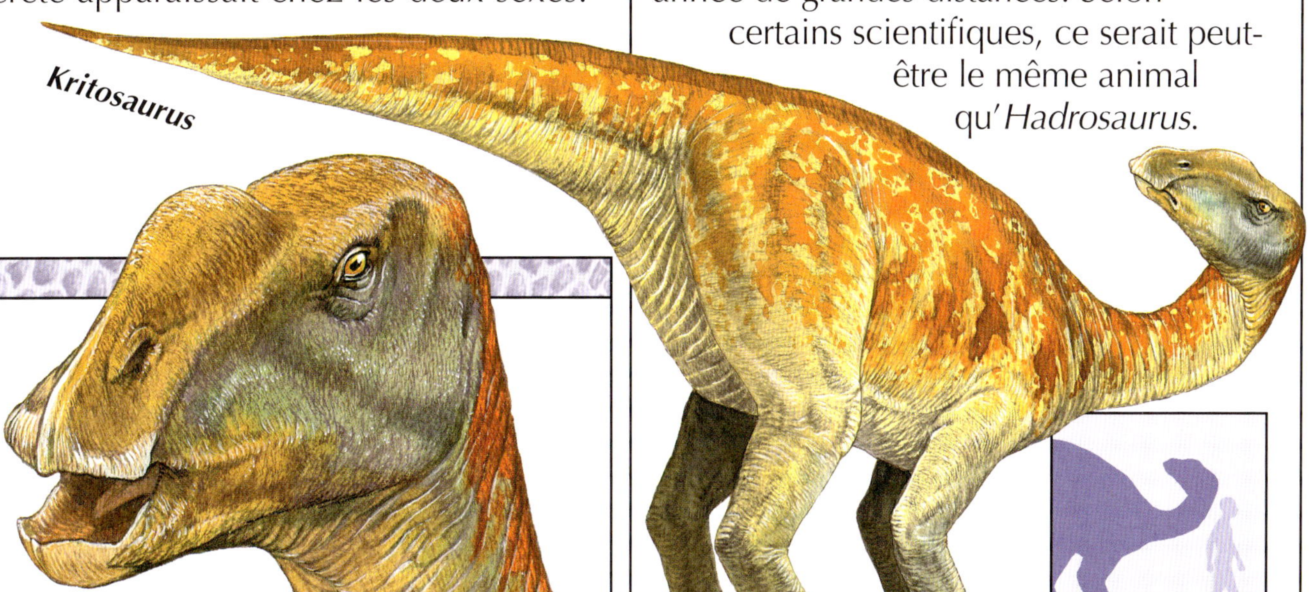

De remarquables découvertes d'hadrosaures fossiles ont permis aux scientifiques d'accumuler plus de connaissances sur les dinosaures à bec de canard que sur tout autre groupe de dinosaures. Les restes d'un *Edmontosaurus,* par exemple, nous ont permis de savoir que sa peau, épaisse et ridée, était tapissée de petites plaques osseuses qui se chevauchaient. Malheureusement, aucun fossile ne peut en révéler la couleur.

TSINTAOSAURUS

Crétacé; 70 millions d'années; Asie; 10 m de long.
Tsintaosaurus était un gros hadrosaure originaire de Chine qui avait une longue crête osseuse entre les deux yeux, en forme d'épine pointée vers l'avant. Une membrane de peau, reliant le bout du museau à l'extrémité de la pointe, permettait au dinosaure d'émettre divers sons.

PARASAUROLOPHUS

Crétacé; –75 millions d'années; Amérique du Nord; 10 m de long.
Parasaurolophus était l'un des hadrosaures les plus remarquables. Il avait sur la tête une longue crête aux parois fines qui mesurait 1,80 m. C'était un tube creux avec de complexes conduits nasaux reliés à la gorge. En soufflant dans sa trompe, *Parasaurolophus* émettait des sons tonitruants. Lorsqu'il penchait sa tête en arrière, la crête reposait sur une sorte d'encoche sur le dos.

PROSAUROLOPHUS

Crétacé ; –75 millions d'années ; Amérique du Nord ; 15 m de long.

Prosaurolophus était l'un des plus grands hadrosaures. Son museau était large, et son bec, plus court et plus petit que celui de ses congénères. Il avait sur la tête une petite crête à l'extrémité pointue. Il se nourrissait probablement d'un mélange de végétation coriace (brindilles, aiguilles de pins et graines) et de parties plus tendres (feuilles, tiges et fruits). Debout sur ses pattes postérieures, il atteignait une bonne hauteur. C'était peut-être l'ancêtre de *Saurolophus*.

DE DRÔLES DE DENTS

Les hadrosaures avaient un schéma dentaire très particulier : ils avaient 1600 dents, qui formaient une sorte de table abrasive. Absolument pas espacées, elles étaient au contraire entassées sur les mâchoires par groupes de trois. Dans les gencives, des rangées de dents supplémentaires étaient destinées à remplacer celles qui tombaient. Les jeunes avaient moins de dents que les adultes.

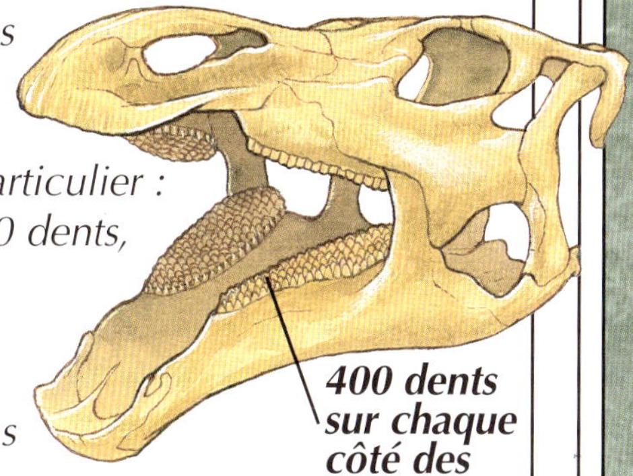

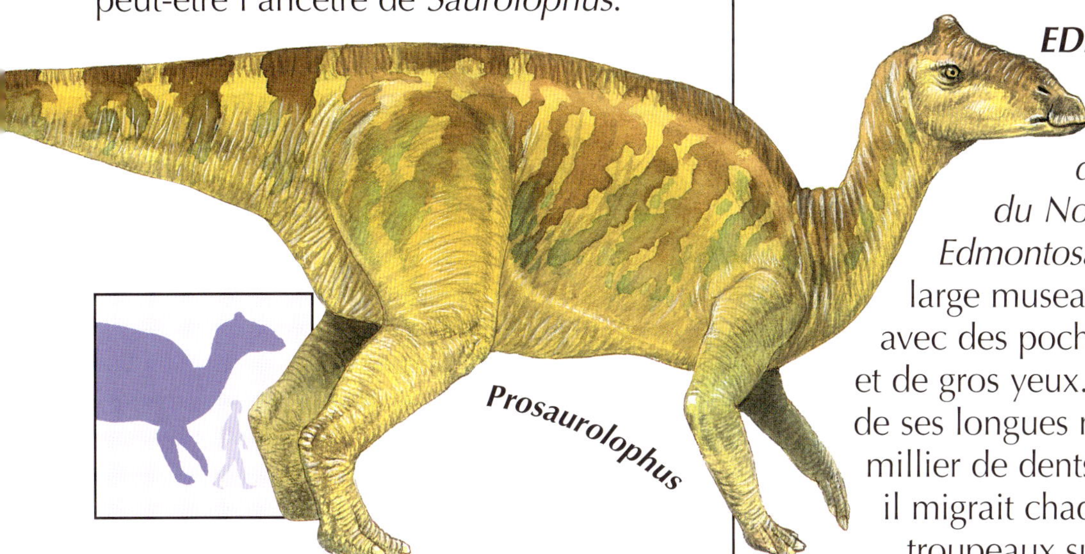

EDMONTOSAURUS

Crétacé ; –65 millions d'années ; Afrique du Nord ; 13 m de long.

Edmontosaurus avait un large museau en forme de bec, avec des poches aux joues et de gros yeux. Il avait, à l'arrière de ses longues mâchoires, un millier de dents. Animal grégaire, il migrait chaque année en grands troupeaux sur des milliers de kilomètres. Il se nourrissait de plantes basses en marchant sur ses quatre pattes. En 1908, l'Américain George Sternberg (1883-1969), un chasseur de fossiles, découvrit un *Edmontosaurus* complet, le corps presque entièrement couvert de peau fossilisée. Ce spécimen, premier dinosaure retrouvé avec des restes de chair, est connu comme le « dinosaure momifié ».

On a longtemps cru que les hadrosaures étaient des animaux aquatiques, qui respiraient dans l'eau grâce à leur crête creuse. Mais cette théorie est aujourd'hui écartée. Selon les scientifiques, les dinosaures à bec de canard vivaient sur la terre ferme, se déplaçant sur les pattes postérieures avec leur queue tendue dans le prolongement du corps.

BRACHYLOPHOSAURUS

Crétacé ; –80 millions d'années ; Amérique du Nord ; 9 m de long.

Comme les autres hadrosaures, *Brachylophosaurus* avait un bec édenté semblable à celui d'un canard et des centaines de petites dents masticatrices remplaçables au fond de la mâchoire. Mais le bourrelet osseux, bas et aplati, sur son museau, le différenciait cependant de ses congénères. Plein et non pas creux, il ne pouvait servir à émettre des sons. L'animal l'utilisait peut-être dans des combats entre rivaux, se poussant ou se bousculant de leur museau pour départager le plus fort.

ANATOTITAN

Crétacé ; –65 millions d'années ; Amérique du Nord ; 12 m de long.

Grand hadrosaure, *Anatotitan* vivait en troupeaux dans les forêts, où il se nourrissait de divers végétaux, dont des brindilles, des graines et des plantes aquatiques. À l'avant du museau, il avait un bec édenté, long et large ; en arrière, des centaines de dents masticatrices étaient alignées sur plusieurs rangées. Dans les poches de ses joues, l'animal stockait provisoirement les aliments pendant qu'il broutait, puis sa langue les ramenait vers ses dents. *Anatotitan* avait une longue queue effilée, trois doigts en sabot aux pattes postérieures et, sur ses petites pattes antérieures, des paumes charnues.

CORYTHOSAURUS

Crétacé ; –80 millions d'années ; Amérique du Nord ; 9 m de long.

La caractéristique la plus notable de *Corythosaurus* était sa grande crête osseuse en demi-cercle, semblable à un casque aplati. Elle n'était pleinement développée que chez les mâles, semble-t-il. Celle de la femelle et des jeunes était nettement plus petite. *Corythosaurus* vivait en troupeaux dans les marais, à l'orée des forêts. Vivant près de l'eau, il était peut-être capable de nager, ou du moins de marcher dans l'eau, repoussant les débris flottants de son chemin à l'aide de ses larges pattes en forme de palme.

SHANTUNGOSAURUS

Crétacé ; –75 millions d'années ; Asie ; 16 m de long.

Animal massif de 7 t environ, *Shantungosaurus,* originaire de Chine, est le plus long et le plus lourd des hadrosaures connus. Son crâne était plat et dépourvu de crête. Comme tous ses congénères, il était doté d'un bec édenté, mais de mâchoires garnies de 1 500 minuscules dents masticatrices. Il avait, au niveau des narines, un grand orifice sans doute recouvert d'une membrane de peau, qu'il pouvait gonfler pour émettre des sons.

UNE CRÊTE POUR L'ODORAT ET LES SONS

Les bébés hadrosaures, comme Corythosaurus, *étaient généralement dépourvus de crête. Elle se développait lorsqu'ils devenaient adultes. Creuse et formée de conduits nasaux, elle servait à émettre des sons ou à améliorer l'odorat de l'animal.*

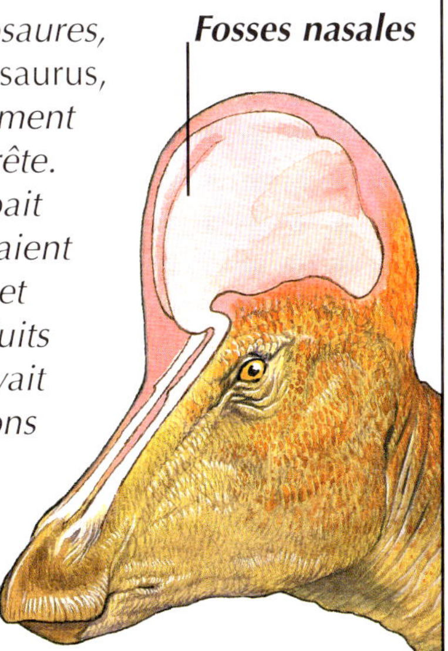

MAIASAURA

Maiasaura est le plus connu des hadrosaures. On connaît son cycle de vie de sa naissance à sa mort, grâce à la découverte d'un nid contenant des œufs et des nouveau-nés. Les parents semblent avoir été si attentifs qu'on leur a attribué un nom signifiant « bonne mère lézard ».

Nom Maiasaura
Date *–80 millions d'années*
Sites fossilifères
Amérique du Nord
Longueur *9 m*
Régime *Végétaux*
Habitat *Forêts*

BEC CORNÉ

Maiasaura avait un gros museau avec un bec corné. Il avait des poches aux joues, et ses mâchoires étaient remplies de dents. Le sommet de sa tête arborait une arête osseuse. Ses pattes antérieures étaient plus courtes que les postérieures, et il avait une longue queue.

LA PROTECTION PAR LE NOMBRE

Maiasaura vivait en groupes de 10 000 individus. Adulte, cet herbivore avait besoin de 90 kg de végétaux par jour pour se maintenir en forme. En cas d'attaque, le troupeau s'enfuyait en courant.

LA MIGRATION EN VASTES TROUPEAUX

Avec de si grands troupeaux, la quête de nourriture était incessante. Ils avaient sans doute des routes migratoires habituelles, se déplaçant des territoires d'alimentation à ceux de nidification.

LA NIDIFICATION

Maiasaura ne se posait pas sur son nid. Il le couvrait de plantes qui, en pourrissant, produisaient de la chaleur et gardaient les œufs au chaud. Ceux-ci se développaient dans cet « incubateur ». À l'éclosion, les nouveau-nés mesuraient 30 cm.

Les parents leur apportaient à manger. Lorsqu'ils atteignaient 1,50 m de long, les petits quittaient le nid. À un an, le jeune mesurait 2,50 m, soit cinq fois moins qu'un adulte, mais on ne sait pas combien de temps il restait avec ses parents.

Ces Maiasaura *adultes, dont les nids sont construits à 10 m les uns des autres, s'occupent de leurs œufs et de leurs petits. Tant que les œufs n'ont pas éclos, les parents restent à proximité. Les nouveau-nés, à peine sortis de l'œuf, sont vulnérables aux prédateurs.*

LE NID DE MAIASAURA

Maiasaura *creusait à même le sol un nid de 2 m de diamètre, qu'il tapissait de végétation. Il y pondait ensuite 25 œufs de la taille d'un pamplemousse, en cercle, bien séparés les uns des autres.*

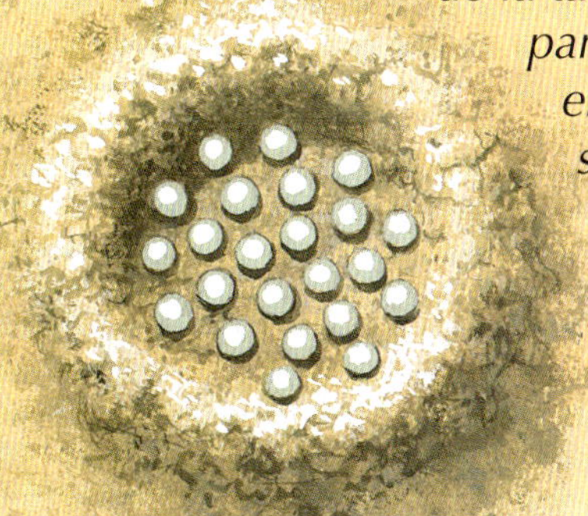

CHAPITRE 6

LES PTÉROSAURES

Les dinosaures ne volaient pas et aucun n'avait des ailes. Mais un autre groupe de reptiles dominait les airs du temps des dinosaures. C'étaient les ptérosaures, « lézards ailés », pas plus lézards que ne l'étaient les dinosaures.

Les ptérosaures sont apparus après les premiers dinosaures, au milieu du trias, il y a plus de 225 millions d'années. Ils se sont vite développés en diverses espèces, de formes et de tailles très diverses. Mais leur squelette et leur anatomie interne étaient très proches.

DES MEMBRANES DE PEAU EN GUISE D'AILES

Les membres antérieurs des ptérosaures s'étaient transformés en ailes. La surface était composée d'une membrane de peau résistante et élastique appelée le patagium. La peau était renforcée de fibres extensibles et de bandes musculaires très fines. Le patagium reliait les flancs de l'animal à l'épaule et à la patte postérieure.

NOMBREUX ET VARIÉS

Les modes de vie et d'alimentation des ptérosaures étaient très variés. La plupart des restes fossiles concernent des espèces vivant près de l'eau. Certains étaient piscivores, d'autres filtraient leur nourriture à la surface de l'eau, piégeant de minuscules animaux et plantes. D'autres encore étaient des chasseurs, capturant des insectes en vol ou se nourrissant de charognes au sol.

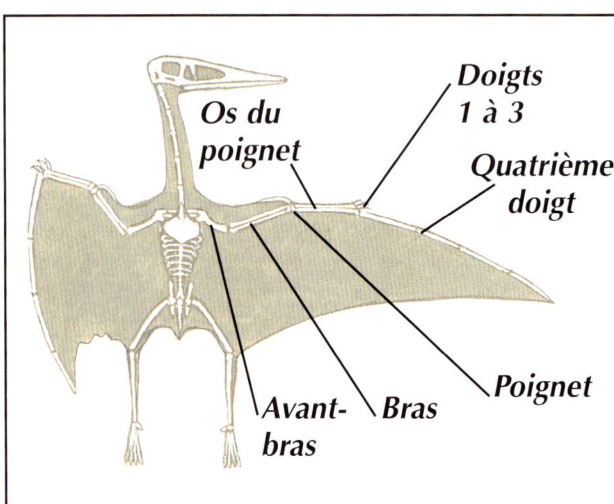

Les os creux et très fins des ptérosaures (tels ceux des oiseaux) allégeaient leur poids.

DE LONGS DOIGTS

Les membranes alaires étaient tendues et soutenues par les os des bras et du poignet, relativement longs, et celui, encore plus long, du quatrième doigt.

VOL PLANÉ OU VOL BATTU

Certains ptérosaures étaient adaptés au vol plané, qui réclamait peu d'efforts. Avec leurs ailes longues et fines comme celles des albatros actuels, ils profitaient des courants ascendants thermiques et de ceux, dynamiques, provoqués par les vents venant frapper les falaises et les collines. D'autres étaient spécialisés dans un vol plus agile qui nécessitait davantage de manœuvres. Leurs ailes, courtes et larges, étaient actionnées par de puissants muscles qui leur permettaient de tourner, vriller et piquer à la façon des faucons actuels. D'après des fossiles très détaillés, ces animaux étaient couverts d'une fourrure qui maintenait les muscles au chaud. Ainsi, il s'agissait probablement d'animaux à sang chaud.

Certains ptérosaures avaient des dents aiguisées et une longue queue. D'autres avaient un bec édenté, comme les oiseaux, et une queue très courte.

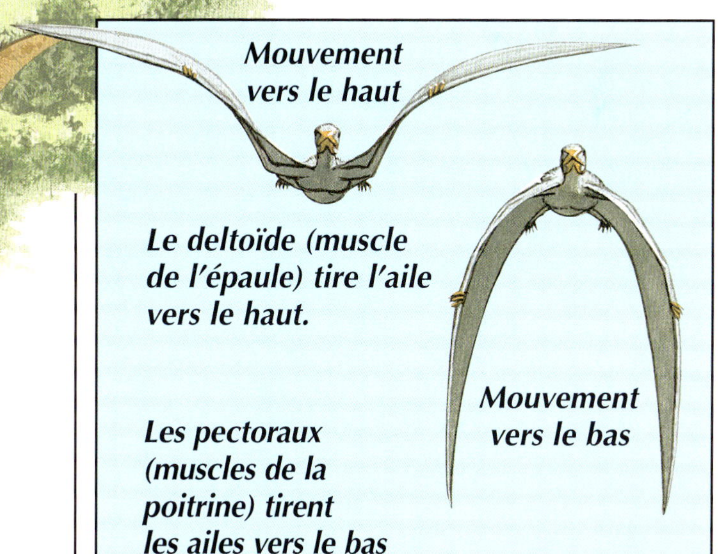

Les muscles pectoraux tiraient les ailes vers le bas, propulsant le ptérosaure vers le haut et l'avant.

Au trias, période d'évolution rapide pour les reptiles, divers groupes firent leur apparition : crocodiliens, tortues, reptiles marins, ptérosaures et dinosaures. Les plus anciens ptérosaures datent de –230 à –225 millions d'années. Pourtant, ces premières espèces connues étaient déjà d'habiles voiliers, dotés des principales caractéristiques des ptérosaures, y compris des ailes totalement formées. Il avait bien dû exister des espèces antérieures plus primitives présentant des caractères de leurs ancêtres. Mais, à ce jour, ces « chaînons manquants » sont absents des collections de fossiles.

PETEINOSAURUS

Fin du trias ; –220 millions d'années ; Europe ; 60 cm d'envergure.

Peteinosaurus est l'un des plus anciens ptérosaures découverts à ce jour. Ses ailes étaient plus courtes que celles de la plupart des espèces ultérieures. Il avait une longue queue avec une sorte de lame verticale à l'extrémité, en guise de gouvernail de vol. Les os de sa queue étaient renforcés par des tiges osseuses.

Peteinosaurus vivait sur le rivage de la Téthys, l'ancienne mer qui se trouvait à l'emplacement des Alpes actuelles, au nord de l'Italie. Petit comme un pigeon, sa tête, de la taille d'un pouce humain, était pourvue de mâchoires dotées de deux grands crochets à l'avant. Perché en hauteur, il fondait sans doute sur des insectes en vol, des libellules par exemple.

Peteinosaurus

D'OÙ VENAIENT LES PTÉROSAURES ?

Les origines des ptérosaures demeurent un mystère. Il n'existe aucun ancêtre potentiel parmi les restes fossiles antérieurs. Sharovipteryx *pourrait être un ancêtre possible s'il n'était apparu à la fin du trias, alors que les ptérosaures étaient déjà présents. Cet animal était un planeur du groupe reptile des thécodontes, ancêtres des dinosaures. Retrouvé au Kazakhstan, en Asie,* Sharovipteryx *ne mesurait que 25 cm. Il avait des membranes de peau entre les longues pattes postérieures et la queue, et peut-être d'autres, plus petites, entre les petites pattes antérieures et la poitrine.*

PREONDACTYLUS

Fin du trias ; –220 millions d'années ; Europe ; 45 cm d'envergure.

« Doigt de Preone » doit son nom à la vallée de Preone, dans le nord de l'Italie, où ont été découverts les os de ses doigts. C'était un ptérosaure très ancien, avec des ailes courtes, de longues pattes et une longue queue dotée d'un « gouvernail ». De la taille d'un merle, il avait des mâchoires étroites et pointues avec une panoplie de dents aiguisées de diverses tailles, probablement destinées à une alimentation de piscivore ou d'insectivore. Un des spécimens a été retrouvé avec les os en boule. Ce sont peut-être les restes d'un animal mangé par un gros poisson qui aurait ensuite régurgité les parties dures sous forme de pelotes.

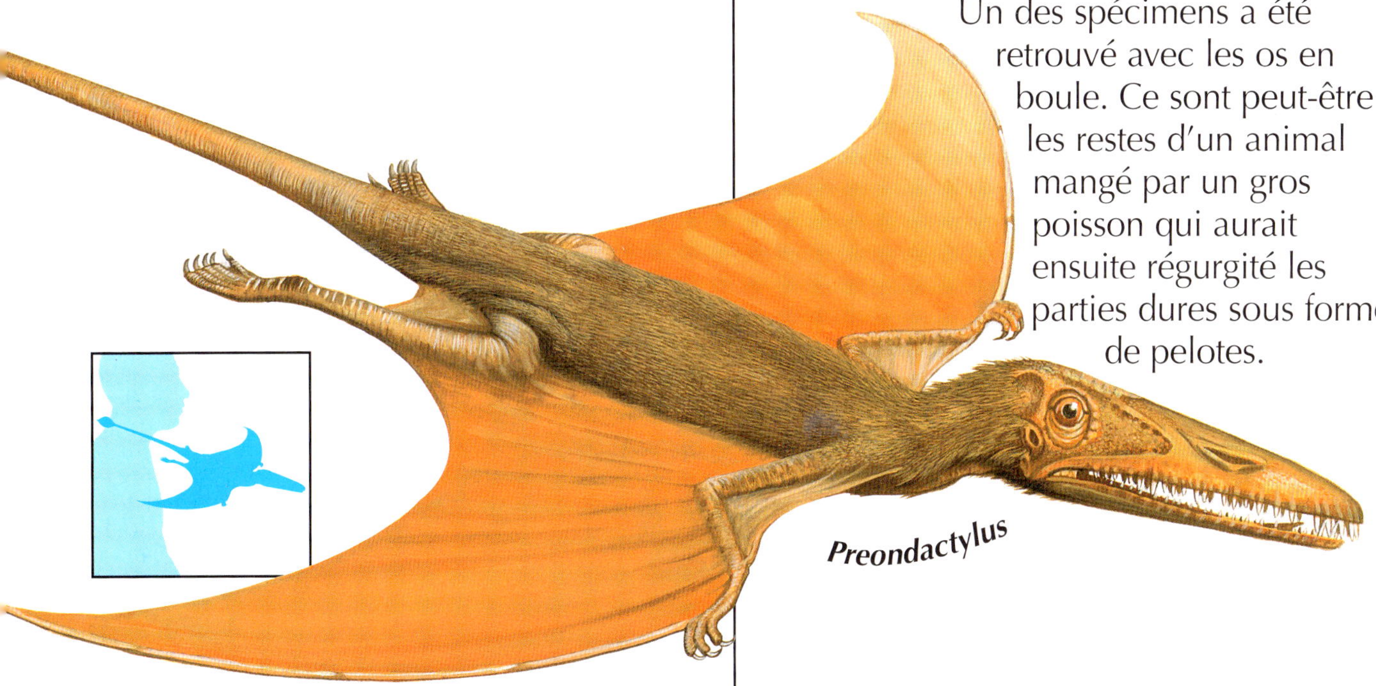

Preondactylus

LES PTÉROSAURES ET LES OISEAUX

Les ptérosaures n'étaient pas des oiseaux. Ils sont apparus 75 millions d'années avant eux et n'ont pas les mêmes ancêtres. Les ailes d'un ptérosaure ne ressemblaient pas à celles des oiseaux. Elles étaient soutenues par les doigts et non par les bras. Ensuite, les ptérosaures n'avaient pas de plumes, caractéristiques des oiseaux, et ils avaient des os dans la queue, ce que les oiseaux n'ont pas.

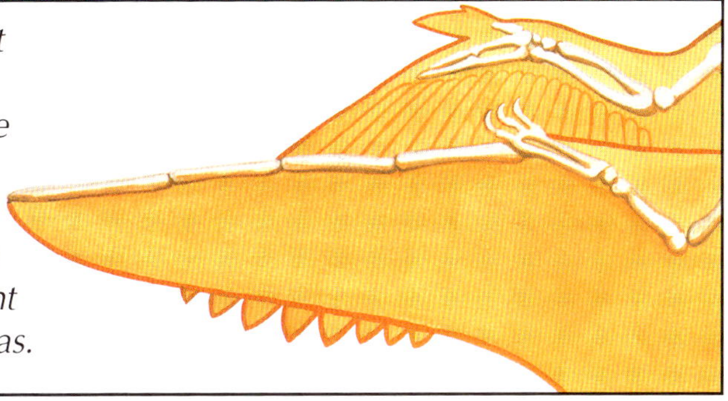

EUDIMORPHODON

Eudimorphodon vivait à la fin du jurassique, il y a 220 millions d'années, dans l'actuel nord de l'Italie. Comme son nom (« deux types de dents véritables ») l'indique, il avait deux sortes de dents. À l'avant, il avait des crochets aiguisés et, à l'arrière, des dents plus petites dotées de trois à cinq cuspides (pointes). Ses autres caractères (longue queue, petit cou, petites pattes et courtes ailes) étaient typiques de son groupe, les rhamphorhynchoidés. Nommés d'après _Rhamphorhynchus_ (voir p. 172), plus tardif, les rhamphorhynchoidés sont le premier groupe important de ptérosaures.

PLONGER POUR PÊCHER

Selon la « théorie du plongeon », Eudimorphodon *plongeait dans l'eau comme une flèche pour attraper des poissons, qu'il saisissait avec son bec à la façon des actuels fous de Bassan. Cette méthode nécessitait de bons yeux permettant de voir sous l'eau et de très puissants muscles de vol pour que l'animal puisse s'extraire de l'eau et remonter à la surface.*

DU POISSON POUR DÎNER

Avec ses dents acérées, *Eudimorphodon* chassait de toute évidence des proies glissantes, en particulier du poisson, comme en témoignent les écailles de poisson fossilisées retrouvées à l'emplacement de son estomac.

Eudimorphodon vivait probablement en groupes le long des côtes de la Téthys. Il survolait l'eau à basse altitude, descendant en piqué et tournoyant pour repérer les poissons juste sous la surface. Son crâne fossile est doté de grandes orbites qui suggèrent une bonne vue. Il lui suffisait d'un coup de tête vers l'avant ou sur le côté pour attraper les poissons avec ses longues mâchoires. Pour ce faire, il se plaçait au-dessus de l'eau ou plongeait. Son cou plutôt court lui interdisant de pêcher profondément depuis la surface de l'eau, le plongeon devait parfois s'imposer.

UN BON VOILIER

Eudimorphodon était sans doute un voilier actif. De puissants muscles de vol étaient accrochés sur le bréchet, crête osseuse au milieu de son large sternum. Au milieu des ailes, il avait trois doigts griffus assez forts, qui lui permettaient sans doute de grimper le long des arbres ou des falaises. Son envergure était de 1 m, pour un corps de 70 cm de longueur, depuis l'extrémité du bec pointu jusqu'au bout de la longue queue terminée en losange.

Jeune, Eudimorphodon *avait des dents différentes de celles des adultes. Ces « dents de bébé » ne pouvaient servir qu'à attraper des insectes. Les jeunes n'ayant pas la force et les compétences pour se risquer au-dessus de la mer, ils se contentaient sans doute de survoler la berge.*

*LE CRÂNE D'*EUDIMORPHODON

*Trois grosses ouvertures allégeaient le crâne d'*Eudimorphodon*. Il avait 58 dents sur la mâchoire supérieure et 56 sur l'inférieure.*

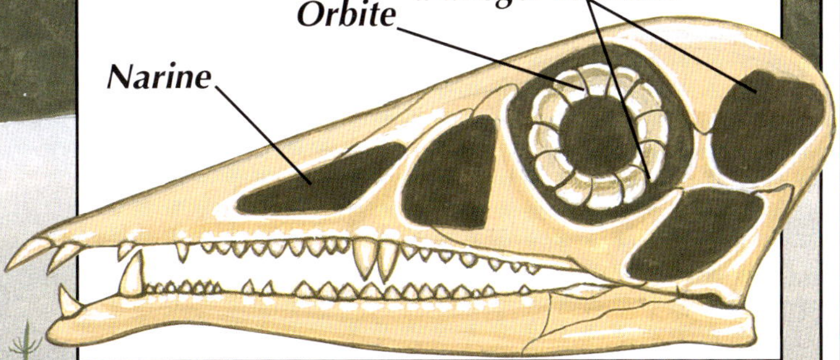

Nom Eudimorphodon
Date *–220 millions d'années*
Sites fossilifères *Europe*
Envergure *1 m*
Régime *Poissons, insectes*
Habitat *Rivières, lacs*

LES PTÉROSAURES DU JURASSIQUE EN EUROPE

Après leur apparition dans l'Europe du trias, les ptérosaures se répandirent bientôt dans d'autres parties du monde. Au jurassique, leurs proportions augmentèrent et ils se transformèrent. La tête et la queue notamment changeaient à mesure que les ptérodactyles, décrits dans les pages suivantes, remplaçaient les rhamphorhynchoidés primitifs.

DORYGNATHUS

Début du jurassique; –190 millions d'années; Europe; 1 m d'envergure. *Dorygnathus* vivait dans l'Allemagne actuelle. Ses fossiles sont assez nombreux pour un ptérosaure, car généralement, lorsque ces animaux mouraient, leurs os fins et fragiles étaient broyés et se fossilisaient rarement.

Dorygnathus avait une dentition extraordinaire. À l'avant, ses longues dents incurvées et acérées étaient dressées vers l'extérieur. Lorsque les mâchoires se refermaient, elles se croisaient, formant une sorte de piège de piquants, idéal pour empaler des poissons à la surface de l'eau. Les dents plus petites et plus délicates à l'arrière de la gueule agrippaient fermement la proie alors que l'animal s'envolait vers son perchoir. Ses mâchoires elles-mêmes formaient des pointes piquantes. C'est à ce caractère que les ptérosaures doivent leur nom, qui signifie « mâchoire harpon ».

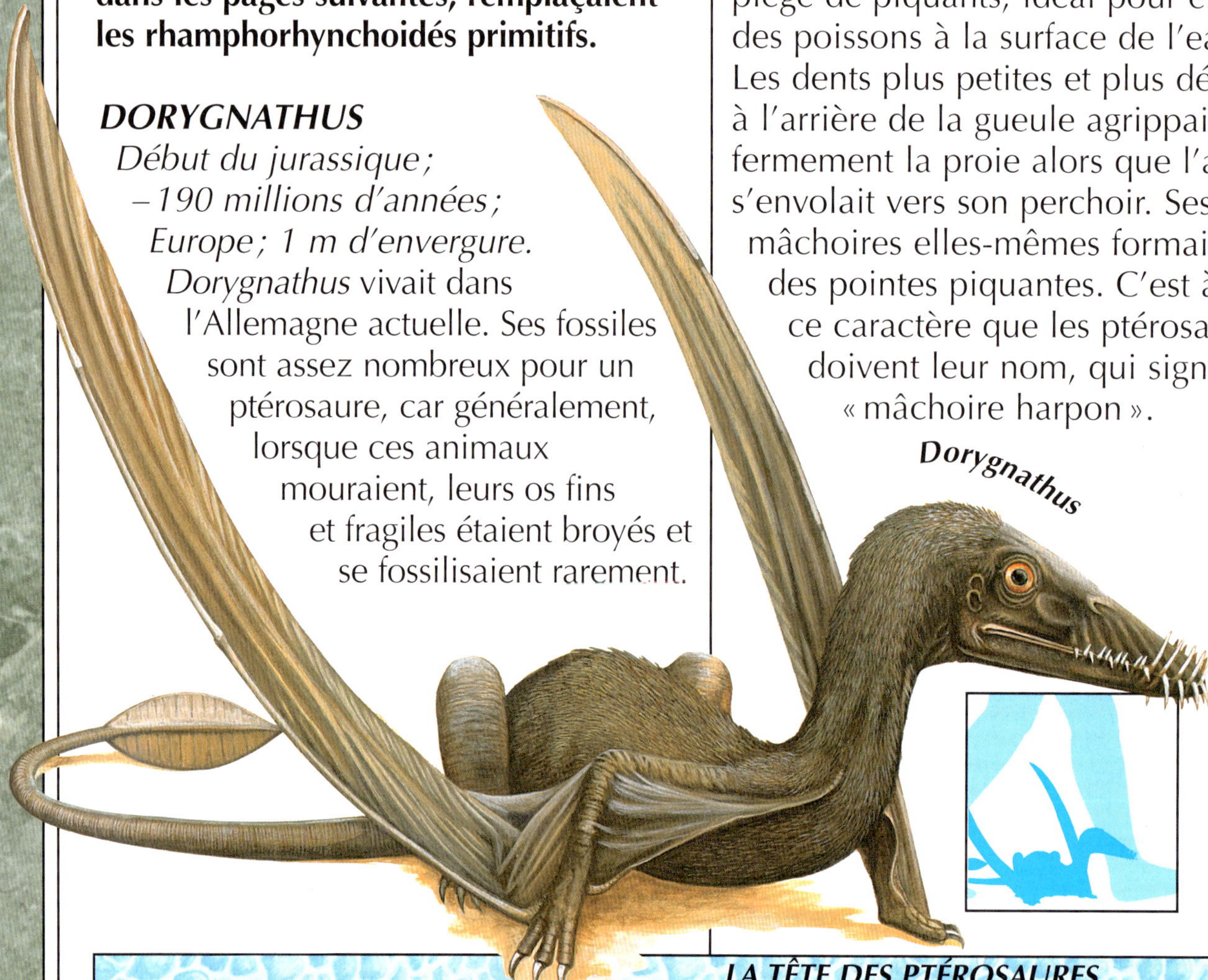
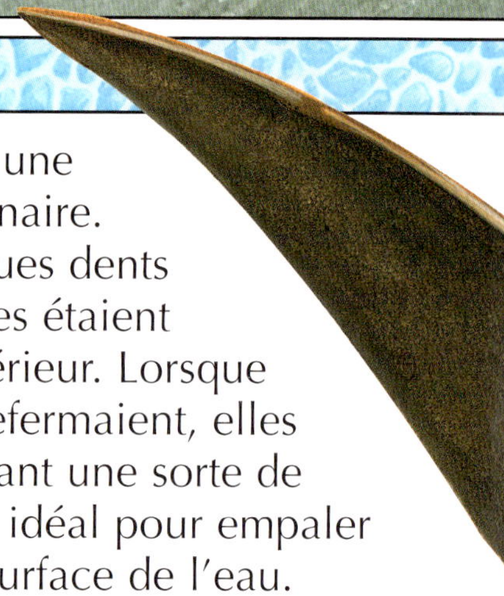

Dorygnathus

LA TÊTE DES PTÉROSAURES...

Les rhamphorhynchoidés primitifs avaient une tête relativement courte, soutenue par un cou trapu. Les mâchoires pointues étaient garnies de dents acérées. Chez les ptérodactyles, comme Tropeognathus, *la tête était en équilibre à un angle au bout du long cou. Ces espèces plus tardives avaient un long bec, avec peu ou pas de dents, et souvent une crête sur la tête.*

SCAPHOGNATHUS

Fin du jurassique ; – 150 millions d'années ; Europe ; 90 cm d'envergure.

Scaphognathus avait une petite tête avec un museau plutôt arrondi et aplati au bout, qui lui a valu son nom de « mâchoire en barque ». Il avait de longues dents pointues bien affûtées, 18 dans la mâchoire supérieure et 10 dans l'inférieure.

Découvert en 1831, c'est l'un des premiers ptérosaures connus. Certains des fossiles mis au jour étaient des *Scaphognathus* juvéniles. La façon dont leurs os se développaient et durcissaient témoigne d'une croissance rapide, les jeunes atteignant vite leur taille définitive. Les oiseaux actuels se développent de cette même façon, mais pas les reptiles, qui continuent de grandir tout au long de leur vie (bien que de plus en plus faiblement). D'après leurs crânes fossiles, les ptérosaures avaient un grand cerveau pour leur taille, là encore comme les oiseaux et non comme les reptiles.

...ET LEUR QUEUE

Les rhamphorhynchoidés avaient une fine et longue queue, rigidifiée par des tiges et des tendons osseux. Elle n'était flexible qu'à la base. L'extrémité était ornée d'une sorte de losange de peau rigide. Les ptérodactyles avaient, pour leur part, une queue très courte composée de quelques vertèbres, qu'une petite membrane de peau reliait aux pattes postérieures.

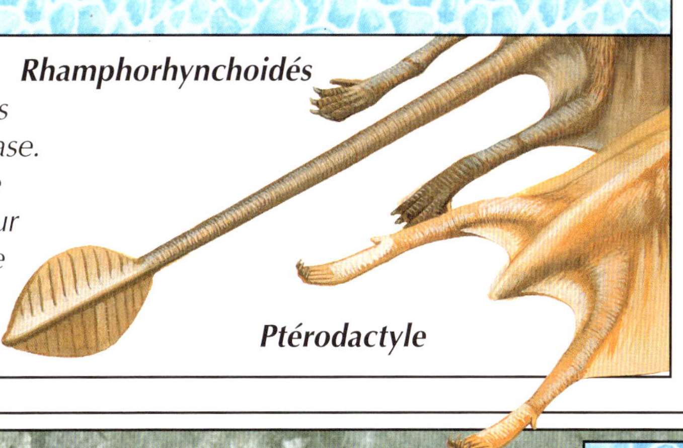

DIMORPHODON

***Dimorphodon* est l'un des premiers ptérosaures du jurassique. Il vivait il y a 205 millions d'années, dans l'actuel sud de l'Angleterre. Il avait une grosse tête, de longues dents acérées et une longue queue rigide caractéristique des rhamphorhynchoidés. Au total, il mesurait 1 m, dont 20 cm pour la tête, pour une envergure de près de 1,50 m.**

UNE TÊTE LÉGÈRE

La grande tête de *Dimorphodon* semblait lourde, avec son museau haut et étroit. Mais, à l'intérieur, le crâne était composé d'une armature osseuse et non de plaques, ce qui réduisait fortement son poids. Les trois doigts griffus sur chacune de ses ailes étaient forts et recourbés ; ils permettaient à l'animal de grimper aux arbres ou sur les rochers. Comme nombre d'autres ptérosaures, il nichait sans doute le long du rivage.

CHASSEUR EN VOL OU SUR PATTES ?

Dimorphodon était sans aucun doute un chasseur, choisissant ses proies parmi les poissons, les insectes, les lézards, les vers et autres petits animaux. Ses dents différenciées, quatre paires cylindriques à l'avant des mâchoires et de nombreuses petites dents à l'arrière, lui ont valu son nom, qui signifie « deux formes de dents ». On ignore s'il attrapait ses proies en vol ou au sol, à quatre pattes.

Le « bec » de *Dimorphodon* était haut mais très étroit. Vivement coloré, il pouvait servir pour séduire un partenaire ou pour revendiquer un territoire lors des parades, à la façon des oiseaux actuels, tels le calao et le macareux.

LE PTÉROSAURE QUI SAVAIT MARCHER

Contrairement à ses congénères, Dimorphodon *avait des pattes postérieures puissantes et très développées.*
Il pouvait se mettre debout pour marcher ou bien se pencher en avant et se servir des doigts de ses ailes pour courir à quatre pattes.

LES PATTES POSTÉRIEURES ET LES ORTEILS

Des études du bassin et des pattes postérieures de *Dimorphodon* témoignent d'une probable capacité à marcher en se tenant debout en équilibre sur les orteils, à la façon des oiseaux actuels. C'était aussi la manière de se déplacer de nombreux dinosaures. *Dimorphodon* avait cinq orteils griffus à chaque patte, dont un petit orteil qu'il positionnait à l'arrière ou sur le côté, pour s'équilibrer lorsqu'il se tenait debout ou courait. Les autres ptérosaures, aux pattes bien plus faibles et écartées sur les côtés, étaient sans doute condamnés à se traîner maladroitement au sol.

UN VOL AISÉ

Ses larges ailes en arrière et sa queue dans le prolongement du corps lui apportant un équilibre naturel, Dimorphodon *planait avec aisance et une maîtrise parfaite.*

Nom Dimorphodon
Date *–205 millions d'années*
Sites fossilifères *Europe*
Envergure *1,40 m*
Régime *Poisson*
Habitat *Falaises*

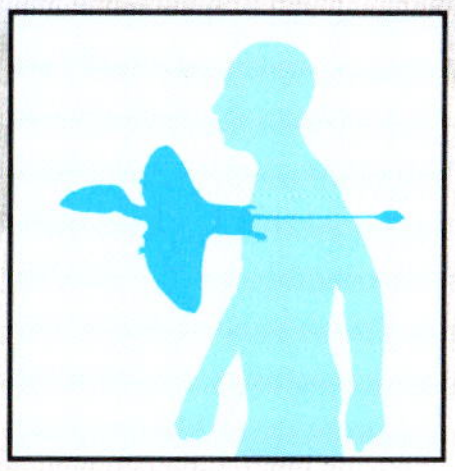

Dimorphodon *déploie ses ailes, s'accroche avec ses pattes antérieures griffues et pousse sur ses puissantes pattes postérieures pour s'élancer d'une falaise et s'envoler.*

Rhamphorhynchus est un ptérosaure connu provenant de sites tels qu'Oxford, en Angleterre, Solnhofen, en Allemagne, ou encore la Tanzanie, en Afrique, qui ont produit de nombreux fossiles. Cet animal a donné son nom à tout un groupe de ptérosaures à longue queue, les rhamphorhynchoidés, dont les diverses espèces, de tailles variables, ont vécu plus de 30 millions d'années.

RHAMPHORHYNCHUS

Fin du jurassique ; –150 millions d'années ; Europe, Afrique ; 2 m d'envergure au maximum.
Ce ptérosaure a hérité son nom, « museau-bec », de son long bec pointu, doté de dents effilées, plantées vers l'extérieur, parfaites pour harponner ou piéger des poissons qui se tortillaient dans tous les sens. Sa tête mesurait une vingtaine de centimètres, et sa queue, 1 m. Il attrapait probablement des poissons en écumant la surface de l'eau avec le bec grand ouvert. Dès qu'un poisson l'effleurait, *Rhamphorhynchus* refermait immédiatement son bec très sensible sur sa proie.

UNE MEMBRANE ALAIRE CORIACE

Les ailes des ptérosaures pouvaient sembler faiblardes, mais elles étaient composées d'une fibre très serrée, magnifiquement conservée chez certains fossiles de Rhamphorhynchus. *Elle renforçait l'aile et l'empêchait de se déchirer.*

DES OS CREUX

Une des principales causes de réduction du poids de ce ptérosaure tient à son squelette. Beaucoup de ses os avaient la forme de tubes creux aux parois guère plus épaisses qu'une feuille de papier. Mais l'intérieur, loin d'être vide, était renforcé par des tiges osseuses disposées en croisillons. Cette structure rigidifiait les os pourtant si légers.

D'EXCELLENTS VOILIERS

Autrefois, les spécialistes croyaient que les ptérosaures étaient tout juste capables de planer avec leurs ailes faibles et détendues. Aujourd'hui, ils estiment au contraire que ces reptiles devaient être, en général, des voiliers puissants et adroits. Ils avaient un grand bréchet sur lequel étaient accrochés de solides muscles pectoraux spécialisés pour le vol. Mais, comme chez les oiseaux actuels, leurs capacités différaient. Certains, pratiquant le vol battu avec aisance, étaient agiles et rapides, alors que d'autres préféraient planer, profitant avec habileté des courants ascendants.

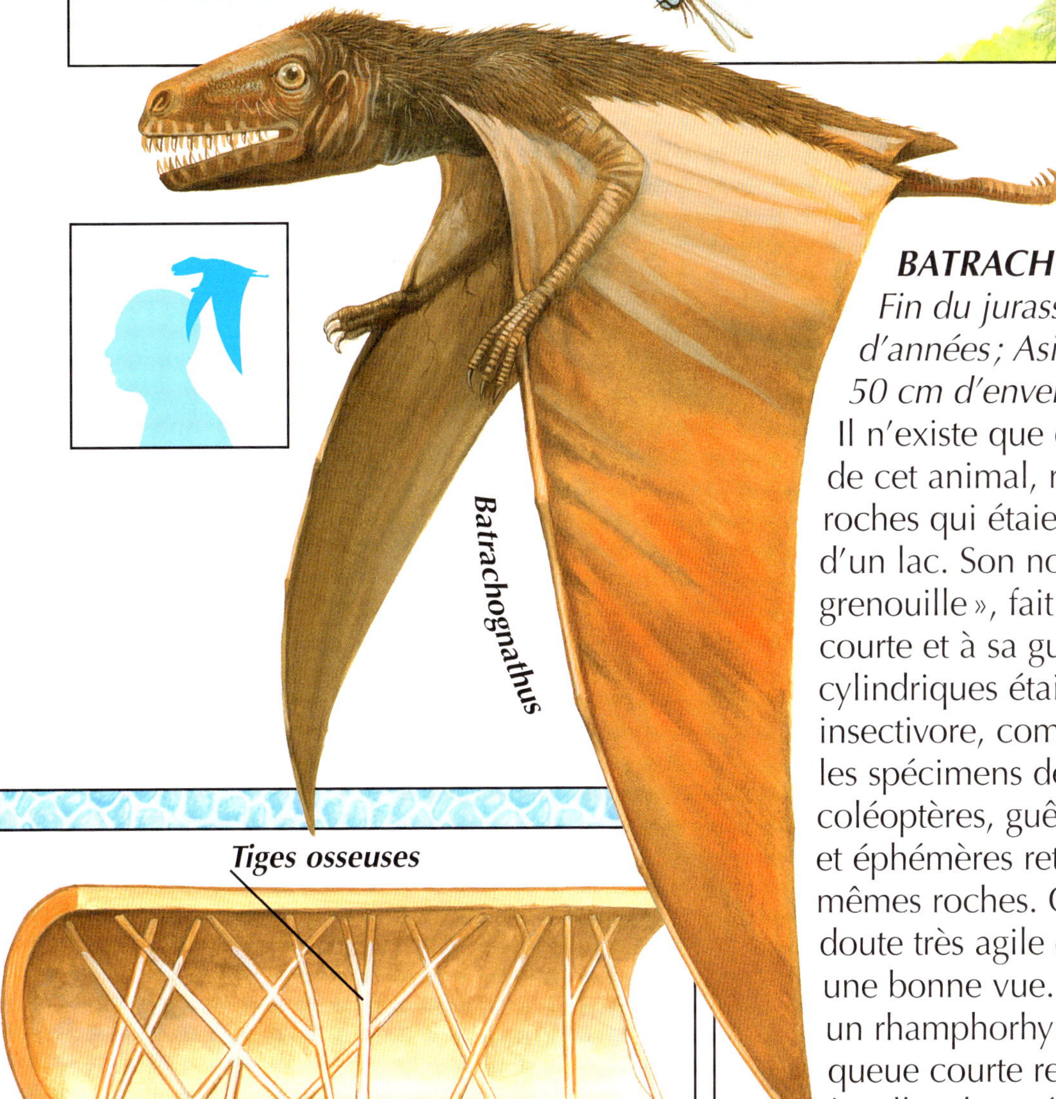

BATRACHOGNATHUS

Fin du jurassique ; –150 millions d'années ; Asie (Kazakhstan) ; 50 cm d'envergure.

Il n'existe que deux spécimens de cet animal, retrouvés dans des roches qui étaient, autrefois, le lit d'un lac. Son nom, « mâchoire de grenouille », fait référence à sa tête courte et à sa gueule large. Ses dents cylindriques étaient celles d'un insectivore, comme en témoignent les spécimens de libellules, cigales, coléoptères, guêpes, phryganes et éphémères retrouvés dans les mêmes roches. Cet animal, sans doute très agile en vol, devait avoir une bonne vue. Bien qu'il fût un rhamphorhynchoïdé, sa petite queue courte ressemblait plus à celles des ptérodactyles, autre groupe de ptérosaures.

L'AVÈNEMENT DES PTÉRODACTYLES

Les fossiles de ptérodactyles apparaissent brusquement dans les roches de la fin du jurassique, alors que le premier grand groupe de ptérosaures, les rhamphorhynchoidés, entame son déclin. On peut supposer que le second groupe est issu du premier, mais le manque de fossiles intermédiaires ne permet pas d'en être sûr. Seuls les ptérodactyles perdurèrent durant la période suivante, le crétacé.

GERMANODACTYLUS

Fin du jurassique ; –150 millions d'années ; Europe ; 1,35 m d'envergure. *Germanodactylus,* « doigt allemand », avait une queue courte et une crête caractéristique des ptérodactyles. Sa crête cornée, basse et osseuse, s'étendait du front au milieu du bec. On pense qu'il dormait suspendu la tête en bas, comme une chauve-souris.

Cet animal présentait une autre modification progressive typique des ptérodactyles : un bec encore plus long et étroit, avec moins de dents, si ce n'est aucune. Peut-être était-ce dû au poids des dents qui rendait le vol plus difficile : c'est pourquoi les oiseaux sont édentés. *Germanodactylus* avait quelques dents cylindriques, mais l'avant du bec était édenté, effilé et corné.

APPAREILLÉ POUR LE VOL

Le sternum, les os des épaules et des pattes antérieures des ptérosaures étaient conçus pour résister aux fortes contraintes du vol battu. Le bréchet consolidait le sternum avec l'omoplate pour qu'il puisse supporter la traction des principaux muscles de vol.

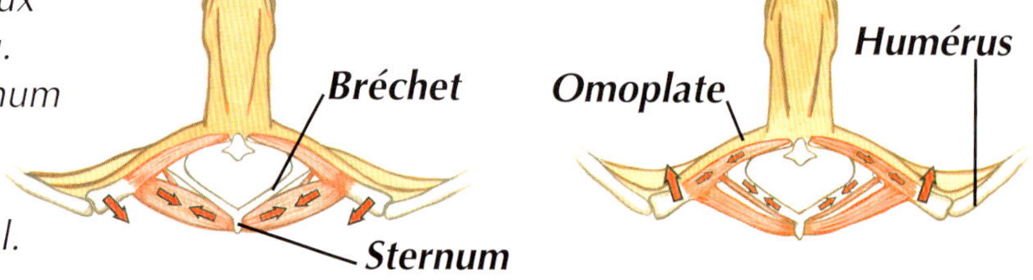

DES ANIMAUX À FOURRURE

À en juger par certains spécimens fort détaillés, la peau des ptérosaures était parsemée de petits orifices, comme des trous d'épingle, d'où sortaient des poils courts. Cette fourrure poussait drue ou espacée sur le corps et la tête, mais pas sur les ailes, les orteils et la queue. Elle servait sans doute à maintenir au chaud les muscles et le cerveau pour qu'ils soient réactifs en permanence, comme chez les mammifères et les oiseaux actuels. Mais si les ptérosaures n'étaient pas des animaux à sang froid et n'avaient pas d'écailles… étaient-ils bien des reptiles ?

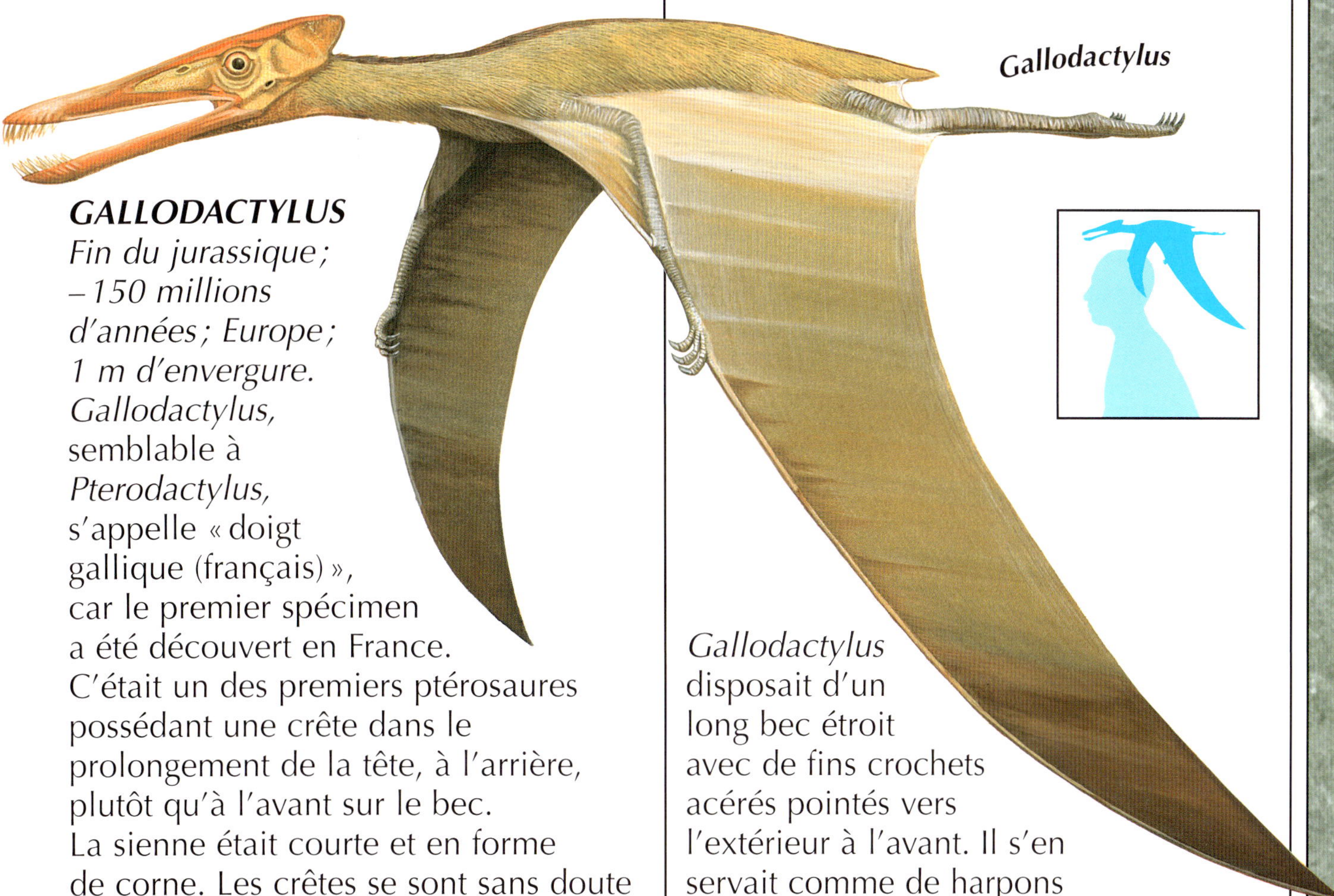

GALLODACTYLUS
Fin du jurassique ; –150 millions d'années ; Europe ; 1 m d'envergure. *Gallodactylus*, semblable à *Pterodactylus*, s'appelle « doigt gallique (français) », car le premier spécimen a été découvert en France. C'était un des premiers ptérosaures possédant une crête dans le prolongement de la tête, à l'arrière, plutôt qu'à l'avant sur le bec. La sienne était courte et en forme de corne. Les crêtes se sont sans doute développées pour répondre à des problèmes d'équilibre et de direction des ptérodactyles, pour compenser l'absence d'une longue queue rigide.

Gallodactylus disposait d'un long bec étroit avec de fins crochets acérés pointés vers l'extérieur à l'avant. Il s'en servait comme de harpons pour transpercer ses proies à la surface de l'eau. Mais l'arrière du bec était dépourvu de dents.

D'ÉTRANGES PTÉROSAURES DU JURASSIQUE

À la fin du jurassique, il y a 140 à 150 millions d'années, les deux principaux groupes de ptérosaures coexistaient, mais les rhamphorhynchoidés à longue queue étaient sur le déclin, alors que les ptérodactyles à queue courte prenaient le relais. Deux des représentants les plus fascinants sont décrits ci-dessous. Leurs fossiles livrent de précieux indices quant au mode de vie de ces deux groupes.

SORDES

Fin du jurassique ; –150 millions d'années ; Asie (Kazakhstan) ; 60 cm d'envergure.

Le nom complet de ce ptérosaure est *Sordes pilosus,* « démon velu ». Les premiers spécimens découverts, dans les années 1960, étaient des squelettes quasi complets avec des empreintes de parties souples du corps, dont une fourrure épaisse sur la tête et le corps et plus fine sur les ailes (absente sur la queue). *Sordes* était un petit rhamphorhynchoidé aux ailes larges et courtes. Il avait, entre les pattes postérieures, une membrane de peau supplémentaire qui englobait les chevilles, mais laissait la queue dégagée et mobile. Lorsqu'il était au sol, *Sordes* repliait sans doute ses longs os du quatrième doigt, comme les autres ptérosaures. La membrane alaire élastique et extensible se contractait alors en une fine bande.

UN DÉCOLLAGE VERS LE BAS...

À en croire la conception de leur bassin et de leurs pattes, la plupart des ptérosaures passaient peu de temps à terre. L'animal se reposait sans doute dans les arbres ou sur des falaises, suspendu par ses doigts crochus ou ses serres. Pour s'envoler, il se propulsait avec ses pattes antérieures et postérieures, tout en se retournant de façon à s'écarter de son reposoir. Il déployait alors les ailes pour arrêter sa chute et commençait à battre des ailes.

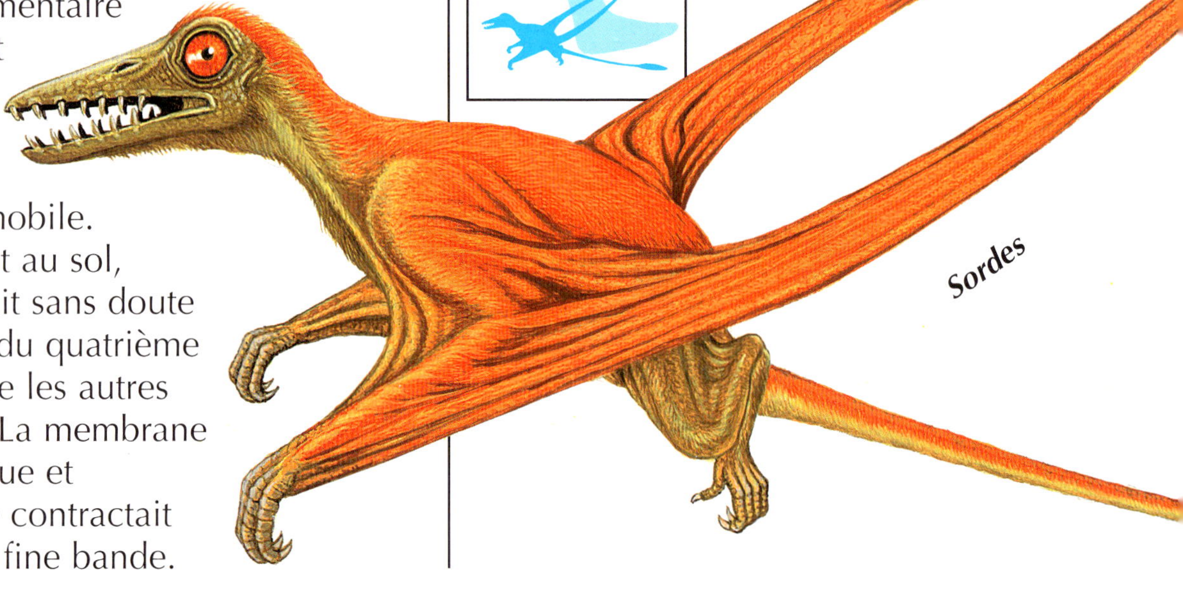

Sordes

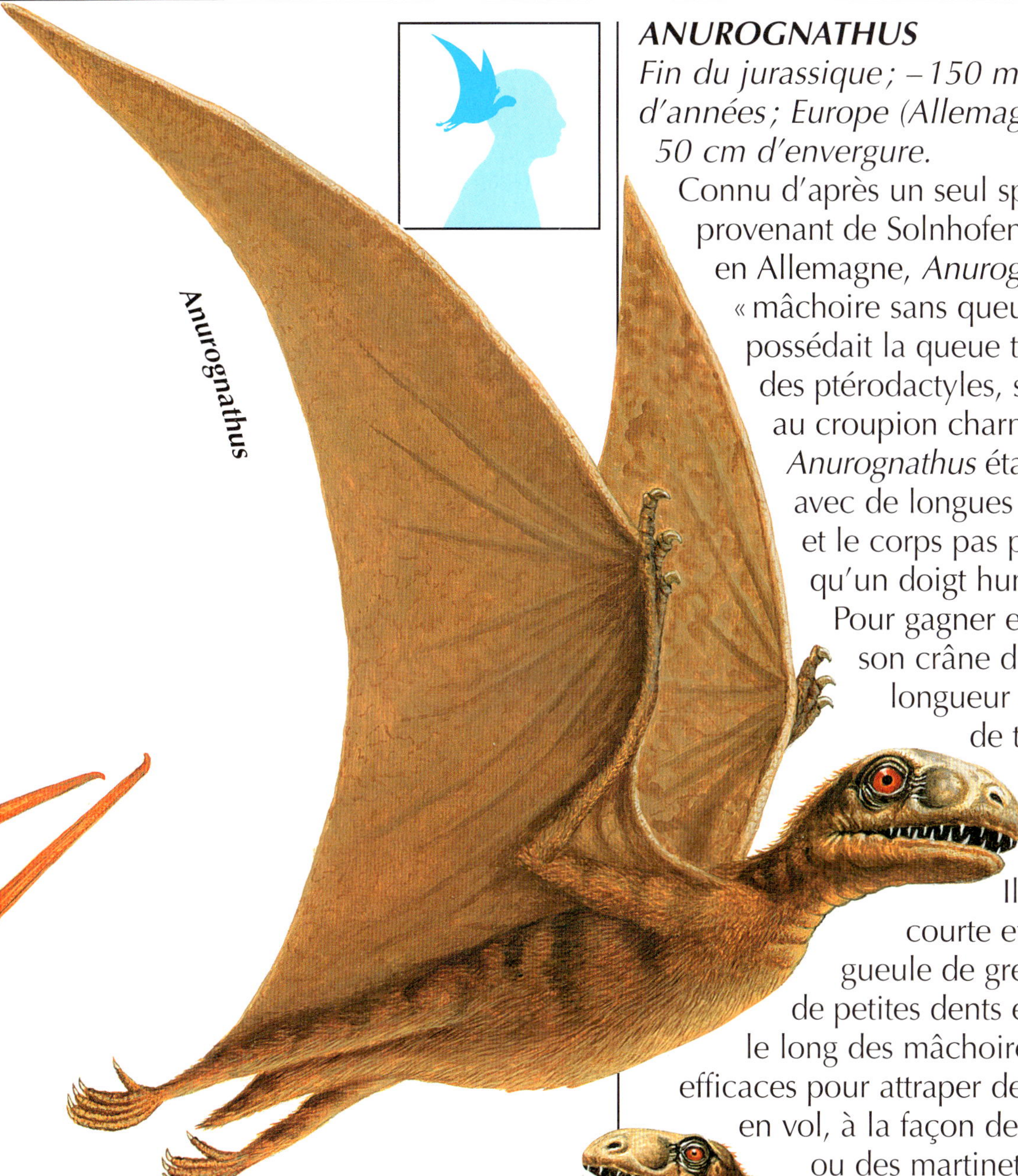

ANUROGNATHUS

Fin du jurassique ; –150 millions d'années ; Europe (Allemagne) ; 50 cm d'envergure.

Connu d'après un seul spécimen, provenant de Solnhofen, en Allemagne, *Anurognathus*, « mâchoire sans queue », possédait la queue très courte des ptérodactyles, semblable au croupion charnu des oiseaux. *Anurognathus* était petit et fin, avec de longues ailes étroites et le corps pas plus grand qu'un doigt humain.

Pour gagner en légèreté, son crâne de 3 cm de longueur était composé de tiges osseuses plutôt que des plaques habituelles. Il avait une tête courte et une grande gueule de grenouille, avec de petites dents en épingles le long des mâchoires, sans doute efficaces pour attraper des insectes en vol, à la façon des hirondelles ou des martinets actuels.

... ET UN DÉCOLLAGE VERS LE HAUT

Par vent favorable, le ptérosaure se dressait probablement sur ses pattes, déployait ses ailes et s'élançait dans le vide ; sinon, il sautillait en battant des ailes pour se soulever. S'envoler par temps calme devait s'avérer plus délicat. Certains ptérosaures se lançaient peut-être dans les airs grâce à l'élan d'une vague ou en se propulsant à l'aide de leurs pattes palmées.

PTERODACTYLUS

Comme son nom l'indique, *Pterodactylus* est un ptérodactyle. En réalité, plusieurs espèces se cachaient derrière le nom de *Pterodactylus*, vivant entre –160 et –145 millions d'années et réparties dans diverses régions du monde.

DES TAILLES TRÈS VARIABLES

La taille des *Pterodactylus* variait d'une espèce à l'autre. Ils pouvaient être petits comme un merle, avec une envergure maximale de 30 cm, ou avoir une envergure de 2,50 m, comme les vautours ou les condors actuels. Des spécimens ont été découverts dans divers endroits en Europe (en Allemagne, en France et en Angleterre) et en Tanzanie.

DES CARACTÉRISTIQUES FUTURISTES

Pterodactylus présentait des caractères qui annonçaient l'évolution future du groupe des ptérosaures. Il avait une queue courte et un cou allongé, fixé sur la base du crâne plutôt qu'à l'arrière. Les os de son crâne devenaient de plus en plus fins et légers, avec de grandes ouvertures qui réduisaient son poids.

D'après certains spécimens très bien conservés, la membrane alaire principale n'était pas reliée à l'ensemble de la patte postérieure, mais seulement jusqu'au milieu de la partie inférieure de la patte. La membrane caudale, entre les pattes, était quasi absente. En revanche, il y en avait une à l'avant appelée le propatagium, entre l'épaule et le poignet, flexible vers l'avant et vers l'extérieur.

LE BEC ET LES DENTS

Les becs différaient légèrement selon les espèces. Leurs dents étaient parfois régulièrement espacées et plus petites à l'arrière. Chez d'autres espèces, elles pouvaient être regroupées à l'avant, alors que l'arrière du bec était édenté.

Nom Pterodactylus
Date *145 millions d'années*
Sites fossilifères Europe
Envergure
De 36 à 250 cm
Régime *Poissons, insectes*
Habitat Rivières, lacs

DES AILES GRANDES ET PETITES

Les ailes de *Pterodactylus*, « doigt ailé », étaient très longues et étroites. Cela était en partie dû à l'allongement des métacarpes (os de la main), près des griffes des ailes. Ces informations s'appuient sur le très précieux fossile d'un bébé âgé de quelques semaines à peine, dont l'envergure est de 18 cm et le corps de 2 cm de long. Et pourtant, cet animal minuscule volait déjà.

Les doigts et les orteils des ptérosaures n'étaient pas très utiles pour la marche et la course, mais très efficaces pour attraper et pour se suspendre aux arbres. Pterodactylus *dormait probablement en colonies bruyantes, suspendu la tête en bas, avec les ailes repliées autour du corps, à la façon des chauves-souris actuelles.*

NOURRIR SES PETITS

Le jeune Pterodactylus *savait voler, mais, étant probablement trop faible pour attraper sa nourriture, il devait être nourri par ses parents. Les adultes régurgitaient la nourriture qu'ils avaient rapportée dans une poche gulaire telle qu'en était doté un spécimen retrouvé.*

LES PTÉROSAURES DU DÉBUT DU CRÉTACÉ

Si les ptérosaures à longue queue (rhamphorhynchoidés) ne passèrent pas le cap du crétacé, les ptérodactyles à queue courte se développèrent vite et se répandirent sur tous les continents. Ils continuaient à peupler les zones côtières, attrapant poissons et crustacés avec leur bec et leurs dents impressionnantes. Quelques espèces colonisèrent l'intérieur des terres, adoptant un mode de vie de charognard, comme les vautours actuels.

ORNITHODESMUS

Début du crétacé ;
– 130 millions d'années ;
Europe (Angleterre) ;
5 m d'envergure.

Le premier fossile, appartenant à un grand ptérosaure est un bassin d'*Ornithodesmus*, « oiseau ruban », découvert dans les années 1880. Au début, les spécialistes pensaient qu'il s'agissait d'un oiseau préhistorique. Son large bec en forme de cuillère lui a valu le surnom de ptérosaure à « bec de canard ». Ses mâchoires étaient dotées de dents courtes et aiguisées, comme de petites lames qui s'imbriquaient lorsque l'animal fermait les mâchoires. Une telle dentition lui permettait d'embrocher et de piéger le poisson. Ce bec, très différent de celui des autres ptérosaures, suggère qu'*Ornithodesmus* attrapait aussi ses proies très différemment.

UN BEC ADAPTÉ

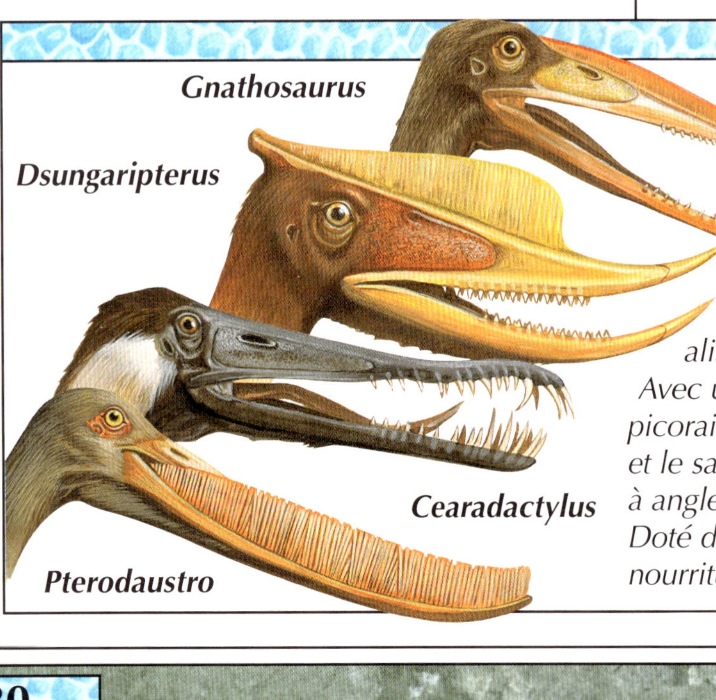

Instrument destiné à l'alimentation, le bec des ptérosaures offre des indices sur les habitudes alimentaires de ces animaux. De longues dents fines orientées vers l'extérieur permettaient de filtrer de petits aliments dans l'eau, à la façon d'un tamis. Avec une extrémité pointue et dure, le bec picorait des vers et des insectes dans la vase et le sable. Un long bec étroit, avec des dents à angles différents, servait à attraper le poisson. Doté de fanons, le bec filtrait des particules de nourriture dans l'eau, telles les baleines actuelles.

OÙ VIVAIENT LES PTÉROSAURES ?

À en juger par leurs fossiles, la plupart des ptérosaures vivaient au bord de la mer, sur les rives de lacs, de rivières et de marécages. Le poisson était un aliment essentiel, mais le vent était également indispensable à nombre de ptérosaures, qui en avaient besoin pour s'envoler et planer. Quelques espèces devaient fréquenter d'autres habitats, des forêts ou des déserts, mais peu de fossiles étayent cette thèse.

CEARADACTYLUS

Début au milieu du crétacé ; –115 millions d'années ; Amérique du Sud (Brésil) ; 5 m d'envergure.

« Doigt de Ceara » doit son nom à la région du nord-est du Brésil où il a été découvert au milieu des années 1980. Cet animal, qui vivait il y a 110 à 120 millions d'années, avait une grosse tête de près de 60 cm de long. Ses dents pointées à des angles différents et bien plus longues à l'avant rappellent celles de certains crocodiles actuels. Ces derniers sont d'excellents pêcheurs, comme l'était sans doute *Cearadactylus*. Il devait écumer les eaux peu profondes des lacs, puis s'envoler en tenant sa proie dans son bec. Installé sur un promontoire rocheux, il tenait le poisson entre ses doigts griffus pour le consommer. On ne dispose que d'un crâne de cette espèce, le reste n'est que déduction.

DRÔLE DE FAÇON DE MANGER !

Les mers ne sont pas peuplées que de poissons, mais aussi de coquillages, crustacés, vers, méduses, crevettes et plancton composé de minuscules organismes végétaux et animaux. Durant le crétacé, les ptérosaures se spécialisèrent pour profiter de ces diverses sources alimentaires.

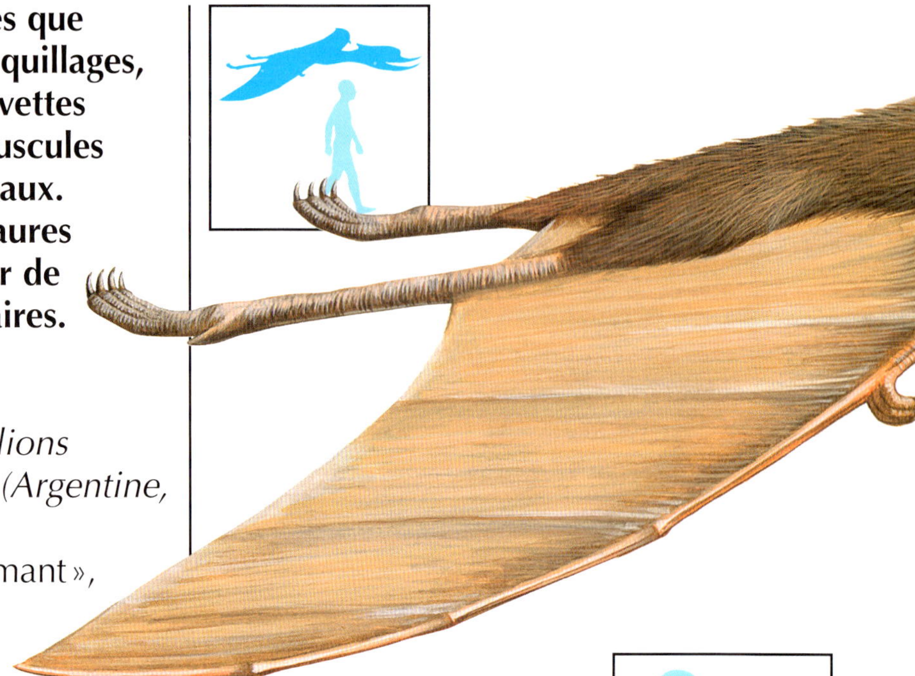

PTERODAUSTRO

Début du crétacé ; – 140 millions d'années ; Amérique du Sud (Argentine, Chili) ; 1,30 m d'envergure.

Surnommé le « ptérosaure-flamant », cet animal était l'un des plus curieux de sa famille. Il avait une tête étroite de 23 cm et un bec recourbé. La mâchoire inférieure portait un millier de soies, longues, souples et très resserrées, qui piégeaient des particules de nourriture dans l'eau. Les petites dents cylindriques de la mâchoire supérieure écrasaient alors ces aliments. *Pterodaustro* arpentait sans doute les eaux peu profondes pour filtrer ses aliments, balayant la surface à la façon des flamants roses. Ou peut-être volait-il au ras de l'eau, la mâchoire inférieure écumant la surface, tel un panier à provision.

Pterodaustro

LES TERRAINS DE NIDIFICATION DES PTÉROSAURES

Les ptérosaures étaient probablement ovipares, comme la plupart des reptiles et des oiseaux actuels. Avec un embryon dans le ventre, la femelle aurait été trop lourde pour voler, se nourrir et échapper aux prédateurs. Cependant, aucun œuf fossile susceptible d'appartenir à des ptérosaures n'a encore été découvert.

Les oiseaux marins actuels nichent souvent en colonies, le long des côtes ou sur les îles. Leur nombre les protège. Les ptérosaures n'étaient pas des oiseaux, mais leur mode de vie était semblable. Alors peut-être nichaient-ils aussi en colonies, à l'écart, sur des falaises, des rochers escarpés ou des îles. Là, à l'abri des prédateurs, ils apportaient de quoi manger à leurs petits.

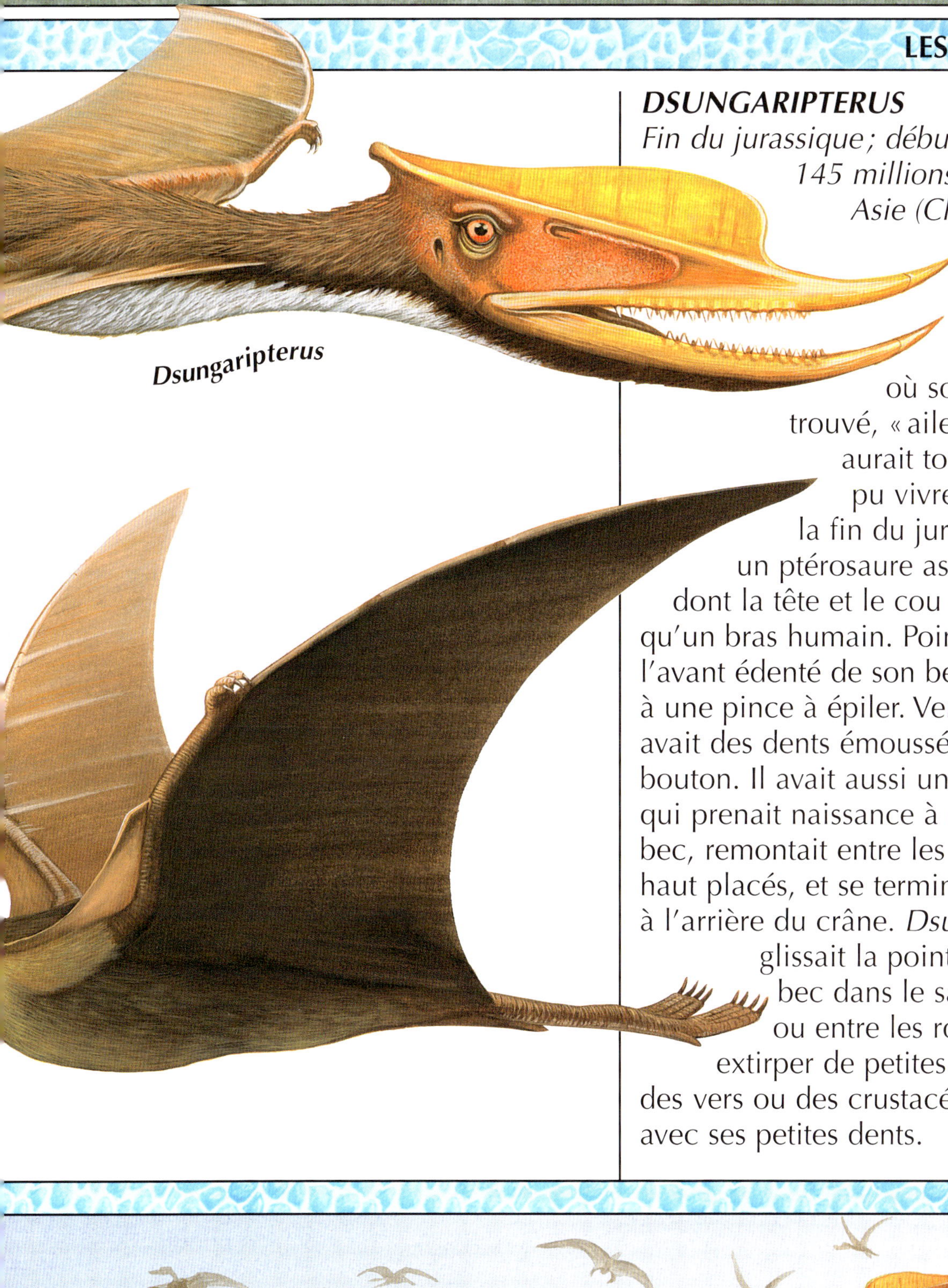

Dsungaripterus

DSUNGARIPTERUS

Fin du jurassique; début du crétacé; 145 millions d'années; Asie (Chine); 3 m d'envergure.

Nommé d'après l'endroit où son fossile a été trouvé, « aile de Junggar » aurait tout aussi bien pu vivre en Afrique à la fin du jurassique. C'était un ptérosaure assez grand, dont la tête et le cou était aussi gros qu'un bras humain. Pointu et recourbé, l'avant édenté de son bec ressemblait à une pince à épiler. Vers l'arrière, il avait des dents émoussées en forme de bouton. Il avait aussi une crête osseuse qui prenait naissance à la moitié du bec, remontait entre les deux yeux, haut placés, et se terminait en pointe à l'arrière du crâne. *Dsungaripterus* glissait la pointe de son bec dans le sable, la vase ou entre les rochers, pour extirper de petites proies, comme des vers ou des crustacés, qu'il broyait avec ses petites dents.

Au cours du crétacé, les ptérosaures poursuivirent leur colonisation de la planète. Pendant ce temps, la taille des différentes espèces se diversifiait. Certains étaient devenus petits comme les moineaux actuels, alors que d'autres devenaient immenses, dépassant tous les oiseaux qui aient jamais existé.

ANHANGUERA

Du début à la fin du crétacé ; – 120 millions d'années ; Amérique du Sud ; 4 m d'envergure.

« Vieux Démon » est le nom local de la région du Brésil où les fossiles d'*Anhanguera* ont été découverts. Ce ptérosaure au crâne étroit est l'un des plus connus du début et du milieu du crétacé. Son bec était garni de dents pointues plus longues à l'avant. Grâce à son cou souple, il attrapait des proies à la surface de l'eau. Avec son petit bassin et ses pattes fragiles, la marche était difficile. Comme de nombreux ptérosaures du crétacé, il avait, à l'avant du bec, dessus et dessous, une crête osseuse, arrondie comme le bord d'une assiette. Deux fossiles de crêtes de tailles différentes ont été retrouvés.

ENGLOUTI

Les mâchoires des ptérosaures s'écartaient largement, y compris à l'articulation, où elles se déboîtaient sur le côté pour s'ouvrir grand sur la poche gulaire. Le ptérosaure lançait sans doute sa prise pour l'avaler tout rond, la tête la première, car il n'avait pas de dents masticatrices.

Ces animaux représentent soit différentes espèces d'*Anhanguera,* soit le mâle et la femelle d'une même espèce, auquel cas la crête devait être un attribut pour choisir un partenaire lors de la période de reproduction (voir page suivante).

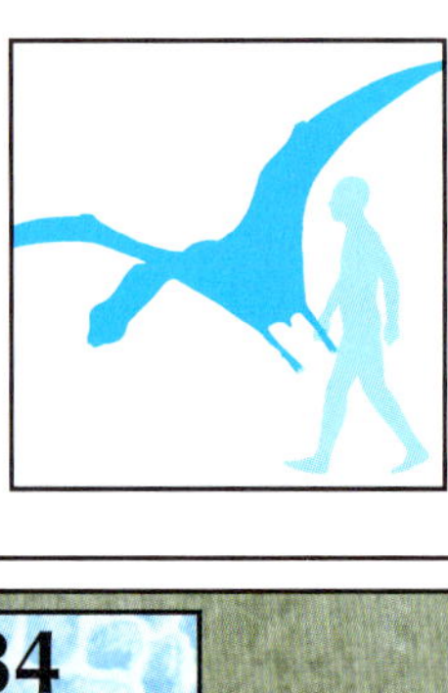

LES PTÉROSAURES ET LE CLIMAT

Au crétacé, alors que les continents se séparaient, les climats se refroidirent, devenant plus secs et voyant apparaître les saisons. Si les ptérosaures avaient le sang chaud, ces changements ne devaient pas leur poser de problème, du moment qu'ils disposaient d'assez de nourriture pour brûler de l'énergie et réchauffer leur organisme.

ORNITHOCHEIRUS

Du début au milieu du crétacé ; –120 millions d'années ; le monde entier, la plupart des continents ; 12 m d'envergure au maximum.

Seuls des os disparates ou des fragments d'*Ornithocheirus,* « main d'oiseau », ont été découverts, mais aucun fossile complet. Et pourtant, les experts sont tout de même parvenus à regrouper des informations sur ce grand voilier, qui vivait il y a de 110 à 125 millions d'années. Ensemble, son corps et sa tête mesuraient 3,50 m de long. Debout sur ses quatre pattes, la tête redressée, *Ornithocheirus* mesurait 3 m de haut ! C'est l'une des rares espèces existant en Europe au crétacé, continent d'origine du groupe. Pour se nourrir, il survolait sans doute les océans, à la recherche de poissons et calmars à la surface.

Ornithocheirus

L'ÂGE D'OR DES PTÉROSAURES

Le ptérosaure, tels les oiseaux actuels, dépendait totalement de sa capacité à voler, indispensable pour chasser et ne pas mourir de faim. Il prenait donc grand soin de ses ailes, imposantes mais fragiles, les repliait soigneusement lorsqu'il était au repos et évitait tout obstacle pouvant les accrocher ou les déchirer.

Tel un mammifère, le ptérosaure devait faire sa toilette. Il lui fallait nettoyer la fourrure de son corps et de ses ailes, la débarrasser des saletés et des fragments d'algues et la démêler. Ses dents (quand il en avait), la pointe de son bec et ses griffes devaient alors lui être bien utiles. Les poils contribuaient à faire glisser l'air sur son corps et ses ailes pendant le vol.

LE PREMIER FOSSILE DE PTÉROSAURE

Le premier fossile de ptérosaure fut trouvé en 1784 dans le calcaire de Solnhofen, en Allemagne. Les spécialistes crurent d'abord qu'il s'agissait d'un animal marin téméraire, d'un groupe inconnu. En 1801, le naturaliste français Georges Cuvier l'identifia comme un reptile volant et donna à ce nouveau groupe le nom de ptérodactyle, « doigt ailé ».

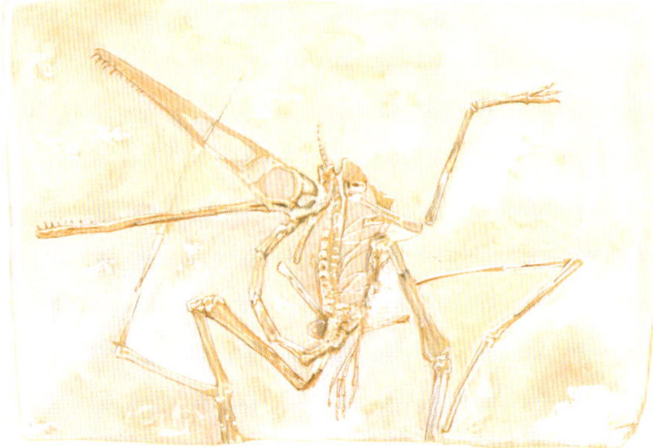

TROPEOGNATHUS

Début du crétacé;
–120 millions d'années;
Amérique du Sud;
6 m d'envergure.

Découvert au Brésil, ce ptérosaure est l'un des plus étonnants. Il doit son nom, qui signifie « mâchoire en bréchet », à la crête en forme de lame sur son bec très étroit. Elle permettait de distinguer le mâle de la femelle, mais aussi, et peut-être surtout, de stabiliser le bec de l'animal lorsque celui-ci le faisait glisser dans l'eau, en rasant la surface pour chasser. C'est ainsi que fonctionne la quille des bateaux de plaisance.

UNE CRÊTE SUR LA TÊTE

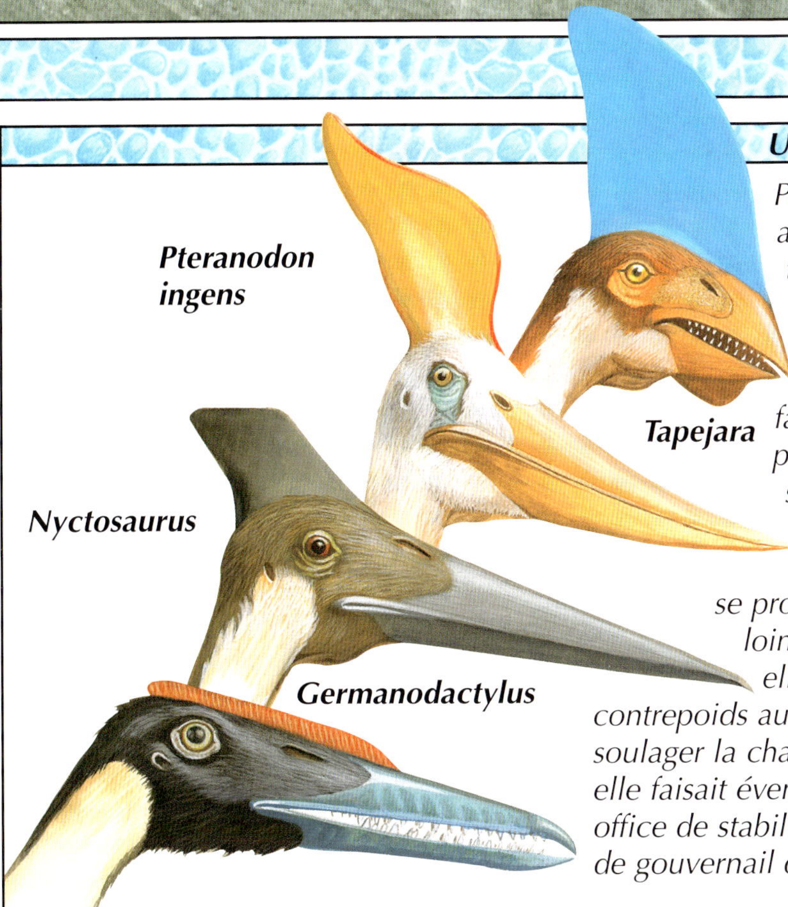

Pourquoi les ptérosaures du crétacé avaient-ils de telles crêtes ? Diverses théories tentent d'en expliquer l'utilisation. La taille différait peut-être chez le mâle et la femelle, ou entre espèces proches, facilitant le choix d'un partenaire pour l'accouplement. Si tel était son usage, sans doute était-elle vivement colorée, comme chez le calao actuel. Lorsqu'elle se prolongeait suffisamment loin vers l'arrière, elle pouvait faire contrepoids au bec et ainsi soulager la charge. Aplatie, elle faisait éventuellement office de stabilisateur et de gouvernail de vol.

PTERANODON

Fin du crétacé ; –85 millions d'années ; Europe, Amérique du Nord, Asie ; 8 m d'envergure.

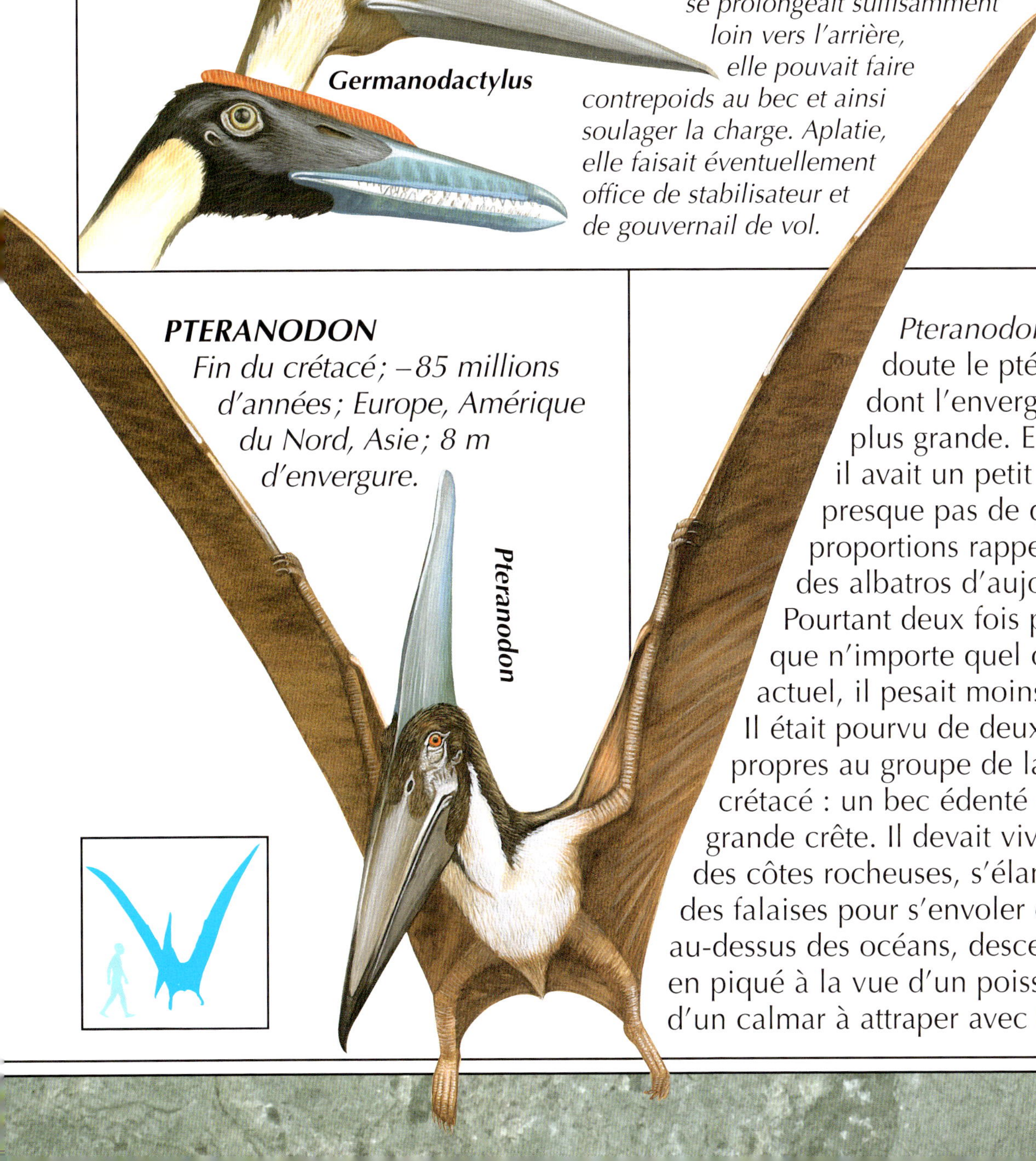

Pteranodon était sans doute le ptérosaure dont l'envergure était la plus grande. En revanche, il avait un petit corps et presque pas de queue. Ses proportions rappellent celles des albatros d'aujourd'hui. Pourtant deux fois plus grand que n'importe quel oiseau actuel, il pesait moins de 18 kg. Il était pourvu de deux caractères propres au groupe de la fin du crétacé : un bec édenté et une grande crête. Il devait vivre autour des côtes rocheuses, s'élançant des falaises pour s'envoler et planer au-dessus des océans, descendant en piqué à la vue d'un poisson ou d'un calmar à attraper avec le bec.

QUETZALCOATLUS

À la fin du crétacé, il y 65 à 70 millions d'années, apparut l'un des plus extraordinaires animaux : le gigantesque *Quetzalcoatlus*. Les fossiles de cette espèce proviennent de la frontière entre le Texas et le Mexique. Ce dernier ptérosaure a succombé au même désastre qui a balayé les dinosaures et marqué la fin des reptiles volants. Depuis, la Terre n'a plus jamais rien connu d'équivalent.

BRUYANTS OU SILENCIEUX ?

Le mode de vie des ptérosaures devait ressembler à celui des oiseaux modernes. Alors, criaient-ils et piaillaient-ils comme certaines espèces actuelles ? On les suppose capables de faire du bruit en claquant du bec et en battant des ailes.

LE PLUS GRAND ANIMAL VOLANT DE TOUS LES TEMPS

Il existe des fossiles de plusieurs espèces de *Quetzalcoatlus,* certains pouvant être des jeunes dont la croissance n'était pas encore terminée. Mais ces restes, composés uniquement de fragments, ne permettent pas d'estimer avec précision la taille de l'animal, qui se situerait entre 11 et 15 m, pour un poids de 70 à 135 kg. Sa tête, de 2 m de longueur, était plus grande qu'un être humain, et il en allait de même pour ses pattes. Quant à son cou, il s'étirait sur près de 3 m.

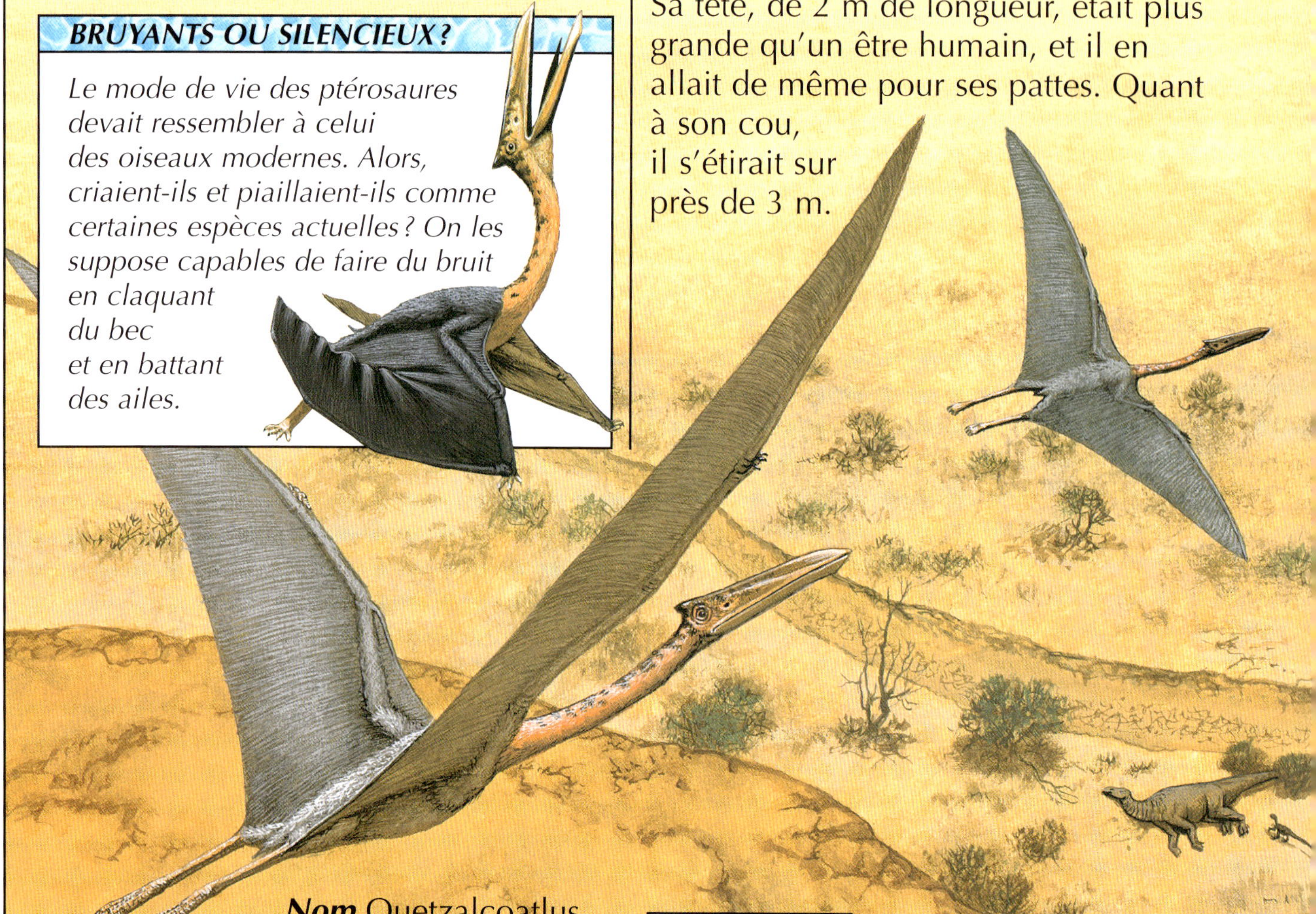

Nom Quetzalcoatlus
Date *–70 millions d'années*
Sites fossilifères *Amérique du Nord*
Envergure *11 m*
Régime *Mollusques, crabes et charognes*
Habitat *Rivières à l'intérieur des terres*

UN ANIMAL À FOURRURE

Quetzalcoatlus doit son nom au dieu aztèque Quetzalcóatl, le « serpent à plumes ». Pourtant, ce dinosaure n'avait *a priori* pas de plumes. À la différence des autres ptérosaures, ses fossiles n'ont pas été découverts dans les roches du lit d'une mer ancienne. Il devait vivre à l'intérieur des terres, peut-être sur les rives des fleuves et des lacs.

Quetzalcoatlus avait un gros cerveau et de grands yeux qui lui offraient la bonne vue nécessaire pour repérer sa nourriture. Sans doute était-il couvert d'une fourrure ou d'écailles semblables à des poils. Les os de ses ailes n'étaient pas creux comme ceux de ses congénères. Ils étaient faits d'une structure en treillis, comme une poutrelle de pont, pour soutenir le poids de ses grandes ailes.

LE PTÉROSAURE « VAUTOUR » ?

Quetzalcoatlus *devait planer à la façon des vautours et des condors actuels, cherchant des charognes pour se nourrir. À la vue d'un cadavre de dinosaure, il se posait et plantait son long bec aiguisé dans le corps de l'animal pour s'en couper des morceaux.*

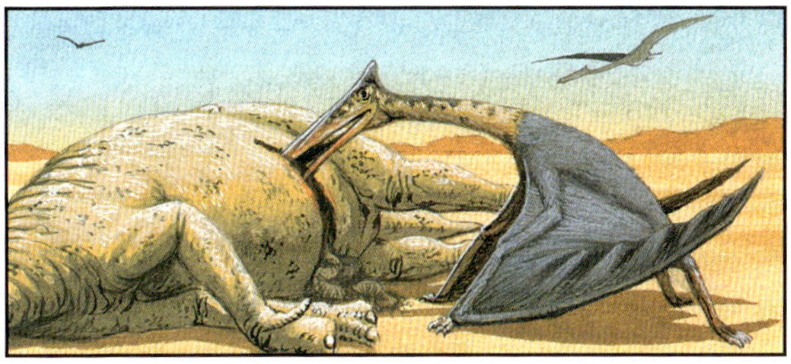

D'après une autre théorie, Quetzalcoatlus *chassait des poissons, des crustacés et des crabes dans les plaines inondables, les rivières et les lacs. Avec son bec dur et corné aux bords fins, il brisait ses proies et les coupait en morceaux.*

CHAPITRE 7

DES MERS QUI FOURMILLENT DE VIE

La plupart des animaux sauvages actuels savent nager. Les dinosaures aussi se jetaient dans un lac pour échapper à un prédateur, ou traversaient une rivière pour fuir un incendie. Mais aucun ne vivait dans l'eau. Leurs pattes et leur corps étaient adaptés à une vie terrestre. Cependant, les mers et les océans de l'époque fourmillaient de toutes sortes d'espèces, y compris des reptiles.

LA COLONISATION DES OCÉANS

Au mésozoïque, les reptiles dominaient tous les habitats de la planète. Les dinosaures occupaient la terre ferme, les ptérosaures régnaient dans les airs, et divers groupes de reptiles avaient pris possession des mers : nothosaures, plésiosaures, pliosaures, ichthyosaures et mosasaures.

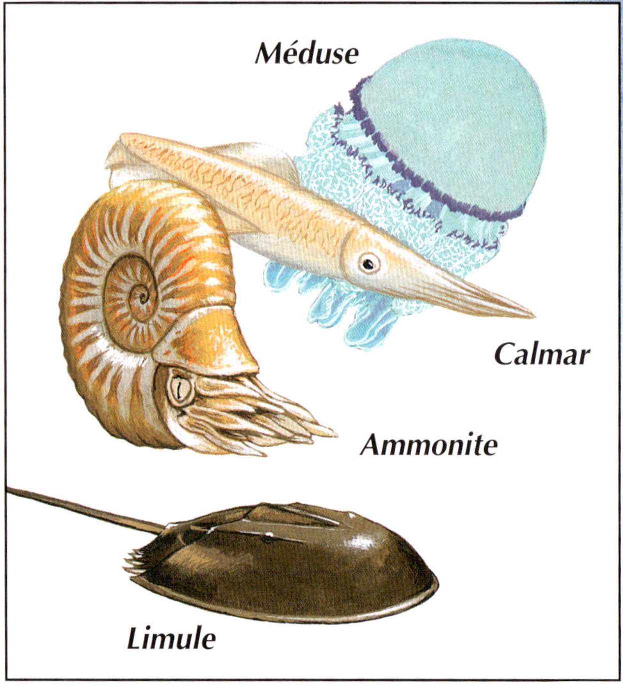

Les océans étaient peuplés de poissons, de reptiles et de bien d'autres espèces. Les animaux ci-dessus existent toujours, sauf les ammonites.

SOUS LES VAGUES

Les reptiles marins possédaient des caractéristiques communes avec leurs cousins terrestres, les dinosaures. Ils avaient des écailles, des yeux, des dents, des membres et une queue. Ils n'avaient pas de branchies pour respirer sous l'eau comme les poissons, mais des poumons pour respire de l'air. Ils remontaient donc régulièrement à la surface et retenaient leur respiration pour plonger.

Les divers groupes de reptiles marins avaient chacun leur anatomie particulière. Seules les tortues ont perduré jusqu'aux temps modernes.

DE LA PATTE À LA PAGAIE

Ces reptiles marins avaient aussi des caractéristiques communes à tous les groupes, absentes chez les espèces terrestres. Leur corps était fuselé et lisse, fendant aisément les eaux. Leurs membres s'étaient transformés en nageoires, plus efficaces pour pagayer que pour marcher et courir. Ils avaient des dents spécialisées pour attraper des poissons ou des calmars visqueux et pour broyer des crustacés à coquille dure.

Lorsque les reptiles colonisèrent les mers, les poissons existaient déjà depuis près de 300 millions d'années.

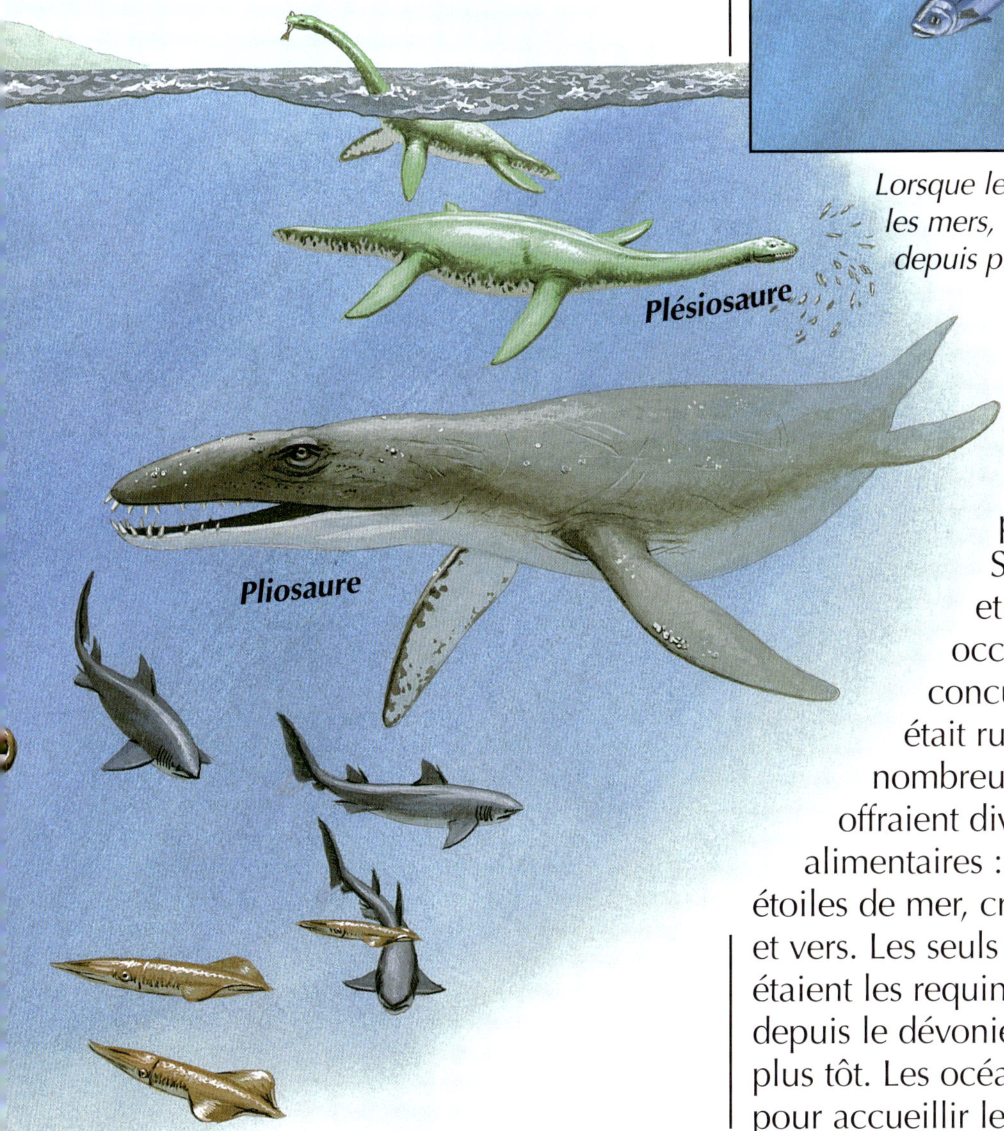

UN MENU DE FRUITS DE MER

Pourquoi certains reptiles ont-ils quitté la terre ferme pour coloniser les mers ? Sur la terre, les dinosaures et d'autres prédateurs occupaient déjà le terrain. La concurrence pour la nourriture était rude, et les prédateurs, nombreux. Les mers, en revanche, offraient diverses ressources alimentaires : poissons, crustacés, étoiles de mer, crabes, calmars, méduses et vers. Les seuls prédateurs importants étaient les requins, présents dans les mers depuis le dévonien, 200 millions d'années plus tôt. Les océans étaient assez vastes pour accueillir les reptiles marins.

LES NOTHOSAURES

Les nothosaures étaient les premiers grands reptiles à opter pour les mers. Apparus il y a près de 250 millions d'années, ils disparurent tous avant la fin du trias. Ils chassaient sans doute des poissons dans les eaux peu profondes. Contrairement aux espèces ultérieures, comme les ichthyosaures, les nothosaures n'étaient pas entièrement adaptés à la vie marine. Dépourvus de nageoires, ils avaient des pattes palmées qui devaient les aider à se hisser sur le rivage, à la façon des phoques actuels, pour se reposer.

CERESIOSAURUS

Trias moyen ; –225 millions d'années ; Europe ; 4 m de long.

Les orteils de *Ceresiosaurus* étaient plus longs que ceux des autres nothosaures. Pour nager, il ondulait sans doute son corps et sa longue queue et pagayait avec ses membres antérieurs. Avec les postérieurs, il se dirigeait et ralentissait. Comme tous les nothosaures, il avait de nombreuses dents aiguisées, efficaces pour saisir des proies glissantes comme les poissons et les calmars, qu'il gobait.

LARIOSAURUS

Trias moyen ; –225 millions d'années ; Europe ; 60 cm de long.

Lariosaurus était l'un des plus petits nothosaures. Son cou n'était pas aussi long que celui des espèces plus tardives. D'après ses fossiles, découverts en Espagne, ses pattes postérieures étaient mieux adaptées à la marche qu'à la nage. Il devait donc passer le plus clair de son temps à patauger dans les eaux peu profondes ou sur la rive, capturant de petites proies comme des poissons, des crevettes et des vers dans les petites mares d'eau de mer, ou volant des œufs de reptile (les oiseaux n'existaient pas encore). Les varans actuels, vivant sur les côtes rocheuses, ont parfois le même mode de vie.

TERRESTRES À TEMPS PARTIEL

Les nothosaures passaient sans doute une partie de leur temps à terre, sur les plages et les rochers.

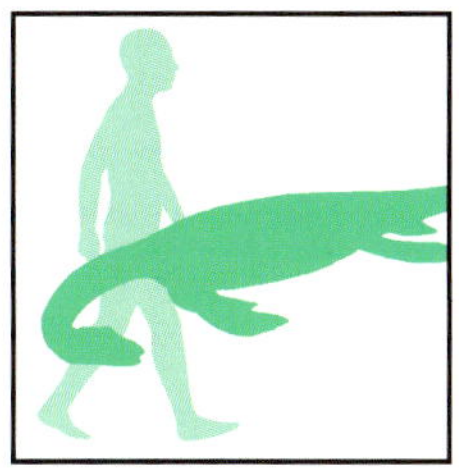

PISTOSAURUS

Trias moyen ;
–225 millions d'années ;
Europe ; 3 m de long.

Pistosaurus était un nothosaure doté de plusieurs caractères des plésiosaures, autre groupe de reptiles marins, surtout au niveau des os du crâne. D'après ses fossiles, les os de sa colonne vertébrale étaient assez rigides. Il ne pouvait donc pas onduler comme un serpent et nageait en s'aidant de ses membres, à la façon des plésiosaures. D'ailleurs, selon certains scientifiques, *Pistosaurus,* ou une espèce très semblable, serait l'ancêtre des plésiosaures, qui sont apparus à la période suivante, alors que les nothosaures avaient disparu.

NOTHOSAURUS

Début à fin du jurassique ;
–225 millions d'années ; Asie, Europe et Afrique du Nord ; 3 m de long.

Nothosaurus signifie « faux lézard ». Malgré leur apparence, les nothosaures n'étaient ni des lézards, ni des dinosaures. *Nothosaurus,* qui a perduré 25 millions d'années, était l'une des espèces les plus répandues de ce groupe, comme en témoignent les fossiles retrouvés dans des endroits aussi éloignés que les Pays-Bas et la Chine. Certains restes ont gardé le détail du contour de la peau, qui permet de distinguer les pattes palmées, adaptées tant à la mer qu'à la terre. Comme chez les autres espèces de son groupe, les dents pointues de ses deux mandibules s'emboîtaient comme les barreaux d'une cage, idéale pour piéger des proies.

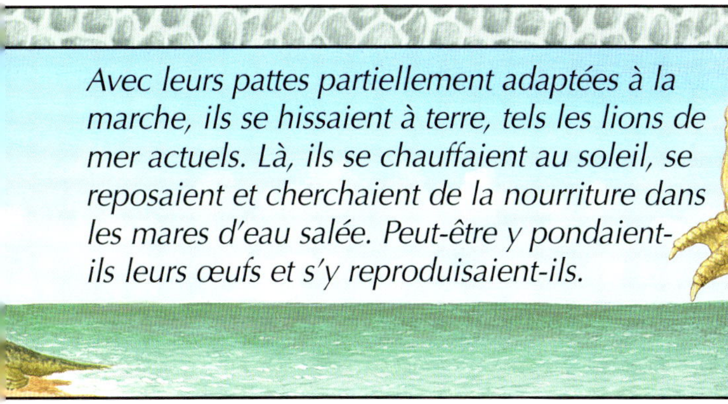

Avec leurs pattes partiellement adaptées à la marche, ils se hissaient à terre, tels les lions de mer actuels. Là, ils se chauffaient au soleil, se reposaient et cherchaient de la nourriture dans les mares d'eau salée. Peut-être y pondaient-ils leurs œufs et s'y reproduisaient-ils.

Durant l'âge des dinosaures, les deux plus imposants groupes de reptiles marins étaient les ichthyosaures et les plésiosaures, ces derniers étant subdivisés en deux sous-groupes : les plésiosaures eux-mêmes et les pliosaures. Les fossiles des premières espèces apparaissent dans les roches du début du jurassique, il y a 200 millions d'années.

UN CASIER À POISSON

Au cours de l'évolution, les dents des plésiosaures sont devenues plus longues, plus fines, plus affûtées et plus incurvées. Lorsque l'animal fermait les mâchoires, ses dents s'emboîtaient comme les barreaux d'une cage. Le plésiosaure n'avait pas besoin de harponner les petites proies : il ouvrait la gueule en nageant et la refermait pour les piéger avant de les avaler.

PLESIOSAURUS

Début du jurassique ; –200 millions d'années ; Europe ; 2,50 m de long.

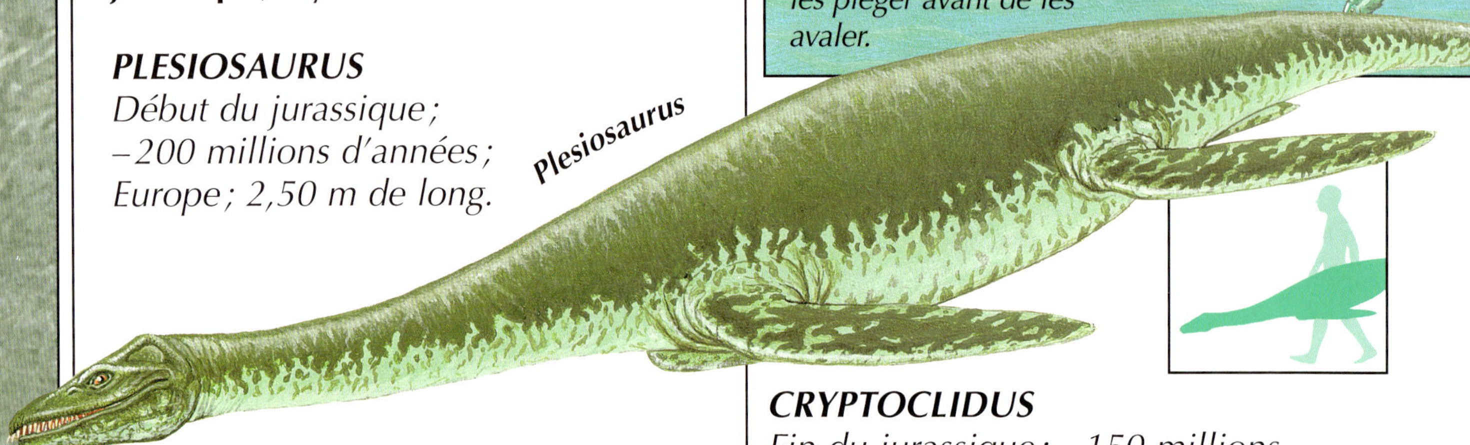

Plesiosaurus était un des premiers plésiosaures. Ce n'était pourtant pas un « chaînon » intermédiaire qui porterait encore les marques de reptiles antérieurs. Il possédait déjà les principaux attributs de son groupe, qui allait à peine évoluer en quelques 130 millions d'années. Le nom de *Plesiosaurus,* « reptile ruban », est dû aux nombreuses vertèbres de sa colonne vertébrale formant une sorte de long ruban déroulé à l'intérieur du cou, du corps et de la queue.

En ces quelques millions d'années, il y eut plusieurs sortes de *Plesiosaurus*. D'après les nombreux fossiles retrouvés dans le sud de l'Angleterre, leur corps était fin, et leur cou, pourtant long, était assez court comparé à celui, extraordinaire, des espèces plus tardives comme *Elasmosaurus*.

CRYPTOCLIDUS

Fin du jurassique ; –150 millions d'années ; Europe ; 4 m de long.

Au cours du jurassique, les plésiosaures sont devenus plus grands et leur cou s'est allongé. Les doigts de leurs nageoires ont acquis davantage d'os. Les reptiles en ont généralement trois par doigt, mais, chez *Cryptoclidus,* certains doigts comptaient plus de 10 os ! En même temps que ces os supplémentaires, de nouvelles petites articulations dans la nageoire prenaient la place des quelques « phalanges » un peu plus grandes. La nageoire, acquérant ainsi une forme aérodynamique et davantage de souplesse, devenait plus apte à la nage.

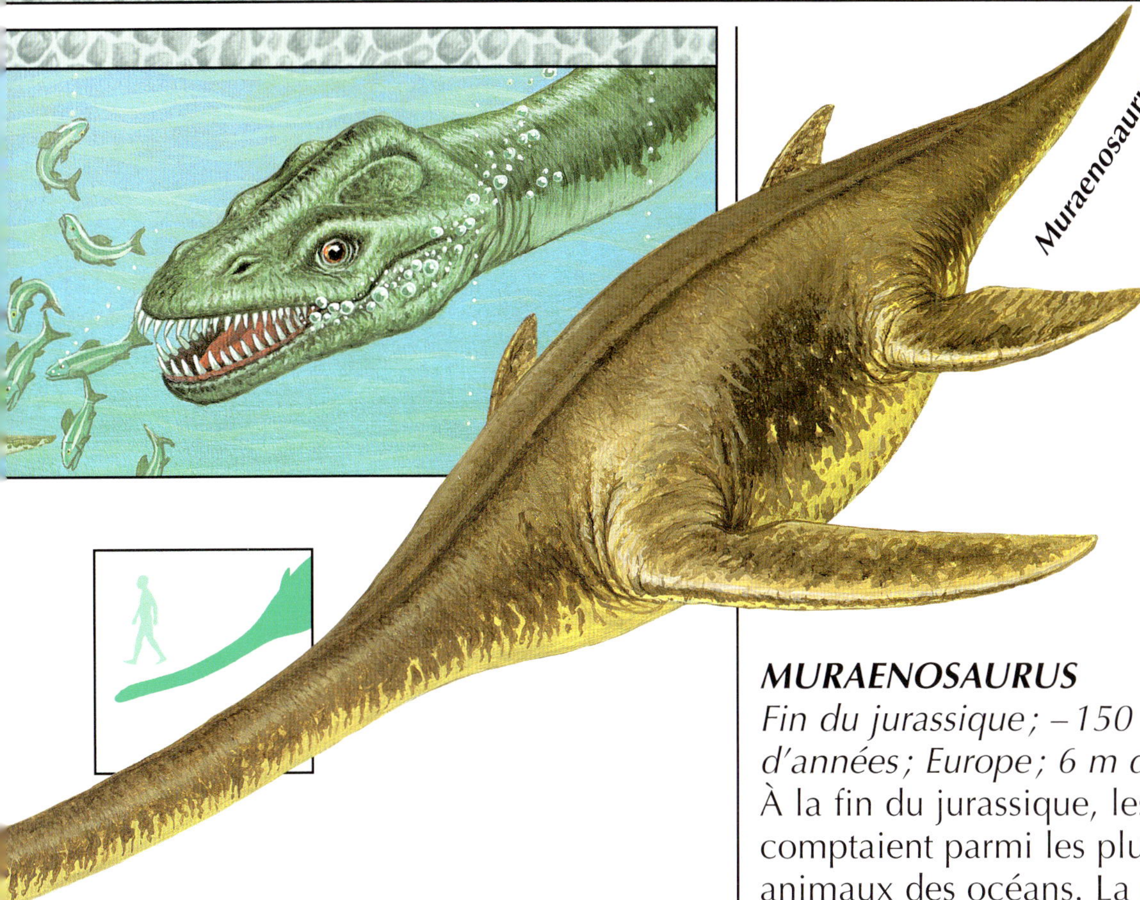

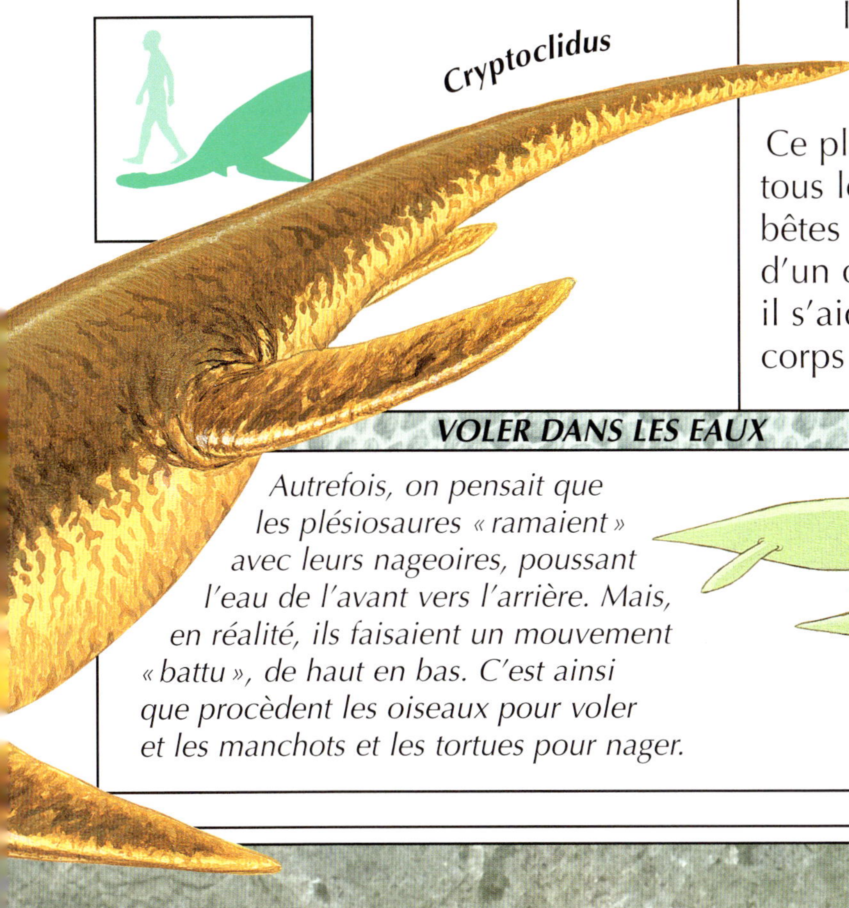

MURAENOSAURUS

Fin du jurassique ; –150 millions d'années ; Europe ; 6 m de long.

À la fin du jurassique, les plésiosaures comptaient parmi les plus longs animaux des océans. La moitié de la longueur totale de l'animal était occupée par le cou, alors que la tête était minuscule. Ce plésiosaure lançait la tête dans tous les sens pour attraper de petites bêtes dans l'eau, un peu à la façon d'un oiseau qui picore. Pour nager, il s'aidait de ses nageoires, car son corps était nettement moins souple.

VOLER DANS LES EAUX

Autrefois, on pensait que les plésiosaures « ramaient » avec leurs nageoires, poussant l'eau de l'avant vers l'arrière. Mais, en réalité, ils faisaient un mouvement « battu », de haut en bas. C'est ainsi que procèdent les oiseaux pour voler et les manchots et les tortues pour nager.

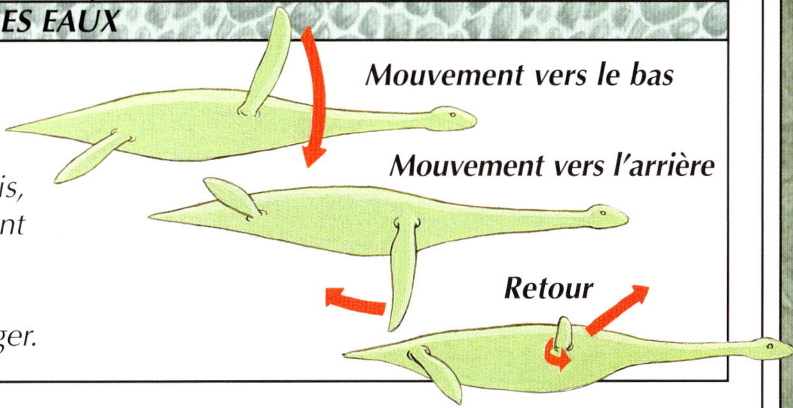

ELASMOSAURUS

Les élasmosaures, nommés d'après le plus connu d'entre eux, *Elasmosaurus,* avaient un très long cou, bien plus que tout autre plésiosaure. Il représentait la moitié de la longueur de l'animal et lui valut d'être décrit comme un « serpent dans un corps de tortue ». Vivant à la fin du crétacé, les élasmosaures étaient parmi les derniers plésiosaures, qui furent tous balayés en même temps que les dinosaures, il y a 65 millions d'années.

DES OS SUPPLÉMENTAIRES

Le nombre de vertèbres dans la colonne vertébrale *d'Elasmosaurus* explique la longueur de son cou. Les reptiles ont en moyenne de cinq à dix vertèbres, un plésiosaure primitif en avait vingt-cinq, et *Elasmosaurus* plus de soixante-dix ! Ces os supplémentaires renforçaient le cou et le rendait flexible.

UN CRÂNE DE PLÉSIOSAURE

*Pas plus large que son cou, le crâne d'*Elasmosaurus *était fin et aplati. Son museau pointu accentuait la forme fuselée de l'animal et lui permettait d'avancer vite dans l'eau. Il ne pouvait pas briser la coquille des crustacés avec ses longues dents, mais il piégeait les animaux avant de les avaler.*

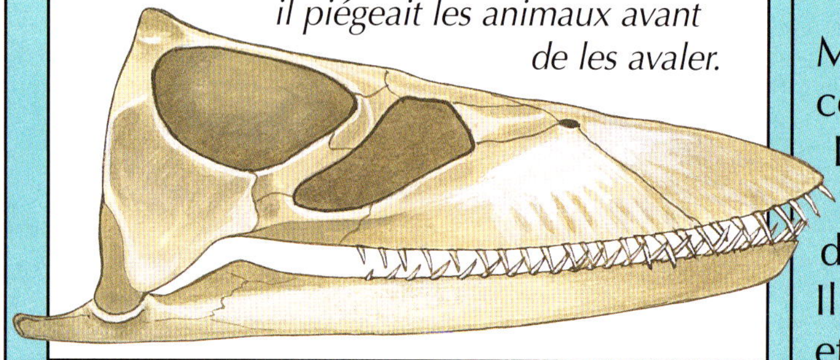

UN RAPIDE PRÉDATEUR

À en juger d'après ses mâchoires et ses dents, *Elasmosaurus* se nourrissait de petits animaux : poissons, calmars et ammonites. Pour s'attaquer à des bancs de poissons, il lançait la tête de tous les côtés, bien plus vite qu'il n'aurait pu retourner son gros corps.

DES YEUX HAUT PLACÉS

Selon une théorie ancienne, *Elasmosaurus* nageait avec le cou redressé et la tête bien au-dessus de l'eau. Lorsqu'il repérait une victime juste sous la surface, il plongeait la tête, frappant sa proie comme un serpent.

Mais cette thèse semble peu vraisemblable. Les yeux d'*Elasmosaurus,* situés sur le dessus de la tête, lui permettaient difficilement de regarder vers le bas. Il pouvait en revanche voir vers le haut et observer ses proies par-dessous.

DES PLÉSIOSAURES AU XXIe SIÈCLE ?

Des fossiles d'*Elasmosaurus* ont été retrouvés en Asie et en Amérique du Nord, dans des couches rocheuses qui, au crétacé, étaient au fond de l'océan. Selon une légende, des plésiosaures réfugiés dans les profondeurs de lacs isolés auraient survécu à la disparition de leur groupe, tel le mythique « monstre du loch Ness », en Écosse.

Pour nager vite, le plésiosaure devait tendre son long cou droit devant lui pour que la force de l'eau ne risque pas de le faire dévier. Il est d'ailleurs probable qu'il se déplaçait assez lentement, se contentant d'attraper ses proies les unes après les autres. En poussant vers l'arrière avec les deux nageoires d'un même côté et vers l'avant de l'autre côté, le plésiosaure tournait sur lui-même.

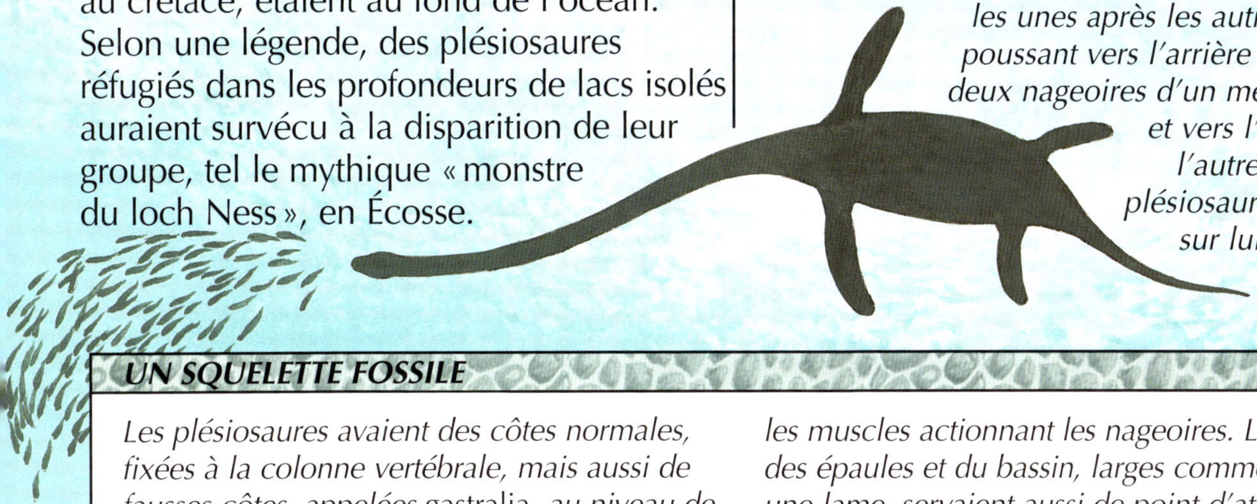

UN SQUELETTE FOSSILE

Les plésiosaures avaient des côtes normales, fixées à la colonne vertébrale, mais aussi de fausses côtes, appelées gastralia*, au niveau de l'abdomen. Ils étaient ainsi doté d'une cage thoracique et d'une « cage gastrique », sur lesquelles étaient ancrés les muscles actionnant les nageoires. Les os des épaules et du bassin, larges comme une lame, servaient aussi de point d'attache aux muscles. Les principaux os des membres étaient courts et larges, mais, au niveau des nageoires, ils ressemblaient à des os de pattes.*

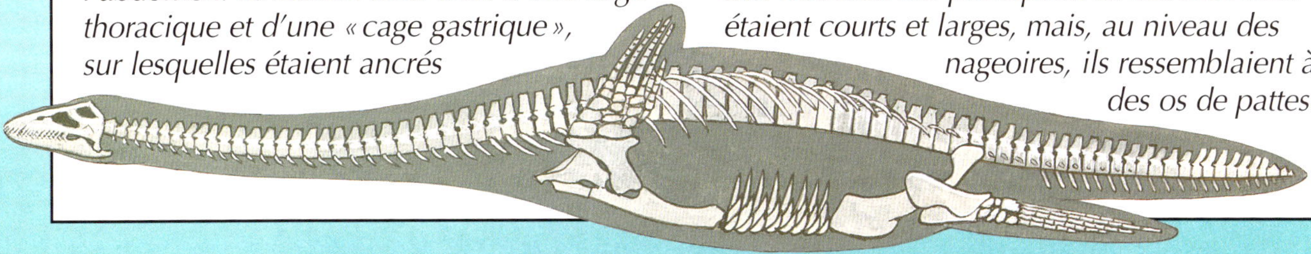

Nom Elasmosaurus
Date *–70 millions d'années*
Sites fossilifères *Asie, Amérique du Nord*
Longueur *14 m*
Régime *Poissons*

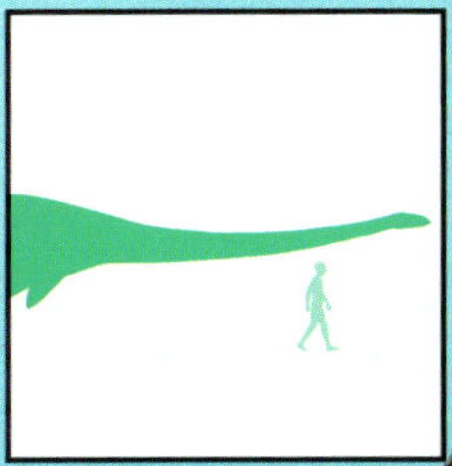

LES PLIOSAURES

Alors que les plésiosaures colonisaient les mers du jurassique, leurs proches cousins, les pliosaures, faisaient leur apparition. Dotés d'un cou plus court mais d'une tête énorme, ils étaient plus rapides et pouvaient chasser de grandes proies. Au crétacé, certaines espèces de pliosaures étaient si grandes que les dinosaures carnivores, comme *Tyrannosaurus*, avaient l'air chétifs à leurs côtés !

DES NARINES HAUT PLACÉES

Comme tous les reptiles, les plésiosaures et les pliosaures respiraient par les narines. Celles-ci étant situées sur la partie supérieure de la tête, il suffisait à l'animal de sortir cette seule partie de l'eau pour prendre sa respiration.

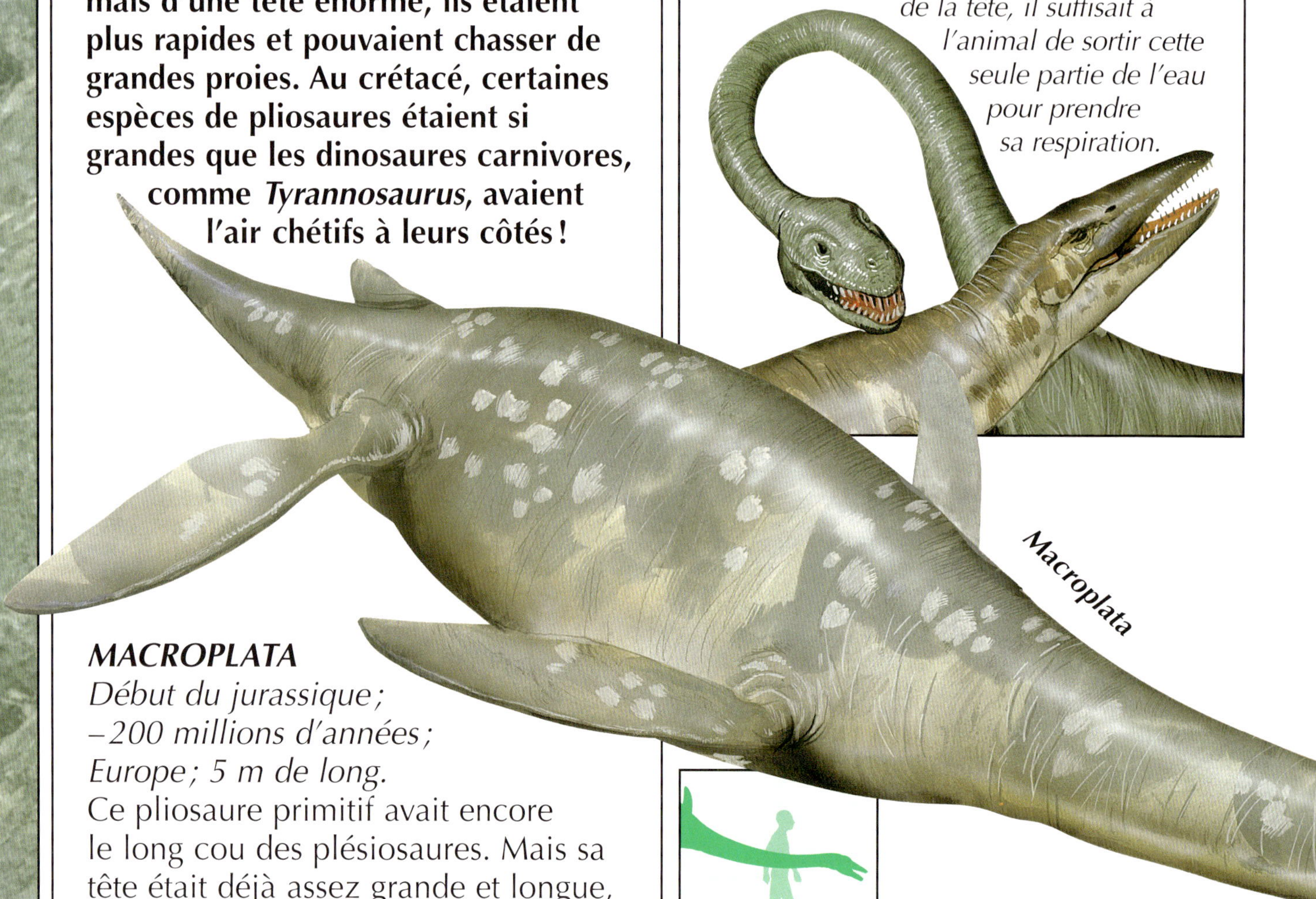

MACROPLATA

Début du jurassique ;
–200 millions d'années ;
Europe ; 5 m de long.

Ce pliosaure primitif avait encore le long cou des plésiosaures. Mais sa tête était déjà assez grande et longue, comme celle d'un crocodile, avec des rangées de dents à même d'attraper des proies visqueuses. À l'arrière, ses nageoires étaient plus longues qu'à l'avant, alors que chez les plésiosaures, c'était l'inverse. Pour nager, les pliosaures devaient plutôt se servir de celles de derrière. Il avait une petite queue effilée qui laissait glisser l'eau. Chez les plésiosaures comme chez les pliosaures, le corps fuselé réduisait la résistance de l'eau.

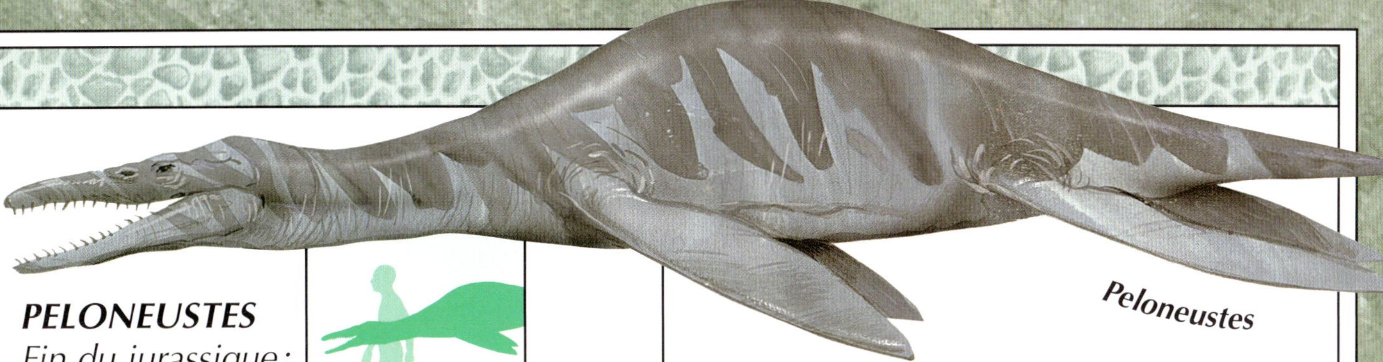

Peloneustes

PELONEUSTES

Fin du jurassique ; –145 millions d'années ; Asie, Europe ; 3 m de long.

Vers la fin du jurassique, les pliosaures se différenciaient davantage des plésiosaures : leur cou était plus court, et ils avaient moins de 20 vertèbres, contre 30 chez les plésiosaures. Les dents, moins nombreuses, étaient plus espacées et plus basses, coniques et non fines et en forme de lame. Semblables à celles des crocodiles actuels, elles étaient adaptées pour saisir de grosses proies et les broyer. Les ammonites à coquille dure, les bélemnites, les seiches et les calmars, ainsi que les plésiosaures, comptaient parmi les victimes favorites des pliosaures.

KRONOSAURUS

Début du crétacé ; –140 millions d'années ; Australie ; 9 m de long.

Il y a 120 millions d'années, *Kronosaurus,* « lézard temps », était un des plus grands pliosaures, mais aussi un des plus gros prédateurs des mers. Il était presque aussi long que *Tyrannosaurus,* animal terrestre, et sa tête représentait près d'un quart de sa longueur totale. Ses mâchoires étaient armées de rangées de grandes dents tranchantes. À lui seul, le fossile de son crâne mesure 2,70 m de long, contre 1,80 m pour celui de *Tyrannosaurus.*

Kronosaurus vivait dans les chaudes eaux côtières qui couvraient une partie de l'Australie au début du crétacé. Les autres fossiles dans cette région comptent diverses espèces de poissons, une grande diversité de mollusques, comme les ammonites et les bélemnites, aujourd'hui disparues, et des calmars. Certaines coquilles fossilisées conservent des traces de dents qui correspondent à la taille et à l'espacement des dents de pliosaures tels que *Kronosaurus.*

LIOPLEURODON

Le plus grand carnivore de tous les temps n'est pas le cachalot moderne qui, avec ses 20 m de long pour un poids de 50 t, dépasse tous les dinosaures carnivores. La palme revient à *Liopleurodon,* un pliosaure qui sillonnait les mers à la fin du jurassique.

L'ANIMAL LE PLUS MASSIF DE TOUS LES TEMPS ?

Liopleurodon était absolument énorme. Sa taille, estimée à 25 m, est comparable à celle de la plupart des dinosaures sauropodes géants, tels *Apatosaurus* et *Mamenchisaurus.* Il devait peser environ 75 t, mais atteignait parfois 150 t, davantage que les plus grands dinosaures, comme *Brachiosaurus* et *Argentinosaurus. Liopleurodon* pourrait bien dépasser son rival moderne, la baleine bleue, en tant que plus grand animal de tous les temps.

SOUTENU PAR L'EAU

La taille étonnante de *Liopleurodon* était possible grâce à son mode de vie aquatique. L'eau soulageait le poids de l'animal et lui permettait d'avoir plus d'aisance dans ses mouvements que s'il avait été terrestre. Ces mêmes raisons expliquent que les plus grands animaux actuels vivent dans les océans.

Les fossiles de *Liopleurodon* comptent des spécimens relativement complets et de nombreux os disparates. Ils proviennent de divers endroits en Europe, principalement de France, d'Allemagne et d'Angleterre. Des restes semblables ont été retrouvés au Chili, en Amérique du Sud.

LE SQUELETTE, LE CRÂNE ET LES DENTS

Le crâne d'un pliosaure représentait le quart de la longueur de l'animal. Celui de Liopleurodon *mesurait 5 m, plus que le corps entier de bien des dinosaures. Les dents étaient disposées à l'avant de la mâchoire, en deux rangées incurvées. Les nageoires postérieures étaient plus grandes que les antérieures, à la différence de la plupart des plésiosaures. Le pliosaure se propulsait à l'aide des nageoires postérieures, celles de devant lui permettant de se retourner sur une proie, de freiner ou de remonter respirer à la surface.*

Nom Liopleurodon
Date *– 150 millions d'années*
Sites fossilifères *Europe, Amérique du Sud*
Longueur *25 m*
Régime *Reptiles marins*

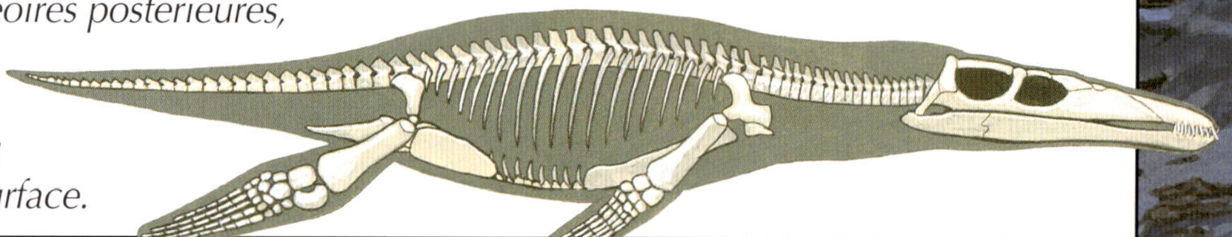

UN PRÉDATEUR

Que mangeait donc ce chasseur colossal ? Tout ce qu'il voulait ! Trop petits, les poissons et les crustacés ne représentaient qu'un en-cas. L'énorme crâne et les dents impressionnantes de *Liopleurodon* étaient adaptés à des proies bien plus grandes, qui comprenaient ses cousins reptiles marins comme les ichthyosaures, les plésiosaures et de plus petites espèces de pliosaures.

Un énorme Liopleurodon *surgit pour tenter de planter ses dents de 30 cm dans le corps d'un ichthyosaure. Les grands cétacés actuels, comme la baleine à bosses, qui pèse environ 50 t, peuvent également s'élancer ainsi hors de l'eau.*

UN ODORAT DE REQUIN

Des ouvertures reliaient le palais aux narines de Liopleurodon *et lui permettaient de percevoir les odeurs portées par l'eau qui pénétrait dans sa gueule. Si l'effluve d'une proie était plus fort dans une narine que dans l'autre, le prédateur virait vers ce côté pour traquer sa future victime, tel un requin.*

L'AVÈNEMENT DES ICHTHYOSAURES

Durant l'âge des dinosaures, les reptiles marins comme les nothosaures, les pliosaures et les plésiosaures avaient de grandes palettes natatoires pour nager. Si beaucoup pouvaient sans doute encore se traîner sur la terre ferme pour pondre leurs œufs, un de ces groupes de reptiles marins en était incapable. Ces animaux condamnés à passer leur vie dans l'eau avaient des nageoires caudale et dorsale comme des poissons, dont ils avaient tout à fait l'allure. Mais c'étaient des reptiles, et leur nom, ichthyosaure, signifie « lézard poisson ».

LE SQUELETTE DÉVOILE LE REPTILE

Les ichthyosaures ressemblaient à des poissons ou à des dauphins, mammifères marins des temps modernes. Mais leur squelette fossile révèle qu'ils n'appartenaient ni aux uns ni aux autres. Leurs nageoires dissimulaient des os de pattes antérieures à l'avant et de pattes postérieures à l'arrière, inexistants chez les poissons. En outre, les ichthyosaures n'avaient pas de branchies pour respirer sous l'eau. Leur queue était verticale et contenait l'extrémité de la colonne vertébrale. Chez les dauphins, elle est horizontale et dépourvue d'os.

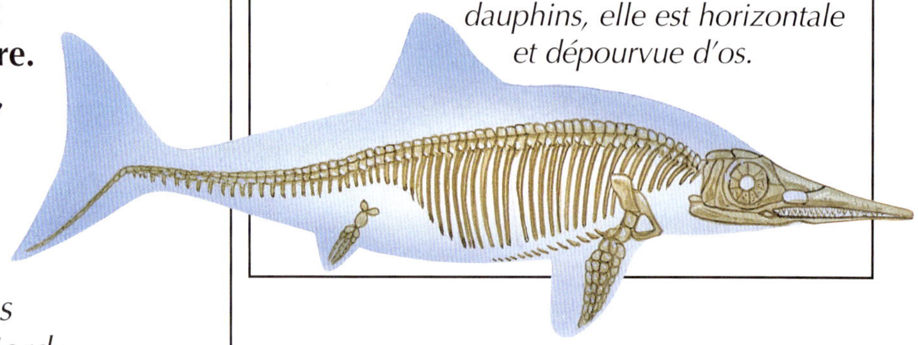

SHONISAURUS

Fin du trias ; –210 millions d'années ; Amérique du Nord ; 15 m de long.

Quelques fossiles d'ancêtres d'ichthyosaures permettent de retracer les différentes étapes de leur évolution à partir de reptiles terrestres du début du trias. 30 millions d'années plus tard, ces animaux étaient devenus énormes, comme en témoigne *Shonisaurus*, plus long que *Tyrannosaurus*.

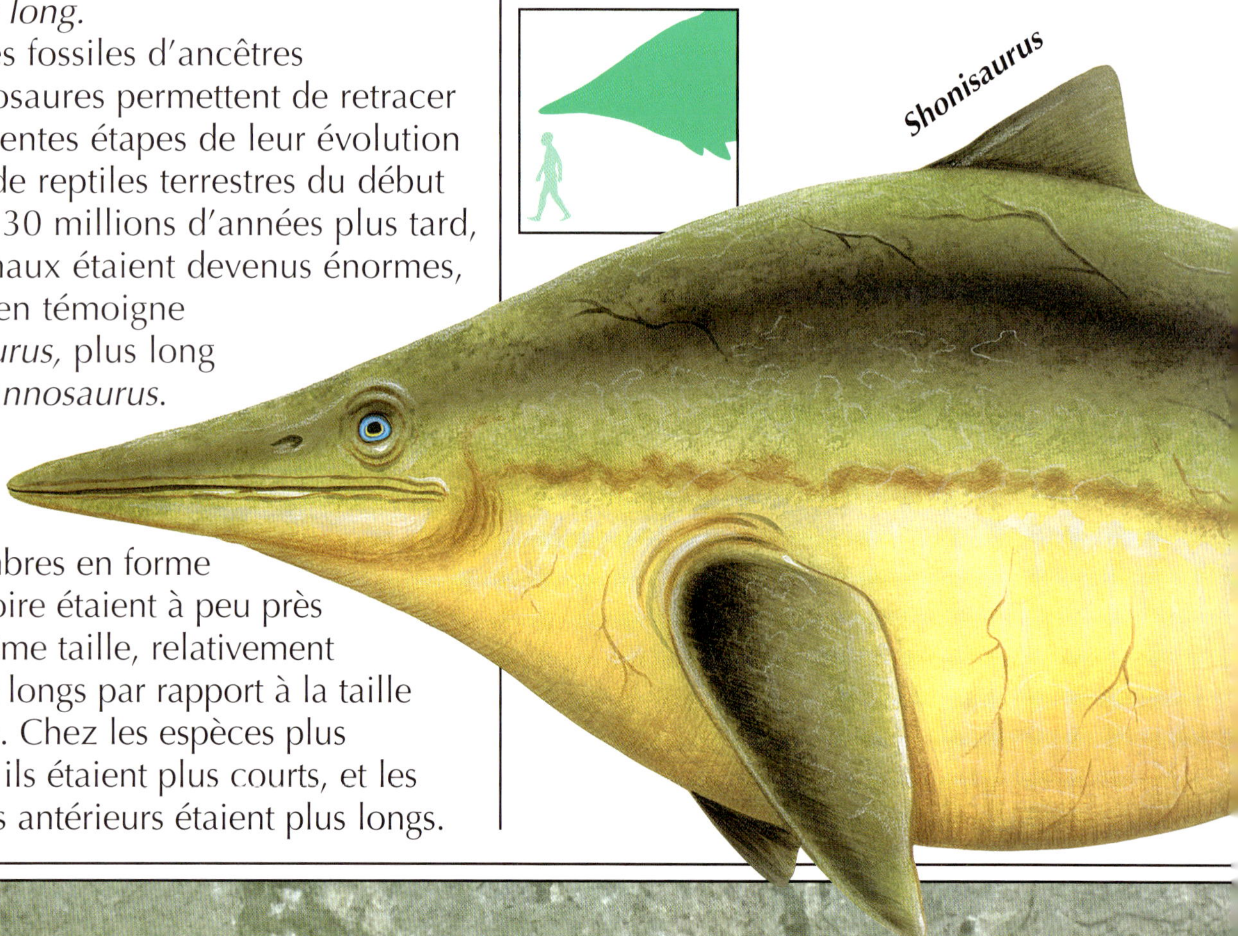

Ses membres en forme de nageoire étaient à peu près de la même taille, relativement étroits et longs par rapport à la taille du corps. Chez les espèces plus tardives, ils étaient plus courts, et les membres antérieurs étaient plus longs.

Mixosaurus

MIXOSAURUS

Trias moyen ; –220 millions d'années ; Asie, Europe, Amérique du Nord ; 1 m de long.

Les fossiles de cet ichthyosaure ont été retrouvés dans plusieurs régions du monde, de l'Arctique canadien et des Alpes européennes à la Chine et aux tropiques du Sud-Est asiatique. Ce devait être un animal très répandu dans les mers (Téthys et Panthalassa). L'observation de la queue de *Mixosaurus,* dotée de deux membranes de peau, permet d'imaginer son développement en une queue divisée en deux ailerons.

OPHTHALMOSAURUS

Fin du jurassique ; –150 millions d'années ; Europe, Amérique du Sud et du Nord ; 4,50 m de long.

Plusieurs squelettes complets de cet ichthyosaure ont été retrouvés en Argentine et dans diverses régions d'Europe. De tailles différentes, ils permettent de retracer l'évolution du bébé jusqu'à l'adulte. Chez l'adulte, le crâne, avec ses longues mâchoires étroites comme un bec, dépassait 1 m de long. Avec le museau ainsi taillé, l'animal pouvait changer brusquement de direction dans l'eau pour attraper une proie, mais également fendre les flots plus aisément. Il doit son nom *Ophthalmosaurus,* « œil de reptile », à l'énorme taille de ses yeux (voir p. 208).

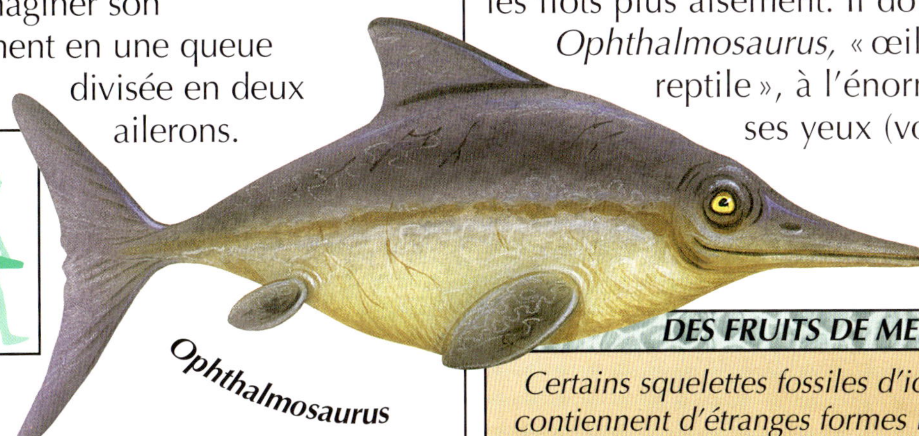

Ophthalmosaurus

DES FRUITS DE MER AU MENU

Certains squelettes fossiles d'ichthyosaures contiennent d'étranges formes rocheuses pointues à l'emplacement de l'estomac. Ce sont en réalité les restes fossilisés de coquilles de crustacés, d'os de seiche ou de rostres de bélemnites. On trouve aussi des écailles et des arêtes de poissons.

LE MYSTÈRE DES ICHTHYOSAURES

Les ichthyosaures ressemblaient aux dauphins et aux poissons d'aujourd'hui. Leur mode de vie était aussi semblable. Grâce à l'étude des espèces actuelles et aux comparaisons avec les caractères des fossiles d'ichthyosaures, on devine la façon de nager, de plonger et de chasser de ces animaux du passé. Mais un mystère reste à élucider : les ichthyosaures, apparus avec les dinosaures, durant le trias, ont pourtant disparu il y a 90 millions d'années, bien avant eux.

DES GRANDS ET DES PETITS

Les plus grands ichthyosaures, comme Shonisaurus *(voir page précédente) et* Himalayasaurus, *mesuraient plus de 15 m de long, soit deux fois plus que le plus grand reptile actuel, le crocodile de mer. Les fossiles de* Chaohusaurus *trouvés en Chine, en revanche, ne dépassent pas 60 cm.*

CYMBOSPONDYLUS

Trias moyen ; –220 millions d'années ; Amérique du Nord ; 10 m de long.

Ce grand ichthyosaure primitif ne possédait pas encore tous les caractères généraux de son groupe. Il ressemblait plus à une anguille affublée de quatre pagaies. Il n'avait pas encore la nageoire dorsale ni la queue à deux ailerons. Ses membres étaient courts et lui servaient surtout à se diriger et à ralentir. Pour nager, *Cymbospondylus* ondulait comme une anguille ou comme son cousin le serpent de mer, un reptile des temps modernes. Mais ses longues mâchoires étroites étaient dotées de nombreuses dents tranchantes, caractéristiques des piscivores.

TEMNODONTOSAURUS

Début du jurassique ; –200 millions d'années ; Europe ; 9 m de long.

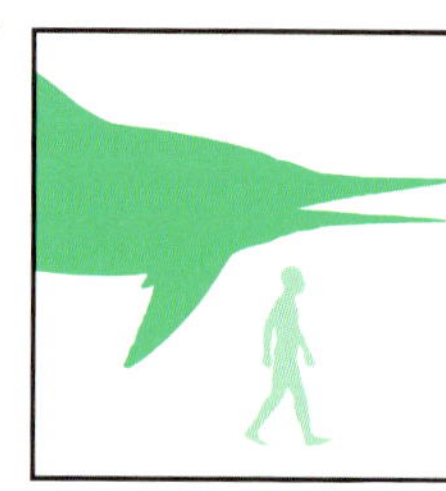

Au début du jurassique, les ichthyosaures possédaient toutes leurs caractéristiques principales. Ils étaient fins, élancés et rapides. Battant de la queue à droite et à gauche, *Temnodontosaurus* pouvait fendre l'eau aussi vite que bien des poissons actuels, sans doute à plus de 40 km/h.

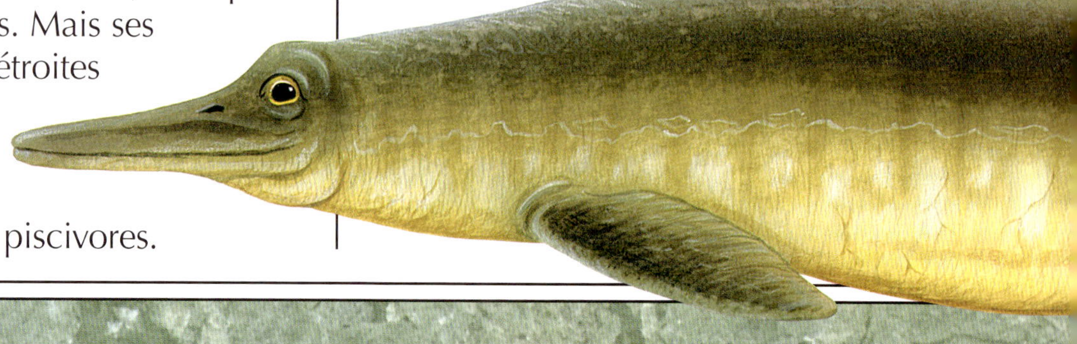

EURHINOSAURUS

Début du jurassique ; –200 millions d'années ; Europe ; 1,80 m de long. *Eurhinosaurus* était un des ichthyosaures les plus étranges. Sa mâchoire supérieure, bien plus longue que celle du bas, était aplatie comme une lame d'épée, avec des dents pointées vers l'extérieur. Le poisson-scie est le seul animal des temps modernes doté d'un tel museau. Sa scie lui permet de fouiller la boue, pour trouver des vers et des crustacés, et de se défendre. *Eurhinosaurus* s'en servait peut-être aussi pour chasser, frappant dans les bancs de poissons au hasard, puis faisant demi-tour pour manger les proies blessées ou mortes.

Combien de temps les ichthyosaures pouvaient-ils retenir leur respiration et rester sous l'eau ? D'après des études sur les reptiles nageurs et les serpents de mer actuels, ainsi que sur des cétacés, chaque plongée pouvait durer de 15 à 20 minutes, au plus.

ICHTHYOSAURUS

Peu d'espèces de l'âge des dinosaures sont aussi bien connues des scientifiques qu'*Ichthyosaurus*. Des centaines de squelettes fossilisés ont été retrouvés dans de nombreux sites des États-Unis et d'Europe, dans des roches datant du début du jurassique au début du crétacé. Cela témoigne de l'étonnante longévité de ces animaux, qui ont peuplé la Terre pendant 60 millions d'années. D'après la plupart des restes, leur taille atteignait 1,80 m.

DES FOSSILES DÉTAILLÉS

Les animaux marins se fossilisent plus facilement que les espèces terrestres, à cause de la façon dont se forment les fossiles. Certains des meilleurs fossiles d'*Ichthyosaurus* sont issus de la région de Holzmaden, dans le sud de l'Allemagne, où les roches, au grain très fin, produisent des fossiles très détaillés. Chaque os est parfaitement conservé, et certains squelettes sont même disposés comme ils l'auraient été du vivant de l'animal.

LE CONTOUR FOSSILISÉ

Les fossiles d'*Ichthyosaurus* sont parfois entourés d'une fine couche semblable à de la graisse. Délimitant l'emplacement du corps en décomposition, elle permet de distinguer le contour de l'animal. Ces découvertes ont permis de prendre connaissance de la nageoire dorsale et de la queue à deux ailerons des ichthyosaures.

DE GRANDS YEUX POUR LA CHASSE

*Les yeux immenses des ichthyosaures sont visibles sur de nombreux fossiles. Ces espèces devaient chasser à vue plus qu'à l'odorat. À l'avant de l'œil, un cercle osseux, l'anneau sclérotique, protégeait et soutenait le globe oculaire saillant. Les yeux d'*Ophthalmosaurus*, d'un diamètre de 10 cm, étaient plus grands que ceux des autres espèces de son groupe et de tous les vertébrés.*

DES ALIMENTS FOSSILISÉS

D'après des fossiles retrouvés avec ceux d'*Ichthyosaurus,* il se nourrissait de poissons, de calmars, ainsi que de bélemnites allongés et d'ammonites enroulées.

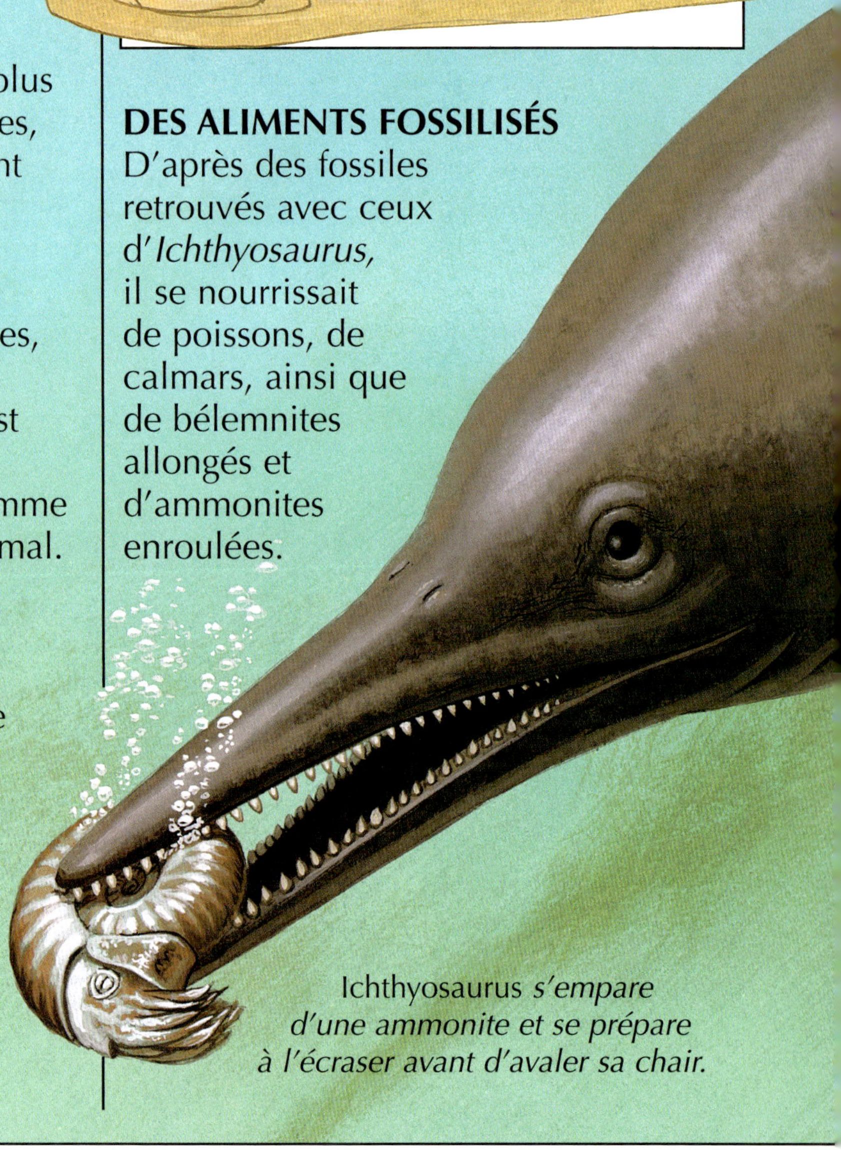

Ichthyosaurus *s'empare d'une ammonite et se prépare à l'écraser avant d'avaler sa chair.*

À QUELLE PROFONDEUR ?

Les ichthyosaures restaient-ils près de la surface pour se nourrir ou bien s'enfonçaient-ils dans les profondeurs ? Les mers modernes abritent des espèces apparentées aux calmars dont ils se nourrissaient. Elles vivent plutôt en profondeur, parfois à près de 1 000 m.

Nom Ichthyosaurus
Vivait *200 millions d'années*
Sites fossilifères *Europe, Amérique du Nord*
Longueur *1,80 m*
Régime *Poissons, calmars et ammonites*

Il fait très sombre à de telles profondeurs, où la lumière du soleil ne pénètre pas. Mais les énormes yeux d'*Ichthyosaurus* lui permettaient de voir malgré tout. Grâce à ses oreilles, il parvenait aussi à détecter les ondulations de l'eau et les vibrations provoquées par les proies.

VIVIPARE OU OVIPARE ?

Certains fossiles d'Ichthyosaurus adultes trouvés en Allemagne contiennent de minuscules squelettes à l'emplacement du ventre : ce sont des petits dans le corps de leur mère. L'un d'entre eux est même en train de naître, la queue la première, comme cela se passe chez les dauphins actuels. Incapables de se déplacer sur terre, les ichthyosaures ne pouvaient y pondre des œufs, comme le font les tortues.

LES MOSASAURES

Les reptiles de l'âge des dinosaures portent souvent des noms qui se terminent par « saure », qui signifie « lézard ». Mais la plupart, dont les nothosaures, les plésiosaures, les ichthyosaures et même les dinosaures, ne sont pas apparentés aux lézards. Les mosasaures, eux, le sont. Ce sont les ancêtres de grands lézards féroces actuels comme les varans du Nil et de Komodo. Ces espèces modernes sont cependant petites et faibles par rapport aux énormes mosasaures des océans des crétacés inférieur et moyen. Partageant le même destin que les dinosaures, plésiosaures et autres reptiles, ce groupe a disparu il y a 65 millions d'années.

Tylosaurus

TYLOSAURUS

Fin du crétacé ;
–70 millions d'années ;
Amérique du Nord ; 9 m de long.

L'État du Kansas, aux États-Unis, est la « capitale mondiale » des fossiles de mosasaures. À la fin du crétacé, cette zone de l'Amérique était couverte de mers chaudes peu profondes, regorgeant de poissons et de crustacés. *Tylosaurus* présentait les caractères des mosasaures : quatre membres semblables à des pagaies, une énorme gueule, des dents acérées et une queue hérissée d'une crête ou de membranes de peau.

GLOBIDENS

Fin du crétacé ;
–70 millions d'années ;
Amérique du Nord ;
6 m de long.

La plupart des mosasaures avaient des dents pointues adaptées pour attraper des poissons ou des mollusques à corps mou, comme les calmars et les pieuvres, mais pas *Globidens*. Ses quelque quarante dents, en partie enserrées dans la mâchoire – seul le haut dépassait –, étaient arrondies et à peu près de la taille d'une balle de golf. Elles étaient très efficaces pour broyer les coquilles épaisses des crustacés comme les palourdes et les crabes à carapace dure. À l'avant de la gueule, des dents cylindriques plus longues et plus fines servaient probablement à extraire les crustacés du fond boueux de la mer ou des rochers.

UNE MÈRE MOSASAURE

Les mosasaures, comme les ichthyosaures et les serpents de mer actuels, étaient vivipares. Ils se hissaient sur la terre ferme non pour pondre des œufs, mais pour mettre bas des petits formés. D'ailleurs, des œufs de reptiles n'auraient pu survivre dans l'eau salée.

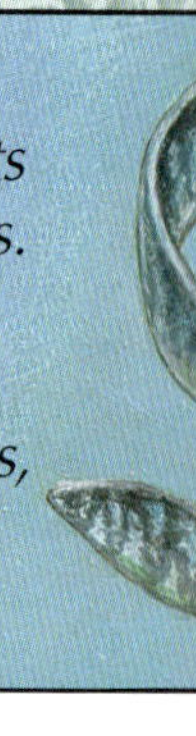

Globidens

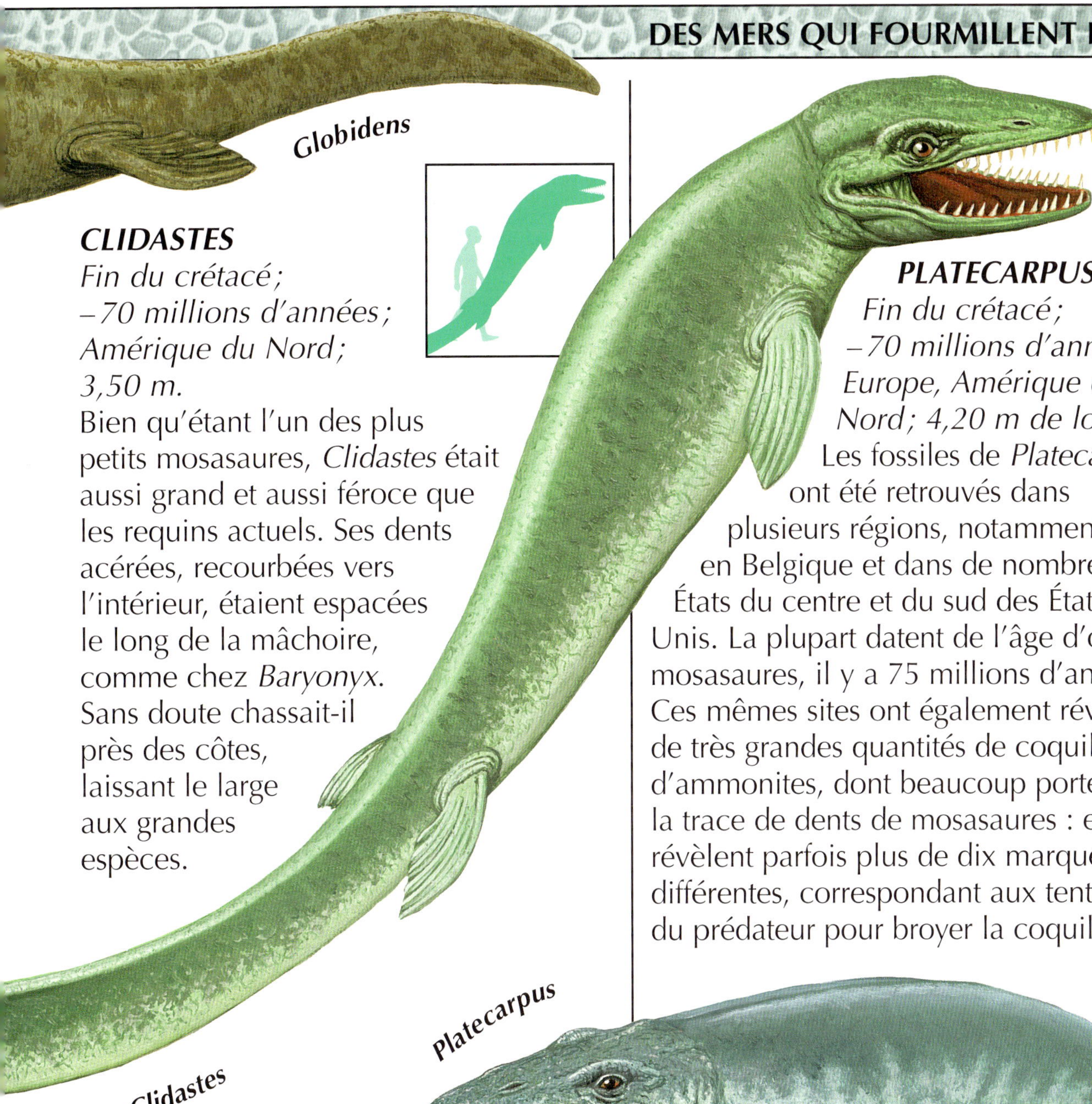

CLIDASTES

Fin du crétacé ;
–70 millions d'années ;
Amérique du Nord ;
3,50 m.

Bien qu'étant l'un des plus petits mosasaures, *Clidastes* était aussi grand et aussi féroce que les requins actuels. Ses dents acérées, recourbées vers l'intérieur, étaient espacées le long de la mâchoire, comme chez *Baryonyx*. Sans doute chassait-il près des côtes, laissant le large aux grandes espèces.

PLATECARPUS

Fin du crétacé ;
–70 millions d'années ;
Europe, Amérique du Nord ; 4,20 m de long.

Les fossiles de *Platecarpus* ont été retrouvés dans plusieurs régions, notamment en Belgique et dans de nombreux États du centre et du sud des États-Unis. La plupart datent de l'âge d'or des mosasaures, il y a 75 millions d'années. Ces mêmes sites ont également révélé de très grandes quantités de coquilles d'ammonites, dont beaucoup portent la trace de dents de mosasaures : elles révèlent parfois plus de dix marques différentes, correspondant aux tentatives du prédateur pour broyer la coquille.

Clidastes

Platecarpus

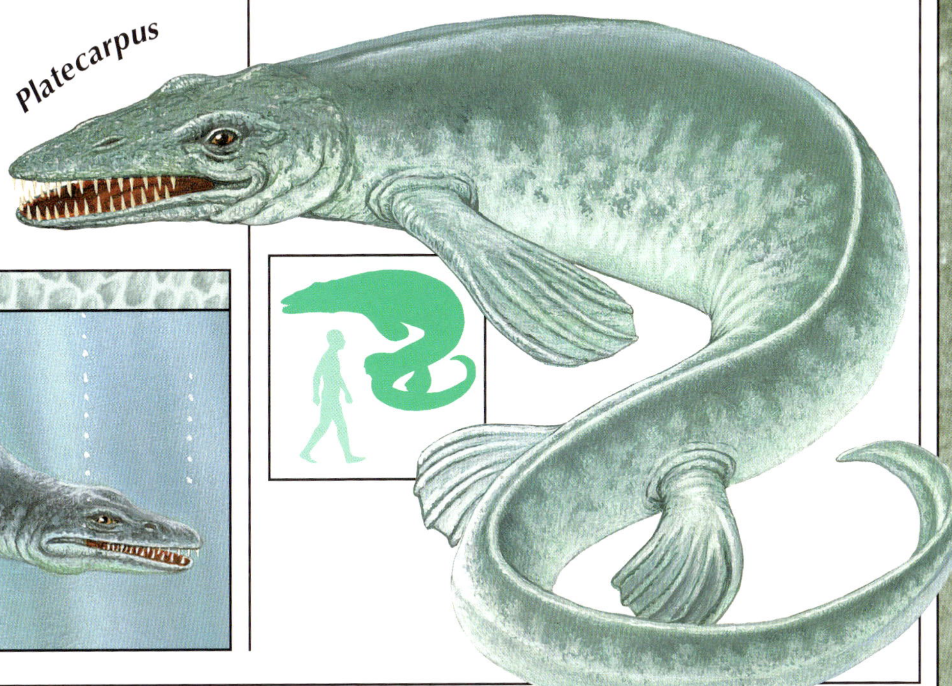

MOSASAURUS

Les mosasaures doivent leur nom à *Mosasaurus,* première espèce du genre, découverte et nommée il y a deux cents ans. Ce chasseur, long de 10 m, était plus puissant que n'importe quel requin actuel. On a découvert des fossiles de diverses espèces de *Mosasaurus* dans de nombreux sites en Europe et en Amérique du Nord.

LES ORIGINES

Les origines des mosasaures demeurent un mystère. Ils ont commencé à occuper les mers au milieu du crétacé, en même temps que les pliosaures, lors du déclin des ichthyosaures. Mais les mosasaures ne sont pas issus des ichthyosaures, ni des autres reptiles marins. Au départ, au début du crétacé, il s'agissait sans doute de lézards carnivores terrestres adaptés, au fil du temps, à la vie aquatique, leurs membres se transformant en sortes de palettes natatoires.

BALAYÉS PAR L'INONDATION ?

Les mosasaures, « lézard de la Meuse », doivent leur nom à une région des Pays-Bas. Dans les années 1770, de grandes mâchoires et dents fossilisées furent mises au jour dans des mines de craie. Georges Cuvier les attribua, au début des années 1880, à un immense lézard aquatique. Selon lui, l'animal, qu'il nomma *Mosasaurus,* avait disparu au cours d'une grande inondation semblable au Déluge de la Bible. Mais la découverte de ce monstre et d'autres espèces éteintes depuis longtemps lança certains scientifiques sur la piste de la théorie de l'évolution.

Nom Mosasaurus
Date *–70 millions d'années*
Sites fossilifères *Europe, Amérique du Nord*
Longueur *10 m*
Régime *Poissons, calmars, tortues et ammonites*

UNE QUEUE POUR NAGER

Mosasaurus avait des nageoires trop faibles et petites pour nager vite. Pour se propulser dans l'eau, il ondulait son long corps mince et sa queue, comme un serpent géant. Une sorte d'arête dressée le long de la queue, dessus et dessous, semblable aux nageoires allongées des salamandres ou des anguilles, augmentait sa vitesse. Les crocodiles remuent la queue ainsi lorsqu'ils nagent. *Mosasaurus* se dirigeait et ralentissait à l'aide de ses nageoires.

UN CASSE-CROÛTE

*Des fossiles d'*Hesperonis*, un oiseau primitif, ont été retrouvés avec des restes de mosasaures dans le Kansas, aux États-Unis. D'abord, les spécialistes attribuèrent les mâchoires dentées de cet oiseau à des mosasaures. Aussi grand qu'un être humain,* Hesperonis *avait de petites ailes et ne volait pas. Il plongeait dans l'eau avec ses pattes palmées pour attraper des poissons : les mosasaures ne faisaient de lui qu'une bouchée !*

Ce Mosasaurus *se prépare à planter ses dents dans la carapace épaisse d'un autre reptile, la tortue marine* Protostega*, sous l'œil d'un requin tapi en arrière-plan. Lorsque les mosasaures disparurent à la fin du crétacé, les requins prirent leur relais.*

LE CRÂNE ET LE SQUELETTE

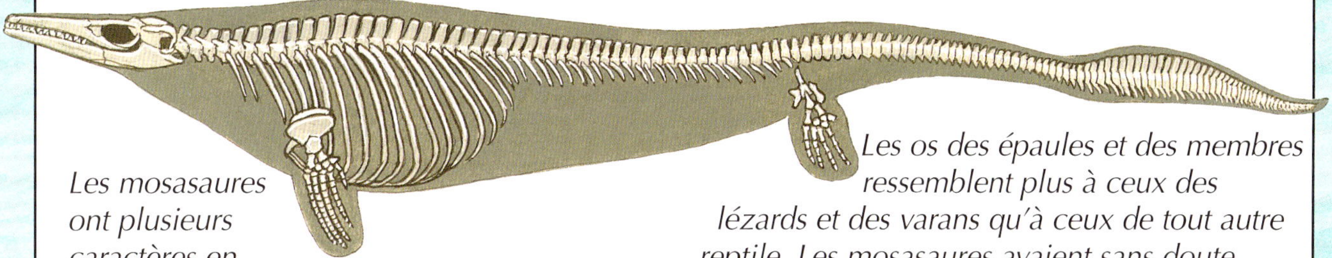

Les mosasaures ont plusieurs caractères en commun avec les varans actuels. La mâchoire inférieure, par exemple, était dotée d'une articulation permettant à l'animal d'ouvrir la gueule latéralement.

Les os des épaules et des membres ressemblent plus à ceux des lézards et des varans qu'à ceux de tout autre reptile. Les mosasaures avaient sans doute une membrane de peau tendue sur les longues tiges dressées dans le prolongement de leurs vertèbres, à l'arrière du corps et dans la queue. Telle une nageoire, elle aidait l'animal à nager.

Les tortues sont apparues au trias, tout comme les dinosaures et de nombreux autres groupes de reptiles. Les plus anciennes datent d'il y a 200 millions d'années, juste après l'arrivée des dinosaures. Ces premières espèces, sans doute terrestres, avaient déjà de grandes carapaces en dôme. Certaines adoptèrent un mode de vie aquatique, leurs pattes se transformant en nageoires.

PROGANOCHELYS

Trias moyen à supérieur; –220 millions d'années; Europe; 1 m de long.

Toutes les tortues, terrestres ou aquatiques, sont regroupées dans l'ordre des chéloniens. Apparue en Allemagne à la fin du trias, *Proganochelys* était l'une des premières espèces. C'était une tortue terrestre dont la carapace mesurait 60 cm de long environ. Celle-ci était faite de deux couches, l'une composée de plaques osseuses et l'autre, par-dessus, cornée. Comme la plupart des chéloniens primitifs, *Proganochelys* avait des mâchoires dentées et était sans doute incapable de rétracter sa tête et ses pattes dans sa coquille. Toutes les espèces actuelles sont édentées.

PROTOSTEGA

Fin du crétacé; –70 millions d'années; Amérique du Nord; 3 m de long.

Les vastes mers du crétacé qui couvraient le continent nord-américain étaient des endroits dangereux, où sévissaient les mosasaures et les pliosaures, les requins et les crocodiles de mer. Une grosse carapace protégeait le corps de la tortue *Protostega,* mais elle n'était pas composée d'os pleins, comme chez nombre d'autres chéloniens. La couche osseuse était réduite à une bordure en anneau, une côte centrale, au-dessus de la colonne vertébrale, et, entre elles, deux rangées de montants étroits. La carapace, peu résistante et fort légère, permettait à l'animal de fuir rapidement, d'autant que de grandes nageoires augmentaient sa vitesse. *Protostega,* doté d'un bec puissant édenté, se nourrissait de méduses et de crustacés à coquille dure.

DES ŒUFS SUR LA PLAGE

Les tortues de mer actuelles ressemblent à leurs cousines d'il y a 100 millions d'années. D'après les fossiles, on sait que les espèces du mésozoïque (l'âge des dinosaures) pondaient leurs œufs dans des trous creusés dans le sable des plages. La femelle recouvrait ces trous avec du sable, et la chaleur du soleil menait les œufs à l'éclosion. Les petits se jetaient en mer, espérant échapper aux nombreux prédateurs.

PLACOCHELYS

Fin du trias ; –210 millions d'années ; Europe ; 90 cm de long.

Placochelys est un excellent exemple de ce que l'on appelle l'« évolution convergente ». Deux animaux différents présentent une apparence très semblable, car ils ont le même mode de vie et le même habitat. De l'extérieur, *Placochelys* était en tous points semblable à une tortue. Mais, comme en témoignent ses os fossiles, son anatomie interne prouve qu'il appartenait à un autre groupe de reptiles, les placodontes. Par exemple, la couche intérieure de sa carapace était plus osseuse que celle des tortues. Les placodontes étaient à peu près contemporains de leurs cousins, les nothosaures (voir p. 94).

HENODUS

Fin du trias ; –210 millions d'années ; Europe ; 1 m de long.

Henodus, comme *Placochelys* (ci-contre), était un placodonte aux allures de tortue, mais ce n'en était pas une. Ce groupe ne fut présent qu'au trias. Sa carapace parallélépipédique protégeait *Henodus* contre les requins, les crocodiles (qui adoptaient les eaux après une vie terrestre) et un nouveau groupe de prédateurs marins, les ichthyosaures. *Henodus,* dont le museau était carré, attrapait des crustacés à l'aide de son bec édenté.

La fin du crétacé était l'ère des animaux géants, notamment en ce qui concerne les reptiles marins. *Archelon* est ainsi la plus grande tortue de tous les temps, du moins d'après les fossiles trouvés à ce jour. Les sites fossilifères sont situés en Amérique du Nord, surtout au Kansas et dans le Dakota du Sud. Mesurant 3,70 m, *Archelon* occupait la même superficie qu'une voiture familiale. Il était deux fois plus grand que le plus imposant des chéloniens actuels, la tortue luth, qui pèse plus de 500 kg.

UN NAGEUR STABLE

On peut déduire des études sur les tortues de mer actuelles qu'*Archelon* n'était pas le plus rapide des nageurs. Cependant, il maintenait un rythme régulier pendant des heures, voire des jours. Les femelles migraient chaque année ou tous les deux ans vers leurs plages préférées. Une fois arrivées, elles se hissaient sur le rivage pour pondre leurs œufs dans le sable chaud.

DES TROUS DANS LA CARAPACE

Archelon *n'avait pas la carapace osseuse ou cornée des autres tortues. La sienne était composée de côtes osseuses couvertes d'une peau épaisse. De longs doigts étaient renfermés dans ses nageoires.*

UN ADVERSAIRE CORIACE

La carapace et les nageoires d'*Archelon*, couvertes d'une peau coriace, devaient être difficiles à transpercer et à saisir (la peau des tortues luths modernes est aussi résistante qu'un pneu de voiture !). Avec son bec de perroquet, *Archelon* arrachait la chair de ses assaillants. L'animal ne manquait pas de moyens de défense. Pour nager, *Archelon* se propulsait avec ses imposantes nageoires antérieures, de la taille d'un être humain. Il ne ramait pas de l'avant vers l'arrière, mais battait ses nageoires du haut vers le bas, comme s'il volait dans l'eau, à la façon des plésiosaures, des tortues actuelles et des manchots.

UN REPAS INVISIBLE

Archelon se nourrissait sans doute essentiellement, comme la tortue luth, d'animaux mous, comme les méduses, les hydroméduses et autres cténophores. Le bec corné, à plusieurs pointes, et la peau coriace de la gueule étaient insensibles à la brûlure de ces animaux.

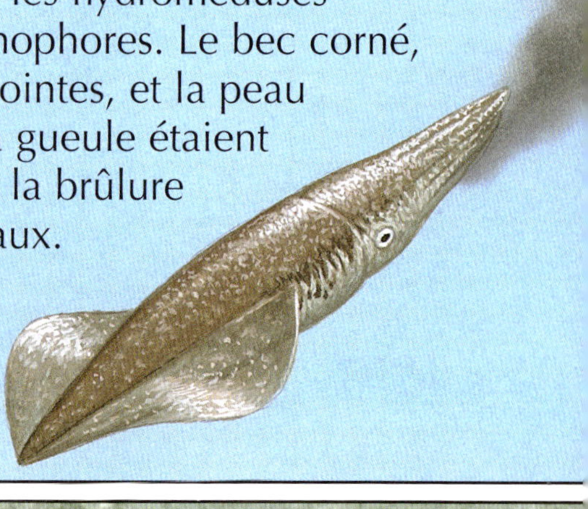

Avec son bec en ciseau, Archelon attrape une méduse qui dérive lentement. Ces mollusques se déplacent souvent en groupes nombreux, et lorsque, par chance, Archelon croisait un tel banc de méduses, il s'en faisait un festin. Cette tortue, de la taille d'une voiture, se dirigeait et se hissait à la surface pour respirer, à l'aide de ses petites nageoires postérieures.

Nom Archelon
Date *– 70 millions d'années*
Sites fossilifères *Amérique du Nord*
Longueur *3,70 m*
Régime *Méduses*

L'HIVERNATION

Certaines tortues de mer actuelles se reposent sur le fond de la mer pendant des heures, et même des jours de suite, elles « hivernent ». Leurs fonctions vitales ralentissent au point qu'une seule inspiration d'air suffit pour plusieurs heures. L'hivernation ressemble un peu à l'hibernation et permet à l'animal de supporter des périodes de froid ou de disette. *Archelon* se reposait sans doute aussi sur les fonds peu profonds, remontant à la surface deux fois par jour pour respirer avant de sombrer à nouveau dans un sommeil profond.

LE CRÂNE

Protégeant le cerveau et les yeux, le crâne des tortues compte moins d'os que celui de la plupart des reptiles et a plus la forme d'une boîte. Archelon avait une mâchoire supérieure plus longue que l'inférieure, comme chez certains oiseaux, tels les aras macao.

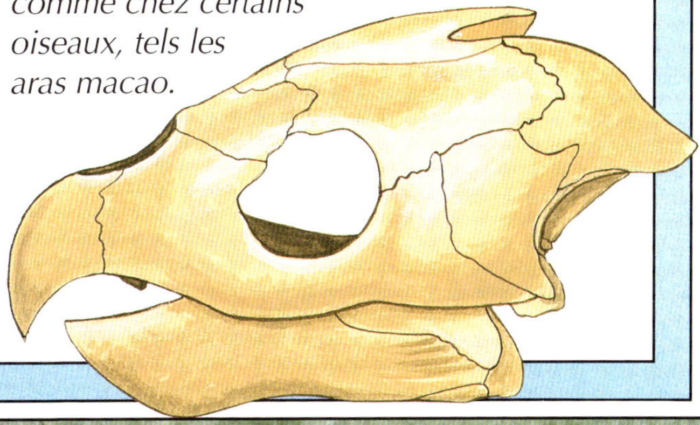

Scapanorhynchus

Tous les reptiles marins présentés dans les pages précédentes, à l'exception des tortues, ont fini par disparaître comme les dinosaures. Mais un autre groupe de chasseurs des océans leur a longtemps survécu. Ces maîtres prédateurs étaient déjà là 150 millions d'années avant l'âge des dinosaures, et ils sont encore aujourd'hui les plus redoutables tueurs des mers. Ce ne sont pas des reptiles, mais des poissons : les requins.

HYBODUS

De la fin du permien au début du crétacé ; –245 à –65 millions d'années ; monde entier ; 2 m de long.

Hybodus était l'un des vertébrés les plus répandus et qui ont duré le plus longtemps. Ses restes, retrouvés dans le monde entier, couvrent une période aussi longue que l'âge des dinosaures, mais avec 20 millions d'années d'avance. *Hybodus* était très semblable au requin bleu actuel, un chasseur rapide et élancé. Avec ses dents de devant aiguisées, il attrapait ses proies, et, avec celles du fond, il broyait les coquilles ou les os.

SCAPANORHYNCHUS

Début à fin du crétacé ; –100 millions d'années ; monde entier ; 50 cm de long.

Les requins ont légèrement changé depuis leur apparition durant le dévonien. Le petit *Scapanorhynchus* était le premier d'une « nouvelle race » de l'époque où ces poissons se mirent à ressembler aux espèces actuelles. Comparé aux requins antérieurs, il avait un squelette plus solide, un cerveau plus grand, des sens plus affinés, notamment l'odorat, et des mâchoires qui s'ouvraient davantage. L'utilité de son museau allongé comme une épée demeure cependant un mystère.

Hybodus

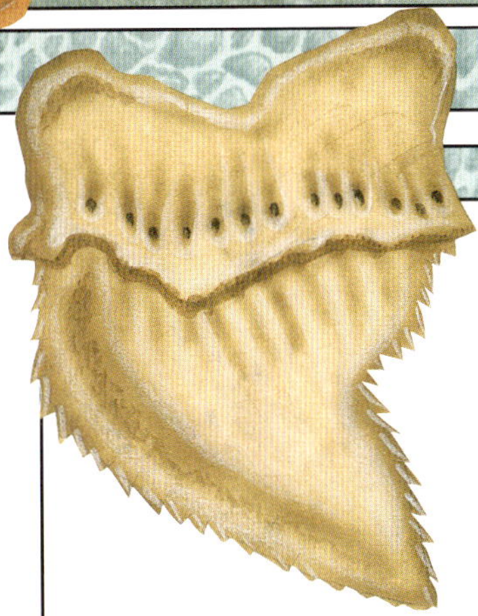

Dent fossilisée de Squalicorax (un requin primitif)

Dent d'un requin-tigre actuel

LES DENTS

Il n'existe pas beaucoup de fossiles de requins, tout simplement parce que ces animaux n'ont pas d'os, leur squelette étant composé de cartilage. Mais certaines parties, comme les vertèbres, renforcées de minéraux osseux, parviennent à se fossiliser, tout comme les écailles et les dents. Ces dernières étaient fines, tranchantes et en dents de scie, comme des lames de couteau triangulaires.

CRETOXYRHINA

Fin du crétacé ; –70 millions d'années ; Amérique du Nord ; 5,40 m de long.
Les requins comme *Cretoxyrhina* étaient en concurrence avec les reptiles, les mosasaures, les pliosaures et les crocodiles marins pour la place de prédateur principal des mers de la fin du crétacé.

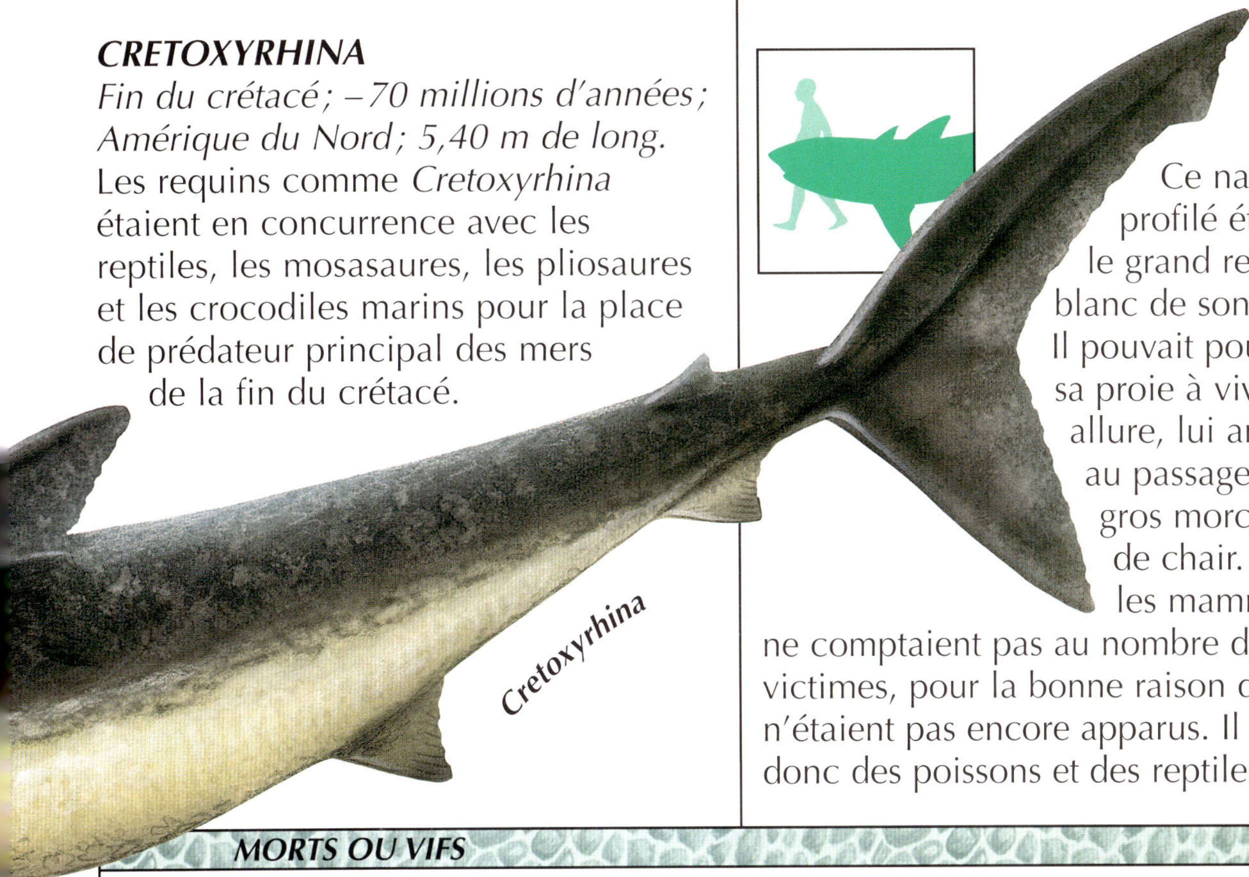

Ce nageur profilé était le grand requin blanc de son temps. Il pouvait poursuivre sa proie à vive allure, lui arrachant au passage de gros morceaux de chair. Mais les mammifères ne comptaient pas au nombre de leurs victimes, pour la bonne raison qu'ils n'étaient pas encore apparus. Il chassait donc des poissons et des reptiles.

MORTS OU VIFS

Aujourd'hui, certains requins sont des chasseurs actifs, alors que d'autres sont des charognards ou mangent des crustacés. Le mode de vie des espèces de l'âge des dinosaures était semblable. Un charognard comme Squalicorax *plantait ses dents, puis secouait la tête pour « scier » les chairs de reptiles marins et de dinosaures morts refoulés dans la mer.*

CHAPITRE 8

LE MONDE DES DINOSAURES

Les dinosaures n'étaient ni les premiers animaux sur Terre, ni les premières grandes espèces. Plus de 150 millions d'années avant leur apparition, des créatures s'étaient hissées sur la terre ferme. Des millions d'années auparavant, divers animaux (méduses, requins) sillonnaient les mers. Et encore plus tôt, il y a plus de 2 000 millions d'années, des formes de vie microscopiques prospéraient dans les océans primitifs.

LES ÈRES ET LES PÉRIODES

Les géologues divisent l'histoire de la Terre en unités de temps, les ères, dont les trois dernières sont indiquées ci-contre. Les dinosaures ont vécu au milieu du mésozoïque. Chaque ère est elle-même subdivisées en périodes.

ÉCHELLE DES TEMPS GÉOLOGIQUES

Les ères et les périodes sont des divisions géologiques fondées sur la formation des roches et sur le type de fossiles qu'elles contiennent. La frontière est marquée par des changements de couleurs et de types de roches, ainsi que par la présence de fossiles différents.

ÈRE CÉNOZOÏQUE *(vie récente)*	QUATERNAIRE	***Éocène (de –0,01 à nos jours)*** *Histoire écrite*
		Pléistocène (de –2 à –0,01) *Propagation des premiers humains*
	TERTIAIRE (de –65 à –2) *Avènement des mammifères et des oiseaux*	
ÈRE MÉSOZOÏQUE *(milieu de la vie)*	***CRÉTACÉ (de –144 à –65)*** *Derniers dinosaures*	
	JURASSIQUE (de –206 à –144) *Plus grands dinosaures*	
	TRIAS (de –250 à –206) *Nombreux reptiles, premiers dinosaures*	
ÈRE PALÉOZOÏQUE *(vie ancienne)*	***PERMIEN (de –286 à –250)*** *Reptiles mammaliens*	
	CARBONIFÈRE (de –360 à –286) *Nombreux amphibiens, premiers reptiles*	
	DÉVONIEN (de –408 à –360) *Premiers amphibiens terrestres*	
	SILURIEN (de –438 à –408) *Les plantes aquatiques colonisent la terre ferme*	

Chiffres exprimés en millions d'années

LES DÉBUTS DE LA TERRE

Notre planète s'est formée il y a 4 600 millions d'années. Au début, c'est un enfer hostile à toute forme de vie. Des tempêtes, des éclairs et des déferlement d'eau de pluie sévissent. Des éruptions volcaniques se succèdent, des torrents de roche en fusion s'épanchent à la surface de la Terre. Peu à peu, notre planète se refroidit et se stabilise. Il y a 3 000 millions d'années, des organismes vivants microscopiques se mettent à dériver dans les océans. L'évolution de la vie sur Terre a débuté.

LA DÉRIVE DES CONTINENTS

Les masses continentales dérivent lentement sur la surface du globe. Au trias, lorsque les dinosaures apparaissent (1), les continents sont regroupés en un seul bloc appelé la Pangée. Au jurassique, la Pangée se morcelle (2). Au crétacé (3), la carte de la planète commence à prendre la forme que nous lui connaissons aujourd'hui (4). Ces modifications vont avoir d'importantes conséquences dans la répartition des dinosaures.

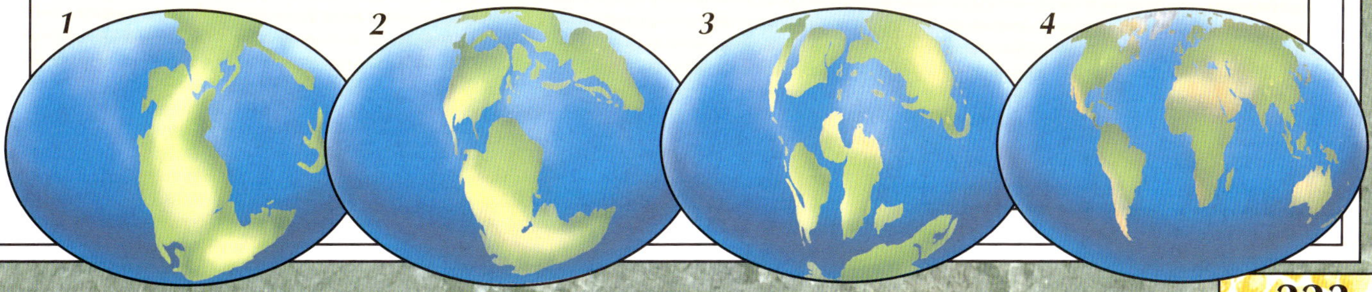

LE TRIAS

Les plus anciens fossiles de dinosaures se trouvent dans des roches du milieu du trias, datant de –230 millions d'années. Le monde est alors très différent, avec un climat plus chaud et plus sec. De vastes régions ne sont que broussailles ou déserts, parsemées de quelques buissons secs et coriaces et de très peu d'arbres.

Les régions centrales du vaste continent du trias sont très éloignées de la mer. De grands déserts s'y développent, les vents soufflant sur les hauteurs rocheuses et désolées.

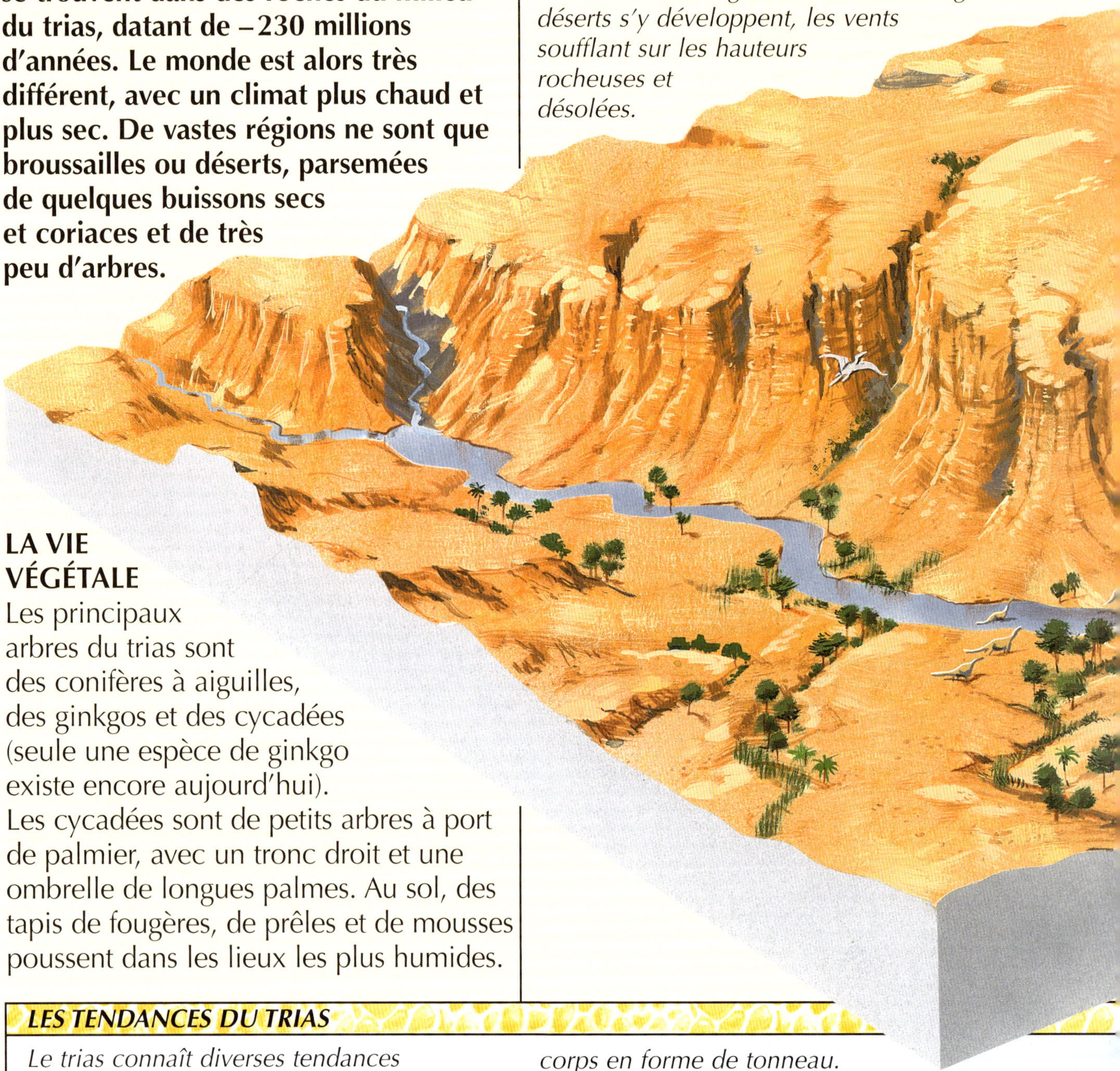

LA VIE VÉGÉTALE

Les principaux arbres du trias sont des conifères à aiguilles, des ginkgos et des cycadées (seule une espèce de ginkgo existe encore aujourd'hui). Les cycadées sont de petits arbres à port de palmier, avec un tronc droit et une ombrelle de longues palmes. Au sol, des tapis de fougères, de prêles et de mousses poussent dans les lieux les plus humides.

LES TENDANCES DU TRIAS

Le trias connaît diverses tendances évolutives. Les premiers dinosaures, tels le petit Eoraptor *et le plus grand* Herrerasaurus, *sont des carnivores. Les prosauropodes herbivores apparaissent, avec leur petite tête, leur long cou et leur corps en forme de tonneau. Ils se développent rapidement, atteignant parfois une hauteur de 3 à 4 m et un poids de 1 t. Les premiers ptérosaures battent des ailes dans le ciel.*

Le monde du trias n'est pas réparti en zones climatiques telles que nous les connaissons aujourd'hui. Les pôles ne sont pas couverts de glace. La Pangée dérive vers le pôle Nord, et le pôle Sud est au milieu de l'océan. Les températures varient entre tempéré et chaud, et la pluie est rare.

LA CARTE DU TRIAS

Tous les continents actuels forment un seul bloc, la Pangée, entouré d'un unique immense océan, la Panthalassa. Mais la Pangée commence à se diviser en deux, une mer (la Téthys) s'introduisant au milieu.

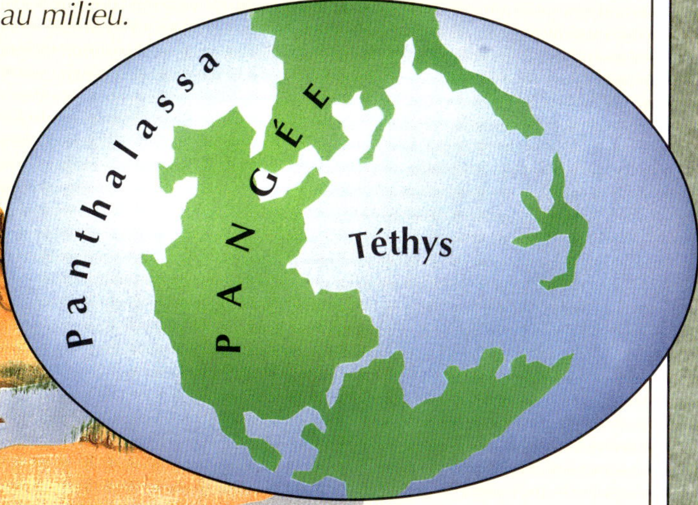

Aux périodes de pluie, de petites rivières coulent dans les vallées. Mais leur lit est à sec une grande partie de l'année.

LES ANIMAUX DU TRIAS

Outre les dinosaures, de nombreux types de reptiles prospèrent à cette époque, comme les rhynchosaures herbivores, pas plus grands que des cochons, et les féroces cynodontes, aux allures de chiens. Les premiers crocodiles rôdent sur les terres, et les tortues évoluent dans les lacs et les mers. Enfin, les premiers mammifères, semblables à de minuscules musaraignes, apparaissent.

LE JURASSIQUE

Alors que le trias cède la place au jurassique, il y a 200 millions d'années, le climat se met à changer. Les températures baissent, mais il fait toujours assez chaud selon nos critères. Les précipitations augmentent, et la végétation devient luxuriante dans des régions jusqu'alors desséchées. C'est l'époque des dinosaures gigantesques.

Avec le morcellement des continents, diverses régions se trouvent plus proches des mers, à la portée des vents chargés d'humidité, qui se déverse en pluie sur les terres. Grâce à ces précipitations et à la diminution des températures, les forêts se répandent dans les vallées, colonisant les hautes terres.

LA VIE VÉGÉTALE

Au cours du jurassique, les plantes colonisent de plus en plus de régions jusqu'alors désertiques. Les conifères, apparentés aux séquoias et aux araucarias chiliens modernes, dominent, les cycadées et les grandes fougères arborescentes prospèrent. Les mousses, notamment les lycopodes, les fougères et les prêles tapissent les sols.

LES TENDANCES DU JURASSIQUE

Grâce à cette prolifération végétale, avec des feuilles et des frondes en hauteur et de la verdure au sol, les dinosaures herbivores disposent de nourriture en abondance. Tendant leur cou pour brouter le feuillage, les plus volumineux de tous les dinosaures, les immenses sauropodes, atteignent leurs proportions maximales à la fin du jurassique.

Mais à la vue des plus grands dinosaures carnivores, comme Allosaurus, ces sauropodes s'enfuient dans un grondement de pas. Les stégosaures vivent à leurs côtés et, dans les airs, les ptérosaures prennent de l'ampleur.

Des marécages et des marais se forment dans les basses terres, semblables aux « forêts houillères marécageuses » du carbonifère, 150 millions d'années plus tôt. Le climat est le même dans le monde entier. Les saisons pluvieuses et tempérées sont rarement interrompues par de courtes périodes plus sèches, pendant lesquelles les lacs et les rivières régressent très légèrement.

Grâce à l'abondance d'eau dans les rivières et les lacs, les poissons se développent et représentent une source alimentaire pour certains dinosaures.

LA CARTE DU JURASSIQUE

La Pangée se divise en deux blocs. Le Gondwana, au sud, englobe l'Amérique du Sud, l'Afrique, l'Australie, l'Inde et l'Antarctique actuels. Les autres continents que nous connaissons sont regroupés au nord, dans la Laurasie.

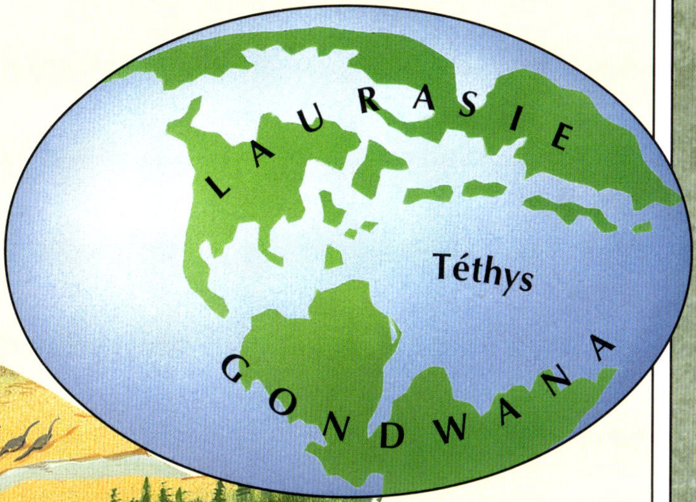

LES ANIMAUX DU JURASSIQUE

Au début du jurassique, les reptiles mammaliens terrestres sont abondants. Mais les dinosaures prennent rapidement le dessus. Il existe de petits reptiles, comme les lézards, et de petits dinosaures, tel Compsognathus. *Présentes avant les dinosaures mais également après, bien d'autres autres espèces prospèrent, comme les insectes, les vers, les escargots et les araignées. Enfin, les oiseaux apparaissent.*

LE CRÉTACÉ

Le crétacé, qui s'étend sur 80 millions d'années, est la plus longue période de l'ère mésozoïque. Des régions climatiques apparaissent : un climat froid aux pôles et chaud vers l'équateur, avec l'émergence des forêts tropicales.

Le crétacé est une période d'intense activité tectonique qui a vu la surrection de montagnes. Sous l'action de la dérive des continents, la lave jaillit des volcans, des plissements de terrain et des chevauchements de couches rocheuses transforment la croûte terrestre.

LA VIE VÉGÉTALE

Un grand changement intervient dans la végétation au milieu du crétacé. Les plantes à fleurs apparaissent, annonçant les herbes, les fleurs et les arbres feuillus qui dominent aujourd'hui la planète. Premiers arbres à fleurs, les magnolias, les érables, les chênes et les noyers envahissent des régions jusqu'alors peuplées de conifères.

LES TENDANCES DU CRÉTACÉ

Sous l'effet de l'isolement sur des continents séparés, les dinosaures du crétacé se diversifient et se différencient. Les hadrosaures à bec de canard succèdent aux ornithopodes tel Iguanodon. *Les ankylosaures à armure apparaissent, suivis par les cératopsiens à cornes comme* Triceratops. *À la fin du crétacé, d'autres espèces apparaissent, comme les dinosaures autruches et les pachycéphalosaures à crâne épais.* Tyrannosaurus *domine les carnivores.*

Les saisons se différencient davantage. Dans les tropiques, les périodes de pluie alternent avec des périodes sèches. Le temps est globalement chaud, mais les précipitations sont plus faibles qu'au jurassique, et les forêts s'éclaircissent. La distinction entre été et hiver se répand vers le sud et le nord.

Des mers peu profondes couvrent des terres aujourd'hui émergées et favorisent la prolifération des poissons et des crustacés.

LA CARTE DU CRÉTACÉ

La Laurasie et le Gondwana, les deux blocs continentaux, se fragmentent en divers continents tels que nous les connaissons aujourd'hui. L'océan Atlantique s'ouvre, alors que les Amériques s'écartent de l'Europe et de l'Afrique.

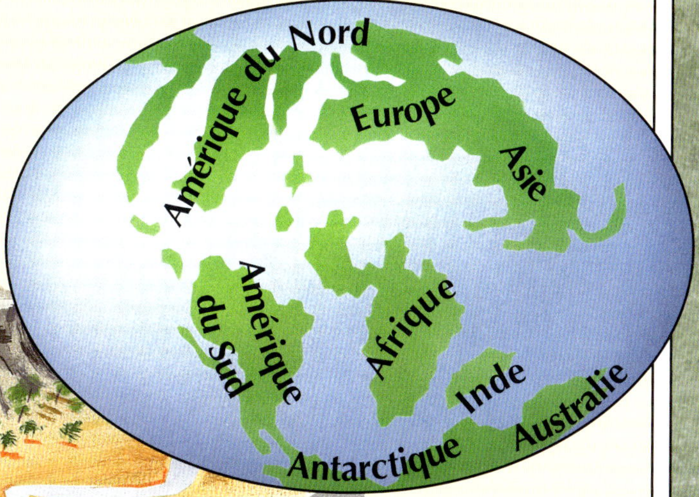

LES ANIMAUX DU CRÉTACÉ

Outre les groupes de dinosaures de plus en plus nombreux, d'autres reptiles prospèrent, comme les crocodiliens, les tortues, les lézards et les premiers serpents. Les oiseaux se diversifient, mais ils partagent le ciel avec les plus grands animaux volants de tous les temps, les ptérosaures géants comme Quetzalcoatlus. Généralement petits, les mammifères sont presque insignifiants.

LE SQUELETTE DES DINOSAURES

La plupart des fossiles sont des os. Quelques rares squelettes sont retrouvés avec les os disposés comme du vivant de l'animal. Les squelettes des dinosaures ressemblent à ceux des autres reptiles, comme le crocodile, et des autres quadrupèdes, qu'ils soient amphibiens ou mammifères. Mais ils avaient leurs caractéristiques distinctives et uniques, notamment au niveau des mâchoires, du crâne, du bassin et des pattes. Le bassin des dinosaures revêt une importance particulière, car il distingue les deux principaux groupes : les ornithischiens et les saurischiens (voir p. 234).

LE BASSIN

Le bassin est constitué de trois os individuels. Chez les saurischiens, le pubis est orienté vers l'avant et le bas. Chez les ornithischiens, il est incliné vers l'arrière.

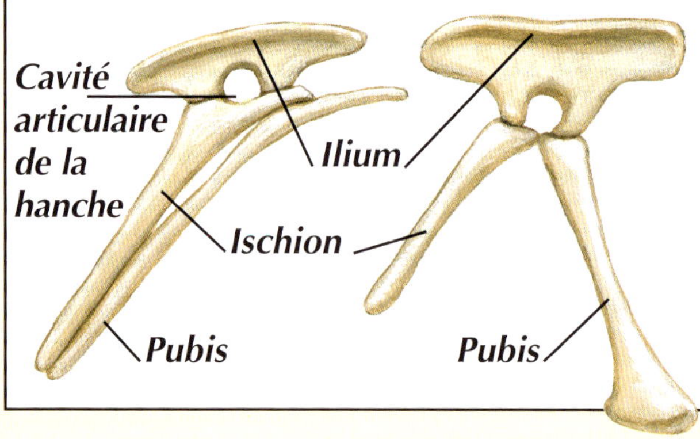

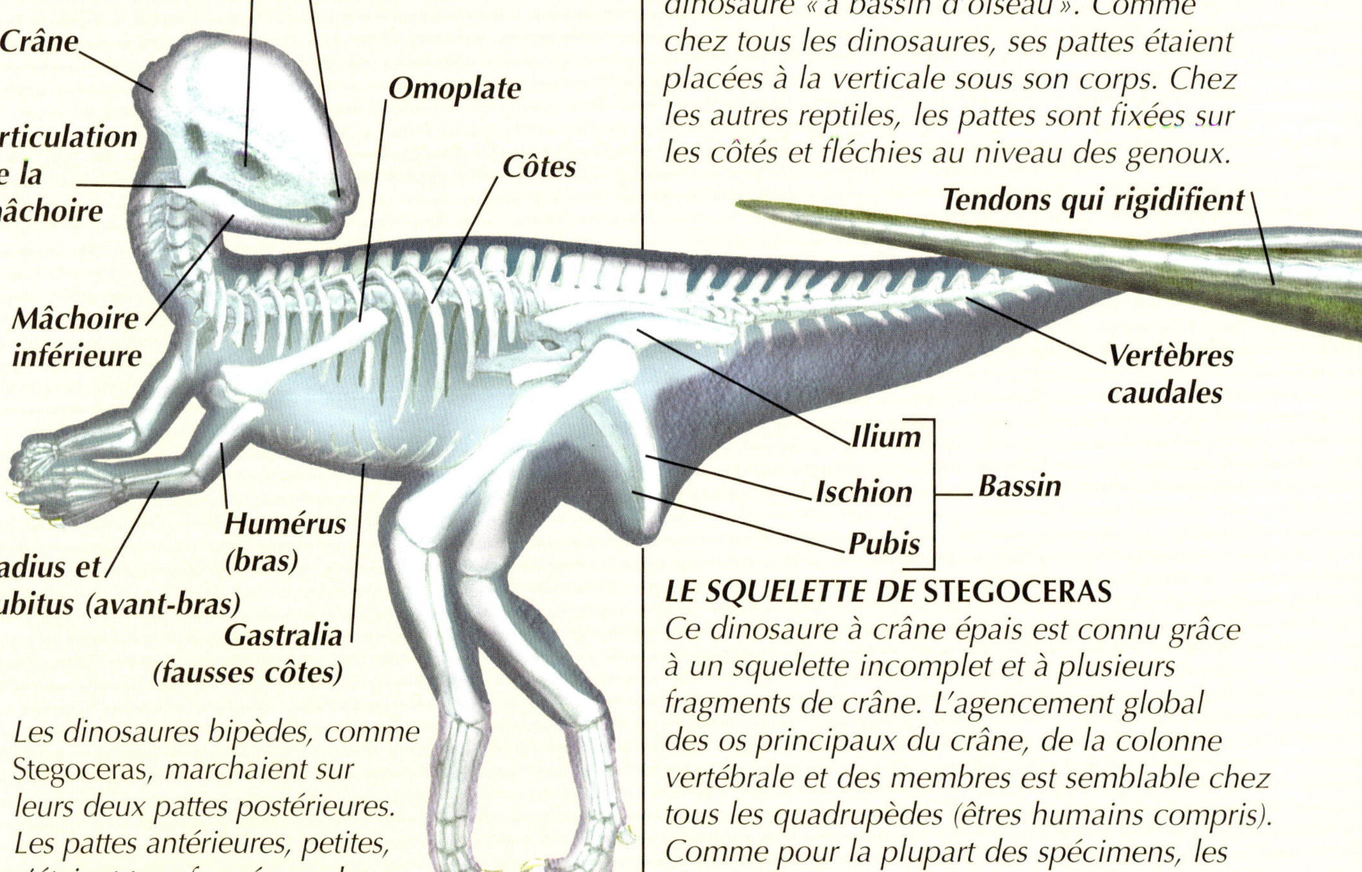

Les dinosaures bipèdes, comme Stegoceras, *marchaient sur leurs deux pattes postérieures. Les pattes antérieures, petites, s'étaient transformées en bras comptant de deux à cinq doigts.*

LA POSITION DES DINOSAURES

Stegoceras *était un ornithischien, ou dinosaure « à bassin d'oiseau ». Comme chez tous les dinosaures, ses pattes étaient placées à la verticale sous son corps. Chez les autres reptiles, les pattes sont fixées sur les côtés et fléchies au niveau des genoux.*

LE SQUELETTE DE STEGOCERAS

Ce dinosaure à crâne épais est connu grâce à un squelette incomplet et à plusieurs fragments de crâne. L'agencement global des os principaux du crâne, de la colonne vertébrale et des membres est semblable chez tous les quadrupèdes (êtres humains compris). Comme pour la plupart des spécimens, les éléments absents du fossile sont « remplacés » par des os provenant d'espèces semblables.

INTÉRIEUR D'UN FOSSILE

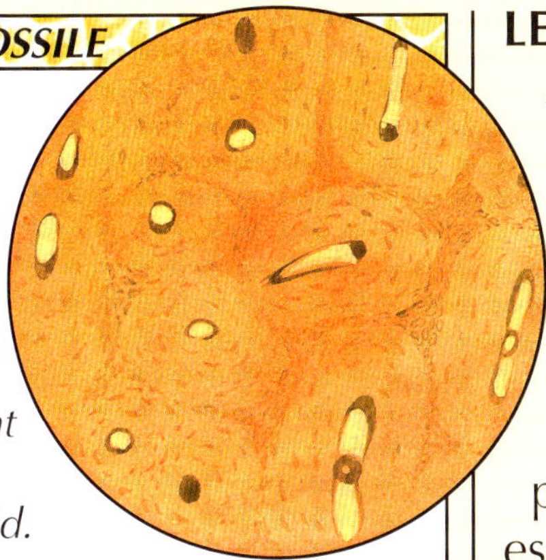

Certains fossiles exceptionnels conservent le détail de la structure interne de l'os. Cela permet de savoir si les dinosaures étaient des animaux à sang chaud ou à sang froid. Chez les espèces comme les raptors, la structure interne était semblable à celle des mammifères, qui sont à sang chaud, plutôt qu'à celle des reptiles actuels, à sang froid.

LES TENDONS

Aussi résistants que des câbles, les tendons sont les extrémités étroites des muscles qui les relient aux os. Faits de fibres, ils se décomposent avant la fossilisation. Mais parfois, dans certaines parties très usées du corps, des dépôts osseux finissent par les ossifier. La fossilisation est alors possible, elle indique que les articulations proches sont rigides et non pas souples. Les tendons ossifiés de la queue de *Deinonychus* prouvent que la queue de l'animal n'était articulée qu'à la base.

LES DIFFÉRENTES ARTICULATIONS

Comme tous les dinosaures carnivores, Deinonychus *était un saurischien, ou dinosaure « à bassin de lézard ». La forme détaillée de l'extrémité des os, en contact avec les articulations, révèle la souplesse ou la rigidité des articulations. Solidifiée par des tendons, la queue de l'animal était rigide.*

La taille de la boîte crânienne donne une indication approximative de l'« intelligence » de l'animal. Chez Deinonychus *elle était relativement grande, surtout comparée aux espèces herbivores.*

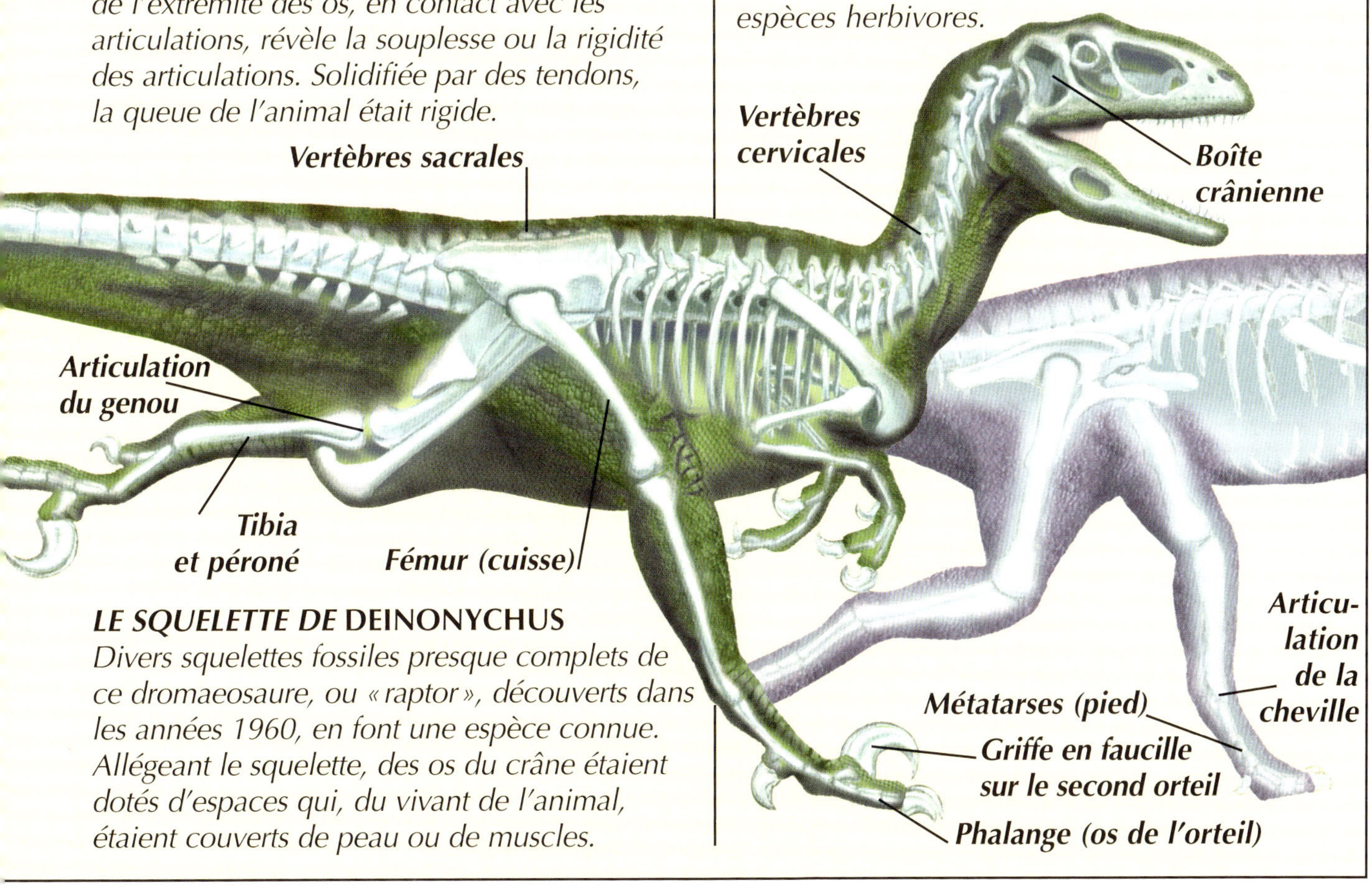

LE SQUELETTE DE DEINONYCHUS

Divers squelettes fossiles presque complets de ce dromaeosaure, ou « raptor », découverts dans les années 1960, en font une espèce connue. Allégeant le squelette, des os du crâne étaient dotés d'espaces qui, du vivant de l'animal, étaient couverts de peau ou de muscles.

Si les fossiles d'os, de dents et autres parties dures des dinosaures sont en soi assez rares, les restes des parties molles le sont encore plus. Des spécimens de peau nous sont parvenus, et il arrive, plus rarement encore, qu'une couche rocheuse ait conservé une pellicule de graisse sombre délimitant le contour d'un organe interne. Mais la plupart des reconstitutions de muscles ou de boyaux de dinosaures résultent de spéculations basées sur l'étude d'espèces vivantes, surtout des plus proches parents actuels des dinosaures : crocodiles et oiseaux. Les fossiles d'os portent parfois la trace des points d'ancrage des muscles et d'orifices révélant le passage des nerfs.

LE CERVEAU

Il arrive qu'un crâne soit si bien conservé que la forme de la boîte crânienne, avec l'emplacement du cerveau, est encore intacte. En réalisant un moule interne de cette cavité avec une matière caoutchouteuse, on distingue le détail de la boîte crânienne. Le moule représente la forme du cerveau.

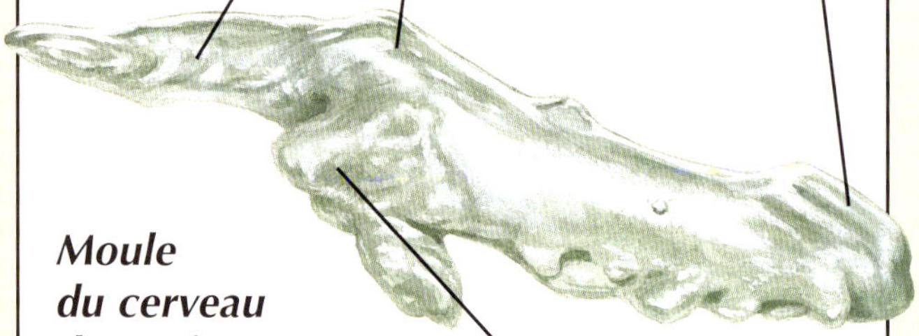

***Moule du cerveau d'un* Triceratops**

Pour représenter l'anatomie interne des dinosaures, les scientifiques s'appuient sur la disposition des organes internes des reptiles actuels, très semblable chez toutes les espèces, y compris les crocodiles, les lézards et les tortues.

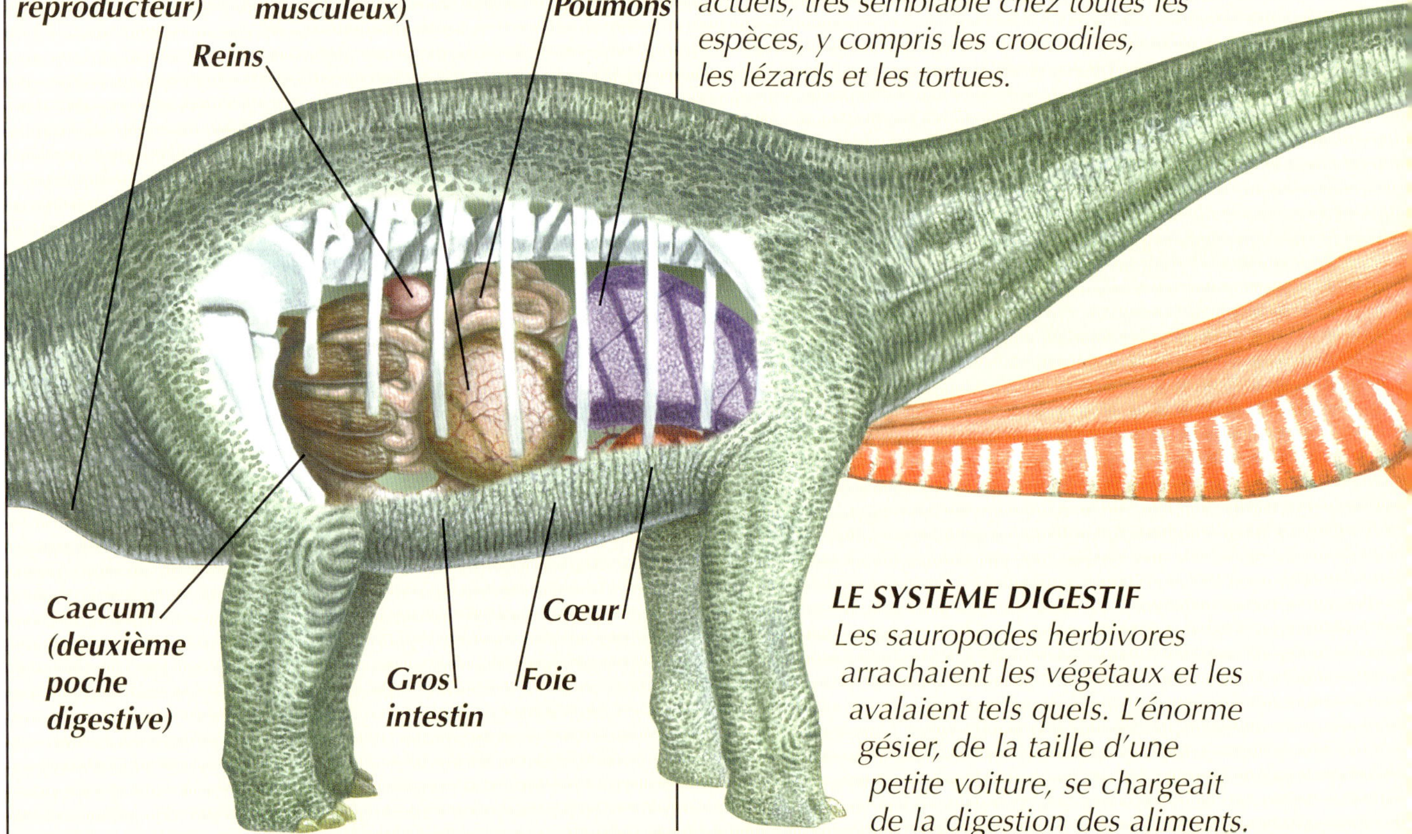

LE SYSTÈME DIGESTIF

Les sauropodes herbivores arrachaient les végétaux et les avalaient tels quels. L'énorme gésier, de la taille d'une petite voiture, se chargeait de la digestion des aliments.

DES TRACES DE MUSCLES SUR LES OS

Les marques sur les os ne sont pas forcément des cicatrices, car les os portent des traces normales correspondant à l'attache des muscles. Les marques sur les fossiles correspondent parfaitement à celles des os des reptiles actuels.

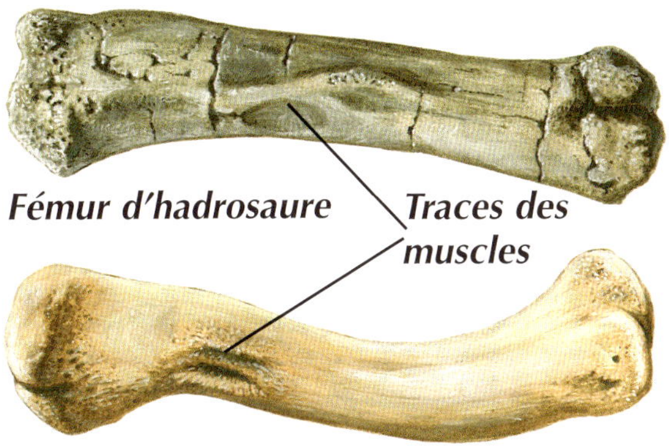

IMAGINER LA FORME DES MUSCLES

La plupart des os des animaux actuels portent des excroissances, des renfoncements, des renflements et des zones usées qui correspondent aux points d'attache des muscles qui actionnent le squelette et permettent à l'animal de se mouvoir. Ces marques sont parfois visibles sur les fossiles. Cela procure des indices sur la forme des muscles de ces espèces disparues et permet de spéculer sur les mouvements qu'ils pouvaient réaliser. Par ailleurs, les os portent parfois des cicatrices de fractures auxquelles l'animal a survécu.

LE NOM DES MUSCLES

Le nom des muscles est souvent déterminé par leur forme, comme le deltoïde (« triangulaire »), ou par les os auxquels ils sont fixés, comme le fémoro-tibial (de « fémur » et « tibia »).

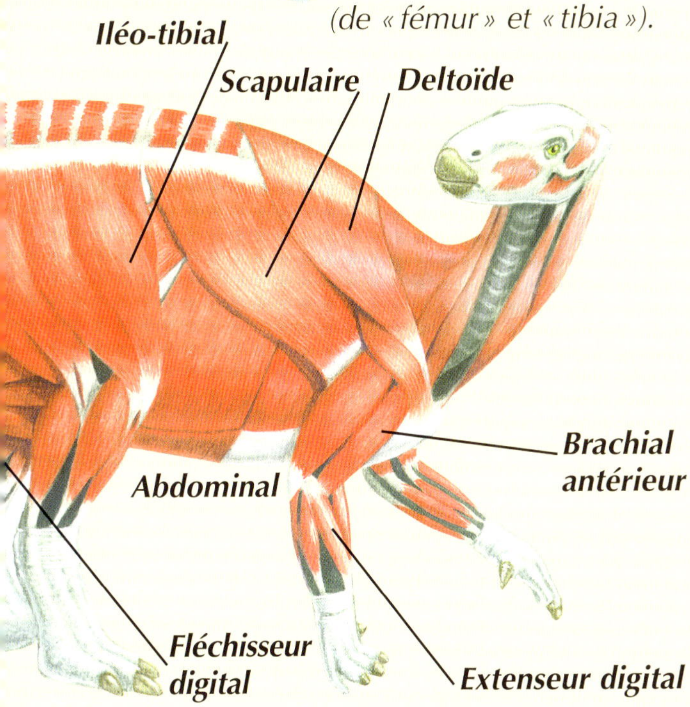

LE SENS DU NOM DES DINOSAURES

De nombreux dinosaures doivent leur nom à des caractéristiques de leur anatomie.

acro – haut
allo – étrange
alti – haut
brachio – bras
brachy – court
cera – cornu
cheirus – main
coelo – creux
compso – joli
corytho – casque
derm – peau
di – deux
diplo – double
echino – épineux
elaphro – léger
hetero – différent
hypsi – haut
lepto – fin
lopho – crête
mega – énorme
micro – petit
odon(t) – dent
ophthalmo – œil
ornitho – oiseau
pachy – épais
physis – corps
plateo – plat
pod, pus, pes – pied
poly – nombreux
ptero – ailé
quadri – quatre
raptor – voleur
rhino – nez
salto – sauter
saurus – lézard, reptile
stego – à toit
thero – bête
tops – tête, face
tri – trois
tyranno – tyran
veloci – rapide

L'ARBRE GÉNÉALOGIQUE

Il est possible de retracer l'évolution des différentes espèces, ainsi que les liens évolutifs entre les divers groupes au cours de l'âge des dinosaures. On peut ainsi réaliser une sorte d'arbre généalogique. Chaque groupe principal contient lui-même divers sous-groupes, ou familles.

Styracosaurus

CERATOPSIA
Ceratopsidae
Protoceratopsidae
Psittacosauridae

« Faces cornues »

PACHYCEPHALOSAURIA
Pachycephalosauridae
Homalocephalidae
Chaoyangosauridae

« Crânes épais »

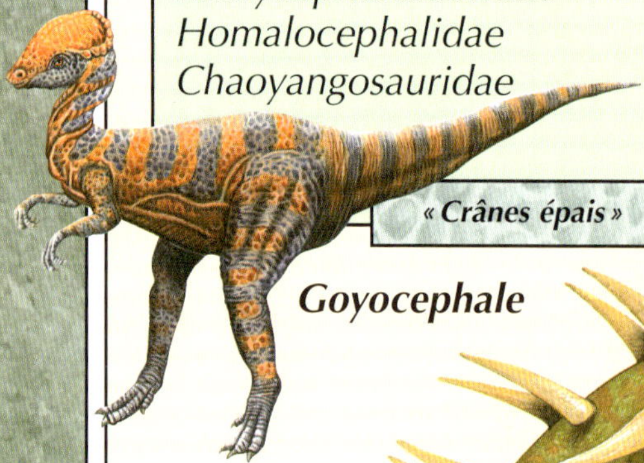

Goyocephale

ORNITHOPODA
Lambeosauridae
Hadrosauridae
Iguanodontidae
Camptosauridae
Dryosauridae
Hypsilophodontidae
Heterodontosauridae

« Pieds d'oiseaux »

Dryosaurus

STEGOSAURIA
Stegosauridae
Huayango-sauridae

« Lézards à toit »

Kentrosaurus

ANKYLOSAURIA
(Scelidosauridae)
Ankylosauridae
Nodosauridae

« Lézards ankylosés »

Euoplocephalus

LES ORNITHISCHIENS

Tous les dinosaures de cette page (encadrés verts) sont dits « à bassin d'oiseau » et appartiennent au groupe ou à l'ordre des Ornithischia. Leur point commun est la forme de leur bassin (voir p. 230). Pour autant que nous le sachions, les ornithischiens étaient des herbivores généralement quadrupèdes. Chaque encadré représente un sous-ordre. Chaque sous-ordre est lui-même composé d'une ou plusieurs familles de dinosaures, dont les noms se terminent par -idae (seules sont indiquées les familles principales).

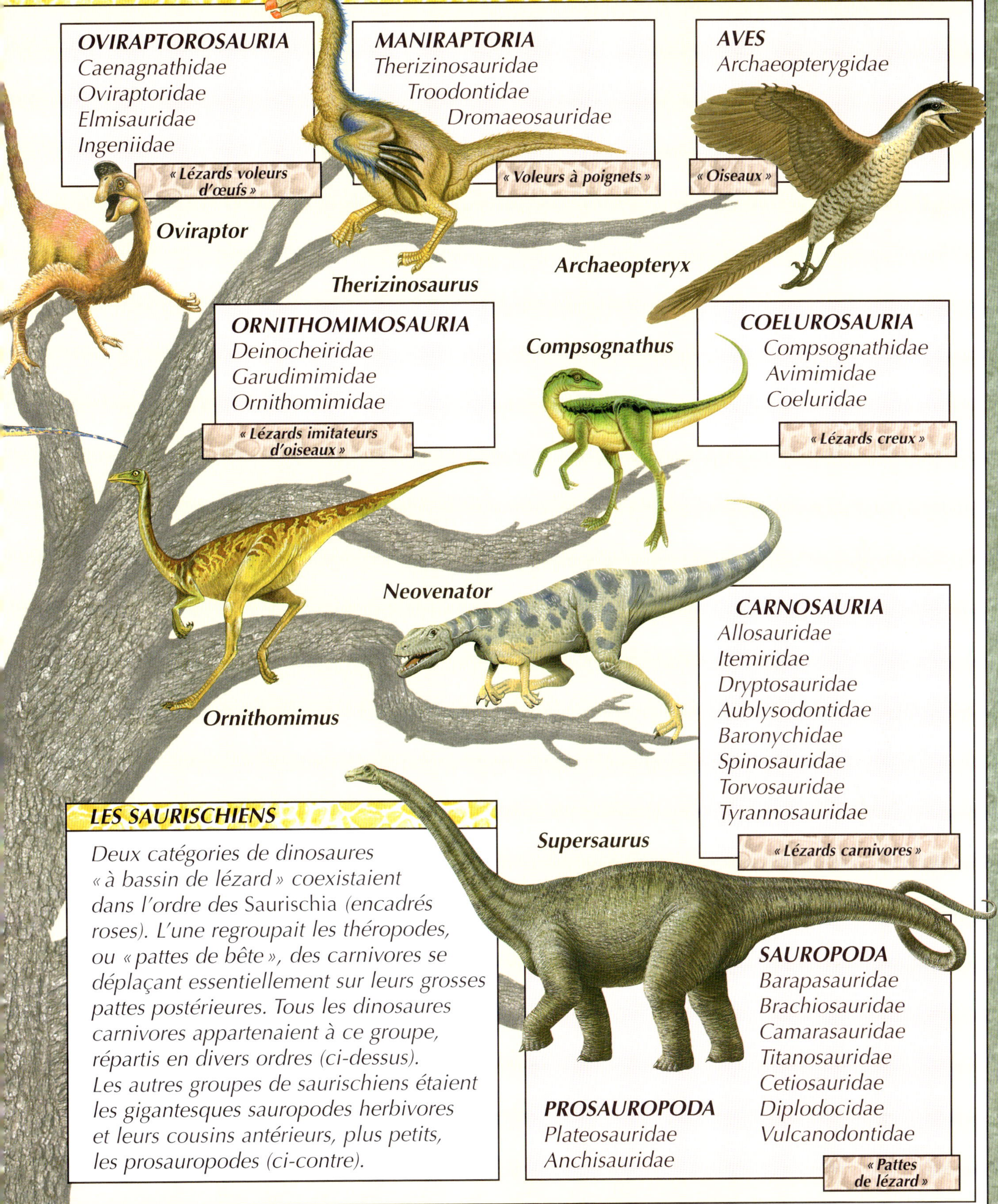

OVIRAPTOROSAURIA
Caenagnathidae
Oviraptoridae
Elmisauridae
Ingeniidae

« Lézards voleurs d'œufs »

MANIRAPTORIA
Therizinosauridae
Troodontidae
Dromaeosauridae

« Voleurs à poignets »

AVES
Archaeopterygidae

« Oiseaux »

ORNITHOMIMOSAURIA
Deinocheiridae
Garudimimidae
Ornithomimidae

« Lézards imitateurs d'oiseaux »

COELUROSAURIA
Compsognathidae
Avimimidae
Coeluridae

« Lézards creux »

CARNOSAURIA
Allosauridae
Itemiridae
Dryptosauridae
Aublysodontidae
Baronychidae
Spinosauridae
Torvosauridae
Tyrannosauridae

« Lézards carnivores »

LES SAURISCHIENS

Deux catégories de dinosaures « à bassin de lézard » coexistaient dans l'ordre des Saurischia (encadrés roses). L'une regroupait les théropodes, ou « pattes de bête », des carnivores se déplaçant essentiellement sur leurs grosses pattes postérieures. Tous les dinosaures carnivores appartenaient à ce groupe, répartis en divers ordres (ci-dessus). Les autres groupes de saurischiens étaient les gigantesques sauropodes herbivores et leurs cousins antérieurs, plus petits, les prosauropodes (ci-contre).

SAUROPODA
Barapasauridae
Brachiosauridae
Camarasauridae
Titanosauridae
Cetiosauridae
Diplodocidae
Vulcanodontidae

PROSAUROPODA
Plateosauridae
Anchisauridae

« Pattes de lézard »

COMMENT SE FORMENT LES FOSSILES ?

Les fossiles sont les restes d'êtres vivants très anciens qui, piégés à leur mort dans les roches, se sont transformés en pierre. Un « os » de dinosaure n'est donc pas du tout composé d'os, mais de roche pleine. La majorité des êtres vivants n'ont pas été pétrifiés, et la plupart des fossiles ont été détruits par le travail naturel des roches. Ces restes sont donc des trouvailles exceptionnelles et précieuses.

DE L'OS À LA PIERRE

La fossilisation dépend d'une série d'occasions très fortuites. Le cadavre d'un être vivant, comme un dinosaure, doit être enseveli avant d'être complètement décomposé ou dévoré par les charognards. Il faut ensuite que ses restes soient recouverts de sédiments, de petites particules de boue, de limon ou de sable. Au fil du temps, ces particules doivent être écrasées et cimentées par des minéraux en pierre solide, qui piège les restes.

QU'EST-CE QUI PERMET LA FOSSILISATION ?

La fossilisation n'a pas touché que les dinosaures, mais aussi d'autres animaux, des insectes, des plantes et des microbes. Les parties dures (os, dents, cornes, griffes, bois, écorce, coquilles, graines et cônes de pins) se décomposent plus lentement et sont ainsi plus susceptibles de se conserver. Les animaux aquatiques ont plus de chances d'être couverts de boue et de se transformer en fossiles que les espèces terrestres.

Ammonite

Crâne d'Heterodontosaurus

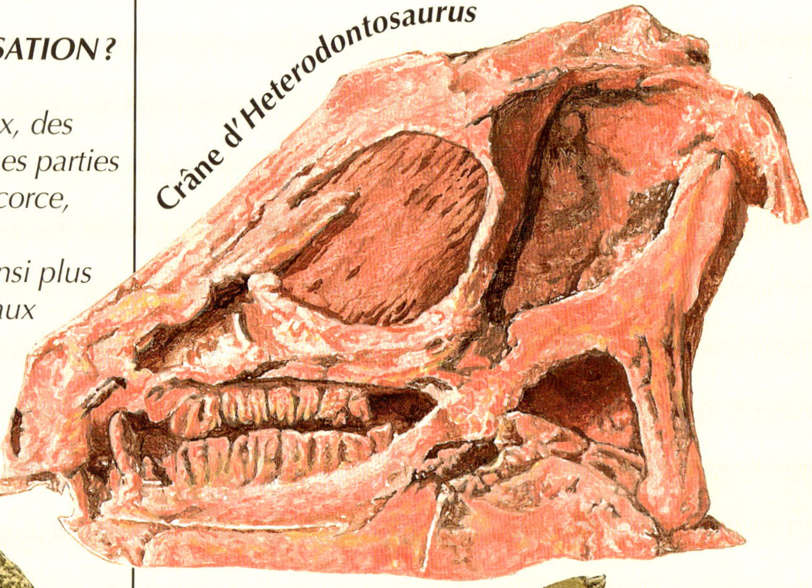

Dent de Tyrannosaurus

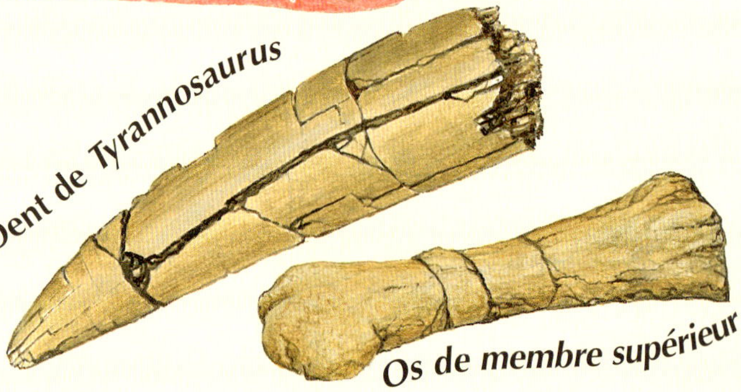

Os de membre supérieur

LE MOULAGE NATUREL

Un moulage naturel se forme lorsque le corps, enfoui sous les sédiments, disparaît totalement. Les sédiments durcissent autour du cadavre, qui est dissout par les eaux. La cavité qui en résulte est l'empreinte parfaite de l'animal. Lorsque ce vide est lentement comblé par les minéraux et l'eau, une copie exacte de l'original se forme.

Un cadavre de dinosaure finit dans une rivière.

Au fil du temps, les os sont recouverts de limon qui finit par se transformer en roche.

Un processus chimique transforme les os en pierre, en fossiles.

La roche est peu à peu érodée et finit par révéler les os fossilisés.

LES VRAIS FOSSILES

Les vrais fossiles sont le corps ou les éléments mêmes du corps. La peau de dinosaure est l'un des très rares vrais fossiles. Encore plus exceptionnelle, la momification d'un dinosaure, dont le corps s'est lentement desséché dans le désert au lieu de se décomposer.

LES FOSSILES D'EMPREINTE

Les traces fossilisées des animaux portent le nom de fossiles d'empreinte pour les distinguer des parties fossilisées du corps lui-même. Les coquilles d'œufs, les nids, les terriers, les empreintes de pattes ou de griffes, les sillons laissés par la queue, les gastrolithes (pierres de l'estomac) et même les coprolithes (excréments) sont tous des fossiles d'empreinte. À ce stade, le coprolithe est pétrifié. En le cassant, on en découvre le contenu, des fragments d'os ou de graines dures des plantes, par exemple, ce qui informe sur l'alimentation de l'animal.

PARFAITEMENT CONSERVÉ

L'ambre est une substance jaune orangé très utilisée en bijouterie. À l'origine, c'était la résine collante des arbres préhistoriques comme les pins. Ce produit suintait de l'écorce des arbres pour le protéger contre les espèces mangeuses de sève et les maladies. Cette matière épaisse piégeait de petits animaux (mouches, abeilles, mites, grenouilles et souris). Lorsqu'elle se transformait en ambre, elle conservait le moindre détail de l'animal.

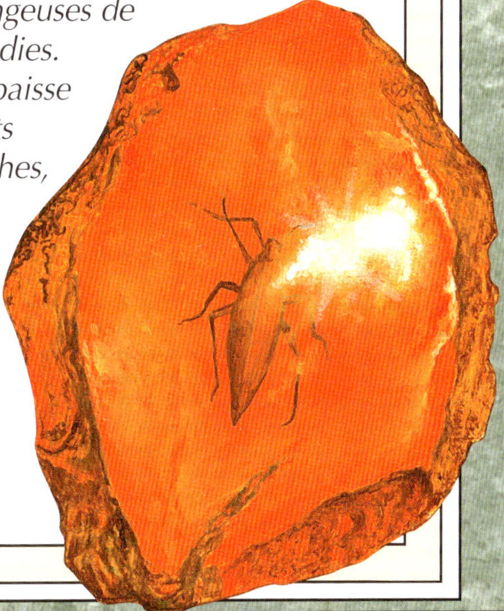

Depuis le début de notre histoire, les hommes ont trouvé d'énormes dents et os fossilisés et se sont interrogés sur les animaux à qui ils pouvaient appartenir. Des textes datant d'il y a 1 700 ans font référence aux « os de dragon » trouvés en Chine : il s'agissait certainement de restes de dinosaures. Dans les années 1800, les collections de naturalistes, très en vogue en Europe, comprenaient des fossiles. À l'époque, les gens pensaient qu'ils appartenaient à des animaux noyés lors du Déluge décrit dans la Bible. Mais les scientifiques cherchaient une explication plus rationnelle.

ANNING ET OWEN

Autrefois, certaines personnes gagnaient leur vie en cherchant des fossiles. À partir des années 1820, Mary Anning fouilla les roches du jurassique sur la côte sud de l'Angleterre. Elle découvrit de nombreux fossiles magnifiques, surtout de reptiles marins.

Richard Owen était un éminent expert animalier. Sa spécialité était l'anatomie comparée, soit l'étude des similitudes entre différents groupes animaux. Il devint le directeur du Muséum d'histoire naturelle de Londres.

NOMMER LES DINOSAURES

Dans les années 1820, Gideon Mantell, chercheur passionné de fossiles dans le sud de l'Angleterre, découvrit des dents et des os qu'il attribua à un lézard géant disparu. En 1825, il le nomma *Iguanodon*. Un an auparavant, un autre spécialiste des roches et des fossiles, William Buckland, avait décrit la mâchoire et les dents d'un autre énorme reptile, qu'il avait nommé *Megalosaurus*.

En 1833, Mantell étudia le squelette incomplet d'un autre grand reptile depuis longtemps disparu, *Hylaeosaurus*. En 1841, le naturaliste Richard Owen s'aperçut que ces animaux n'étaient pas des lézards, mais constituaient un groupe de reptiles d'un âge révolu qui n'avaient laissé aucun descendant. En 1842, il nomma *Dinosauria*, « lézards terribles », ce groupe qui nous est si familier aujourd'hui.

MARSH ET COPE

Deux collectionneurs, Othniel Charles Marsh (à gauche) et Edward Drinker Cope (à droite) aiguillonnèrent les découvertes de fossiles en Amérique du Nord. À partir de 1877, ils se lancèrent dans une âpre concurrence qui dura vingt ans, rivalisant pour découvrir et nommer le plus de dinosaures. Cette querelle aboutit à la découverte de 130 espèces, mises au jour surtout dans les montagnes du Middle West.

DANS LE MONDE ENTIER

Les mystérieux dinosaures fascinèrent le public. La chasse aux fossiles débuta en Europe, puis se développa en Amérique du Nord dans les années 1860, en Afrique au début du XXe siècle et en Chine vers 1920. Dans les années 1970, l'Amérique du Sud et l'Australie livrèrent de prodigieux fossiles.

Pendant la grande époque du Far West américain, Marsh et Cope se livrèrent bataille. Leurs équipes s'espionnèrent mutuellement, sabotant les fournitures, saccageant les campements et détruisant les fossiles. Ils allèrent même jusqu'à dissimuler des faux pour tromper l'adversaire.

LE CHANTIER DE FOUILLES

Les chances pour qu'un dinosaure se transforme en fossile sont infimes, ainsi que les chances de retrouver ce fossile. Dans certaines régions, les roches du mésozoïque sont exposées en surface. Généralement dénudées, exemptes de terre et de plantes, ces terrains sont sans cesse soumis à l'érosion par le vent, le soleil, la pluie et le gel (ou l'exploitation minière et les engins d'excavation). C'est là qu'il faut chercher.

DE CONTINUELLES DÉCOUVERTES

De nouveaux fossiles de dinosaures sont sans cesse mis au jour dans le monde entier, et l'on découvre des espèces toujours plus grandes et plus anciennes. Paul Sereno, spécialiste américain des fossiles, a modifié la classification des dinosaures et a découvert des espèces fort anciennes comme Eoraptor *et* Herrerosaurus.

LA RECHERCHE DE SITES

Un étrange galet sur une plage, un bout d'os ou une dent qui dépasse d'une colline peuvent indiquer la présence de fossiles. Les spécialistes visitent les lieux pour évaluer l'ancienneté des restes et l'intérêt de lancer un chantier de fouilles.

Nombre de sites fossilifères sont sur des terrains rocheux accidentés, dans des régions reculées. Les conditions de travail y sont dures, avec un soleil torride le jour, des vents glacés la nuit et peu de confort dans les campements. L'exhumation nécessite beaucoup de soin et de patience… pour parfois ne rien donner !

LES OUTILS ET LES TECHNIQUES

L'exhumation des fossiles commence parfois avec des explosifs ou un énorme bulldozer pour extraire les tonnes de terre et de débris qui recouvrent les couches fossilifères. Ensuite, les pioches, les pelles, les marteaux et les burins entrent en action pour dégager les dernières épaisseurs. Lorsque le fossile apparaît, des outils plus petits, comme les poinçons et les truelles, sont utilisés avec délicatesse pour ne pas risquer de casser ou d'érafler le spécimen. Les étapes les plus délicates sont effectuées avec des instruments très fins, comme des pics à glace, des instruments dentaires, des brosses et des pinceaux.

D'IMPORTANTS SITES FOSSILIFÈRES

Tous les continents, y compris l'Antarctique, ont produit des fossiles de dinosaures. Les sites sont souvent déclarés parcs protégés et classés au patrimoine mondial de l'humanité.

***1** Parc provincial des dinosaures, Alberta, Canada*
***2** Dinosaur National Monument, Utah et Colorado, É.-U.*
***3** Cerro Rajada, Argentine*
***4** Province de Chubut, Argentine*
***5** Île de Wight, Angleterre*
***6** Solnhofen, Bavière, Allemagne*
***7** Tendaguru, Tanzanie*
***8** Désert de Gobi, Mongolie et Chine*
***9** Province de Lufeng, Chine*
***10** Dinosaur Cove, Melbourne, Australie*

À chaque étape, les chercheurs prennent des notes, des mesures, réalisent des schémas, des listes, des plans, des esquisses et des photos. Le moindre fragment est étiqueté pour être étudié une fois au laboratoire. Les spécimens fragiles sont solidifiés et protégés avec des bandes plâtrées.

EXPOSER DES DINOSAURES

Dans le monde entier, des fossiles de dinosaures sont exposés dans les musées et les expositions. Ce sont en général les spécimens les plus complets, appartenant aux dinosaures les plus passionnants et les plus célèbres. Les modèles reconstitués sont encore plus spectaculaires. Un énorme travail se cache derrière ces reconstitutions.

LE NETTOYAGE

Le nettoyage fait partie de la préservation. Le fossile est dégagé de la roche dans laquelle il est pris. L'opération s'effectue souvent sous un microscope pour distinguer et révéler les minuscules traces d'éraflures ou de morsures sur les os. Les instruments utilisés sont des perceuses, des ébarboirs, des grattoirs et des pics miniaturisés, semblables à ceux des dentistes. Les roches sont parfois trempées dans des acides pour révéler le fossile.

Les plus récentes expositions ont présenté des dinosaures animés par ordinateur, qui ont enthousiasmé les visiteurs. Le squelette est connu, mais la peau et la forme globale sont le résultat d'un travail de déduction.

DE RETOUR AU LABORATOIRE

Une fois les fouilles finies, les fossiles sont envoyés au laboratoire pour le long travail de nettoyage. Tous sont dégagés, pas seulement les os de dinosaures. Ainsi, les scientifiques prennent connaissance des espèces contemporaines (oiseaux, insectes…), et déterminent si elles étaient la proie des dinosaures carnivores. Cela permet aussi de découvrir les plantes de l'époque et de savoir ce que mangeaient les herbivores. Il s'en dégage une conception du monde vivant de l'époque, spécialité appelée la paléoécologie.

L'ASSEMBLAGE

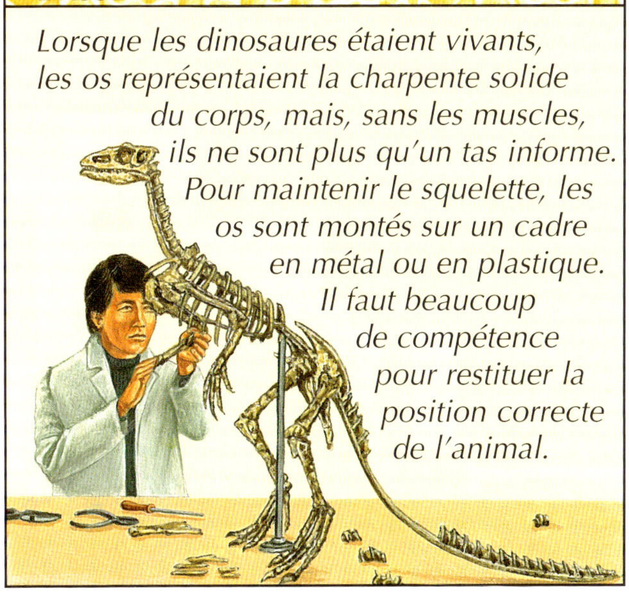

Lorsque les dinosaures étaient vivants, les os représentaient la charpente solide du corps, mais, sans les muscles, ils ne sont plus qu'un tas informe. Pour maintenir le squelette, les os sont montés sur un cadre en métal ou en plastique. Il faut beaucoup de compétence pour restituer la position correcte de l'animal.

DES REPRODUCTIONS DE FOSSILES

La plupart des squelettes de dinosaures sont loin d'être complets. Les éléments absents sont souvent « remplacés » par d'autres fossiles provenant d'espèces proches. Nettoyés, ils servent de base pour réaliser des modèles reconstitués destinés aux expositions. Les fossiles eux-mêmes sont souvent reproduits avec des matériaux comme la fibre de verre, bien plus légère que la roche.

PRÊT POUR L'EXPOSITION

Le dinosaure se tenait-il debout, était-il penché en avant ou bien était-il généralement recroquevillé ? Pouvait-il plier le cou et la queue, et, si oui, à quel point ? Ce genre de questions est essentiel lorsque l'on essaie de donner à un dinosaure une position réaliste. Même terminée, une reconstitution est toujours sujette à des modifications imposées par de nouvelles études.

L'INTÉRIEUR DES ROCHES ET DES FOSSILES

Pour voir l'intérieur d'un corps humain le médecin utilise des scanners médicaux ; c'est par le même principe que le géologue pénètre et distingue l'intérieur des roches. L'étude des fossiles fait aussi appel à des techniques d'imagerie ultramodernes. Elles permettent de voir si une roche contient un fossile détaillé qui mériterait des semaines, voire des mois, de travail de nettoyage. Lorsque la roche est friable, seule l'imagerie permet d'ausculter le fossile. Avec des scanners CT et MR, on peut même distinguer les embryons de dinosaures encore dans l'œuf.

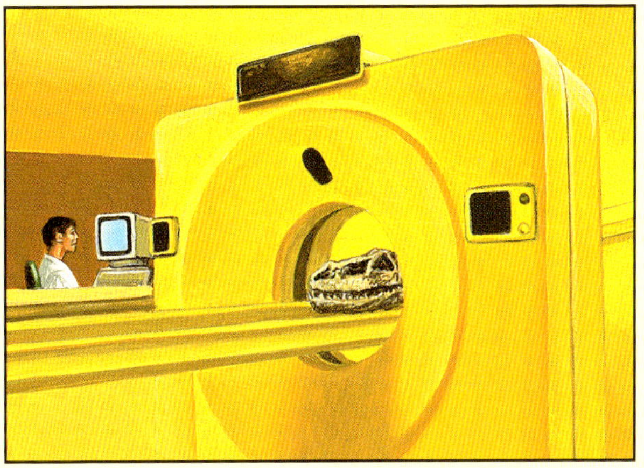

La terre a connu plusieurs extinctions massives, responsables de la disparition de nombreuses espèces en même temps. Il y a environ 65 millions d'années, un de ces phénomènes élimina l'ensemble des dinosaures. Pas un seul ne survécut.

PAS SEULEMENT LES DINOSAURES

Ce désastre ne balaya pas seulement les dinosaures. D'autres reptiles moururent, dont les ptérosaures dans les airs, les mosasaures et les plésiosaures dans les mers. Bon nombre de crustacés et de plantes s'éteignirent aussi.

EN COMBIEN DE TEMPS ?

Les extinctions massives surviennent généralement assez soudainement, en moins de 1 million d'années. On ignore combien de temps dura celle de la fin du crétacé, qui engloba les dinosaures : 100 000 ans ou 1 h à peine.

Les 70 millions d'années précédant l'extinction, les dinosaures semblaient déjà sur le déclin dans certaines régions. Les fossiles révèlent qu'ils étaient moins nombreux et moins variés. Mais, avec les collections incomplètes et disparates de fossiles, il est difficile de savoir si c'était le cas sur la Terre entière.

L'IMPACT D'UN ASTÉROÏDE

Selon la théorie de l'astéroïde, un énorme bloc de roche, qui déferlait dans l'espace, heurta la Terre. L'espace contient beaucoup de tels blocs rocheux (astéroïdes et météorites). Celui qui a percuté notre planète, il y a 65 millions d'années, mesurait 10 km de large et se déplaçait à une vitesse de 50 km/s. L'impact provoqua d'immenses nuages de poussière, de vapeur et d'eau et déclencha des tremblements de terre.

1 L'impact de l'astéroïde provoque une vaporisation

2 Des ondes de choc se propagent en quelques heures

3 Début de l'hiver astéroïdal

LA THÉORIE DE L'ASTÉROÏDE

L'explication courante concernant la disparition des dinosaures veut qu'un bloc de roche venu de l'espace se soit écrasé sur la Terre. L'impact aurait projeté des nuages de poussière dans les airs, propagés par les vents. Le ciel se serait obscurci, obstruant la lumière et la chaleur du soleil. Dans l'obscurité de cet « hiver astéroïdal », les plantes seraient mortes. N'ayant plus rien à manger, les herbivores auraient disparu, suivis par les carnivores ainsi privés de nourriture. D'autres hypothèses sont présentées dans les pages suivantes.

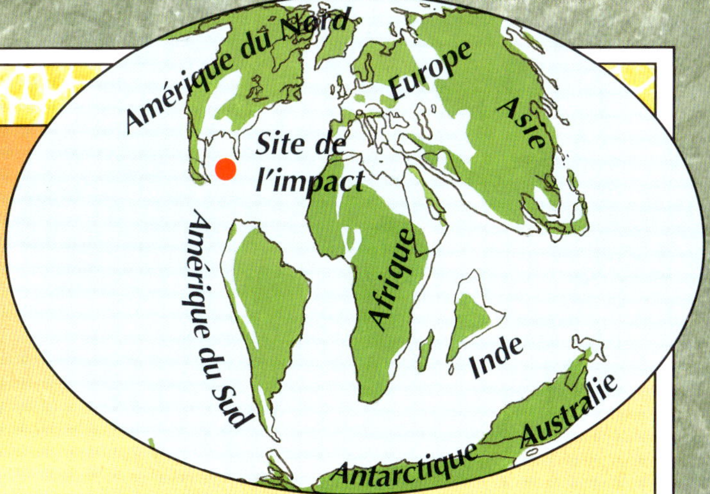

Le vaste cratère arrondi de Chicxulub, dans les fonds marins des côtes du golfe du Mexique, est sans doute le site de l'impact.

Impossible à arrêter, l'immense onde de choc de l'impact déferle sur la Terre, détruisant tout sur son passage.

POUR ÉTAYER LA THÉORIE DE L'ASTÉROÏDE

Diverses preuves scientifiques étayent la théorie de l'astéroïde. Un énorme cratère datant de l'extinction des dinosaures a été découvert près du Mexique (ci-dessus). Une fine strate délimite les roches de la fin du crétacé (de « Kreta ») et celle du début du tertiaire. Cette couche, connue sous le nom de frontière K-T, contient de grandes quantités d'iridium, métal très rare sur la Terre, mais présent dans les astéroïdes.

D'INVISIBLES RAYONS SIDÉRAUX

Lorsqu'une grande étoile atteint la fin de sa vie, elle explose parfois en une boule de feu cosmique appelée supernova. L'explosion projette des rayons et des radiations à la vitesse de la lumière. Ce phénomène s'est peut-être produit près de la Terre il y a 65 millions d'années. Des radiations dangereuses auraient alors irradié la planète, tuant tous les animaux incapables d'y échapper, les grandes espèces sur la terre ferme et les espèces marines près de la surface. Cette théorie cadre avec le type d'espèces touchées par cette extinction massive.

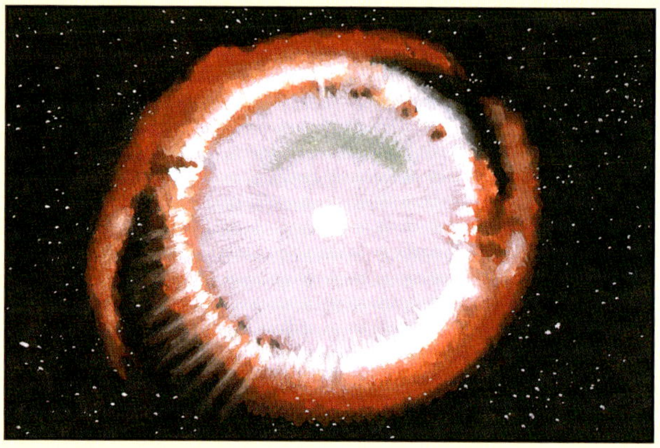

Un troupeau de Triceratops *déambule vainement à la recherche d'un peu de chaleur. Les animaux à sang chaud étaient capables de survivre à ces températures.*

Outre la théorie de l'astéroïde (voir pages précédentes), une vingtaine d'hypothèses tentent d'expliquer la disparition des dinosaures. Certaines sont absurdes, comme celle qui en attribue la responsabilité à des extraterrestres qui auraient chassé toutes ces espèces.

LES MALADIES

Une hypothèse prétend que des espèces auraient contracté une nouvelle maladie mortelle, contaminant ensuite une partie des groupes de reptiles, dont les dinosaures. Les autres (crocodiles, tortues, serpents et lézards) auraient survécu.

LA QUESTION DES SURVIVANTS

La théorie de la maladie n'explique pas pourquoi les crustacés et certaines espèces végétales ont aussi disparu lors de cette extinction massive. C'est d'ailleurs un problème commun à diverses théories qui n'expliquent pas pourquoi certains groupes se sont éteints et pas d'autres. Il semble que tous les animaux terrestres plus grands que les moutons actuels aient disparu, ce qui inclut les dinosaures et la plupart des espèces à la surface des océans.

MORTS ÉTOUFFÉS

Selon une autre théorie, la Terre aurait connu une intense et persistante activité volcanique, les éruptions en chaîne déversant des quantités de fumées toxiques et de poussières qui obscurcissaient le ciel. Quelques preuves accréditent cette idée. L'actuel sud de l'Inde est une vaste zone de roches volcaniques. Certains coins de ces hautes terres datent de la fin du crétacé. Les éruptions résultaient peut-être des déplacements de terrains et de la dérive des continents (ou de l'impact d'un astéroïde!).

LE CHANGEMENT CLIMATIQUE

Une autre théorie évoque la dérive des continents (voir p. 223). Ce phénomène affectait les courants marins et le schéma des vents, provoquait des séismes et des éruptions volcaniques. Cela aurait déclenché un bouleversement du climat, d'où la mort des dinosaures par le froid.

LA GOUTTE QUI FAIT DÉBORDER LE VASE

D'autres théories évoquent l'augmentation des petits mammifères, qui auraient dévoré tous les œufs de dinosaures, ou un grand bouleversement dans la distribution des plantes devenues indigestes pour les herbivores. Il est fort possible que la disparition des dinosaures ne tienne pas à une seule raison. Peut-être les modifications du climat et les éruptions volcaniques avaient-elles sonné leur déclin, et l'impact d'un astéroïde constitua-t-il la touche finale?

Les roches datant de moins de 65 millions d'années ne contiennent plus de fossiles de dinosaures. Mais des fossiles d'un autre groupe apparaissent : ceux des mammifères, qui dominèrent le tertiaire (de –65 à –2 millions d'année), comme les dinosaures avaient régné 160 millions d'années avant eux.

UN DÉBUT PRÉCOCE

Les mammifères n'apparurent pas soudainement après la disparition des dinosaures. Ils étaient présents depuis le début des dinosaures, au milieu du trias, il y a 220 millions d'années. Mais, jusqu'au tertiaire, ces bêtes semblables à des musaraignes étaient rares et pas plus grandes qu'un chat domestique.

PRENDRE LE DESSUS

Il y a 60 millions d'années, les mammifères colonisèrent le monde. Ils évoluèrent vite, se diversifiant en plusieurs formes et tailles. Il y a 50 millions d'années, certains s'étaient adaptés à l'air (premières chauves-souris), d'autres à la mer (cétacés). Il y a 25 millions d'années, les herbes se développèrent sur la terre ferme, où l'évolution des mammifères produisit de féroces prédateurs, de volumineux herbivores (rhinocéros, éléphants) et de rapides brouteurs (cerfs, chameaux). Cela ouvrait la voie à de nouveaux types de mammifères, dont les chevaux, adaptés à cette alimentation, tandis que les singes restaient dans les arbres.

LES DERNIERS MAÎTRES DU MONDE

Au cours du tertiaire, l'âge des mammifères fut suivi par celui des êtres humains. Le groupe des hominidés commença à se développer en Afrique, il y a 4 millions d'années. Une sorte de grand singe, Australopithecus, *se mit à marcher sur deux pattes. Plus tard, un autre hominidé,* Homo habilis, *utilisait des outils et des armes et se servait de son gros cerveau pour survivre. Depuis, diverses espèces d'hominidés sont apparues et ont disparu. Notre espèce,* Homo sapiens, *est la seule qui ait survécu.*

TOUS NE SURVÉCURENT PAS

Tous les groupes de mammifères apparus depuis cette époque n'ont pas perduré jusqu'à aujourd'hui. Les créodontes étaient des carnivores semblables aux chiens, aux chats et aux hyènes. Apparus il y a 60 millions d'années, ils disparurent il y a 7 millions d'années, remplacés par les carnivores modernes. L'évolution se poursuit, mais les extinctions sont maintenant souvent du fait de l'homme.

La période tertiaire a connu des mammifères étranges, aujourd'hui disparus, comme les rhinocéros à cornes multiples ou les premiers chevaux, tout petits. Des reptiles survécurent à la grande extinction et prospèrent encore aujourd'hui.

DES DINOSAURES MODERNES ?

Comme les mammifères, les oiseaux de l'âge des dinosaures étaient petits et rares. Durant le tertiaire, ils se sont répandus et diversifiés. D'après certains spécialistes, les oiseaux descendraient des dinosaures, apparus il y a plus de 150 millions d'années. Peut-on alors considérer qu'ils appartiennent au groupe des dinosaures, avec des plumes à la place des écailles ? Cela voudrait dire que des dinosaures battent des ailes dans le ciel des temps modernes et gazouillent dans les arbres !

GLOSSAIRE

Amphibien Animal doté d'une colonne vertébrale et de quatre pattes, qui pond des œufs dans l'eau, comme la grenouille. Au stade larvaire, il vit dans l'eau ; adulte, il vit à la fois sur terre et dans l'eau.

Anapside Reptile au crâne dénué de fosses temporales derrière les yeux, telle la tortue.

Ankylosaure Dinosaure à armure, couvert de plaques, d'excroissances et de pointes osseuses.

À sang chaud Terme familier pour désigner les animaux capables de contrôler leur chaleur corporelle, comme les mammifères et les oiseaux.

À sang froid Terme désignant un animal recevant la plupart ou la totalité de sa chaleur corporelle de l'extérieur, surtout du soleil.

Bipède Animal se tenant debout, marchant et courant sur deux pattes.

Carnivore Animal se nourrissant de viande.

Cératopsien Grand dinosaure herbivore avec des cornes pointues et une collerette osseuse à l'arrière du crâne.

Conifère Arbre ou buisson produisant des graines en cône, comme les sapins et les pins.

Coprolithe Excréments fossilisés.

Cycadées Plantes ne fleurissant pas, dotées d'un tronc épais et de palmes, apparentées aux conifères modernes.

Dentelé Présentant des échancrures sur les bords, comme les dents des théropodes.

Diapside Reptile dont le crâne est pourvu de deux fosses temporales, comme les lézards.

Dinosaure Reptile se tenant droit sur ses pattes et non pas au ras du sol comme la plupart des autres reptiles.

Embryon Premières étapes du développement d'une plante ou d'un animal.

Évolution Processus permettant à un animal ou à une plante de se développer au fil du temps.

Extinction Disparition d'une espèce animale ou végétale.

Famille Groupe d'animaux ou de plantes qui sont apparentés.

Fossile Toute trace de vie passée. Les fossiles de dinosaures peuvent être des os et des dents, des empreintes de pas, des coprolithes, des gastrolithes, des œufs et des empreintes de peau.

Fougère Plante ne fleurissant pas, dotée de feuilles dentelées appelées des frondes.

Gastrolithe Galet dans l'estomac de certains herbivores, qui contribue à la réduction et à la digestion des aliments.

Ginkgo Arbre semblable à un conifère, mais qui perd ses feuilles à l'automne. Il existe encore une espèce de ginkgo aujourd'hui.

Gondwana Grand continent du sud qui comprenait l'Afrique, l'Australie, l'Antarctique, l'Amérique du Sud et l'Inde.

Hadrosaure Grand dinosaure herbivore au large bec aplati. Il est aussi appelé dinosaure à « bec de canard ».

Herbivore Animal ne se nourrissant que de plantes.

Ichthyosaure Reptile marin qui ressemblait au dauphin.

Iguanodonte Dinosaure herbivore doté de griffes semblables à des sabots sur les pattes postérieures et de pointes aux pattes antérieures, à la place du pouce.

Invertébré Animal dépourvu de colonne vertébrale.

Laurasie Grand continent du nord, qui comprenait l'Amérique du Nord, l'Europe et l'Asie.

Mammifère Animal à sang chaud couvert de fourrure et allaitant son petit.

Molaires Dents servant à mastiquer, situées derrière celles de devant ou à l'arrière du bec, notamment chez les herbivores.

Omnivore Animal se nourrissant de viande et de végétaux.

Ordre Groupe animal ou végétal comprenant des familles apparentées. Il existe deux ordres de dinosaures : *Ornithischia* et *Saurischia*.

Ornithischia Un des deux ordres de dinosaures, constitué des espèces à bassin d'oiseau, herbivores, comme les ankylosaures, les cératopsiens et les stégosaures.

Ornithopode Herbivore bipède, parfois doté d'une crête.

Pachycéphalosaure Herbivore bipède au crâne épais.

Pangée Unique supercontinent du permien, dont le nom signifie « toute la terre ». Il se morcela au trias.

Plaque osseuse Plaque osseuse insérée dans la peau du dinosaure.

Plésiosaure Reptile marin à long cou.

Prédateur Animal qui en tue d'autres (des proies) pour se nourrir.

Prêle Plante dotée d'une tige dressée et de minuscules feuilles, apparentée à une fougère.

Proie Animal victime des prédateurs.

Quadrupède Animal qui se tient, marche et court sur ses quatre pattes.

Reptile Animal à sang froid, doté d'écailles et d'une colonne vertébrale, qui pond des œufs sur la terre ferme.

Saurischia Un des deux ordres de dinosaures, à bassin de lézard, englobant tous les théropodes et les sauropodes.

Sauropode Herbivore volumineux à long cou et longue queue, qui marchait à quatre pattes.

Stégosaure Gros dinosaure herbivore doté de rangées de plaques osseuses triangulaires sur le dos et d'épines sur la queue.

Synapside Reptile mammalien dont le crâne présente une fosse temporale de chaque côté.

Table abrasive Grande quantité de dents formant une surface abrasive.

Thécodonte Reptile gros et lourd qui rampait sur ses quatre pattes. Ces animaux étaient sans doute les ancêtres des dinosaures.

Théropode Dinosaure carnivore bipède, tels *Allosaurus* et *Tyrannosaurus*.

Vertèbre Os formant la colonne vertébrale.

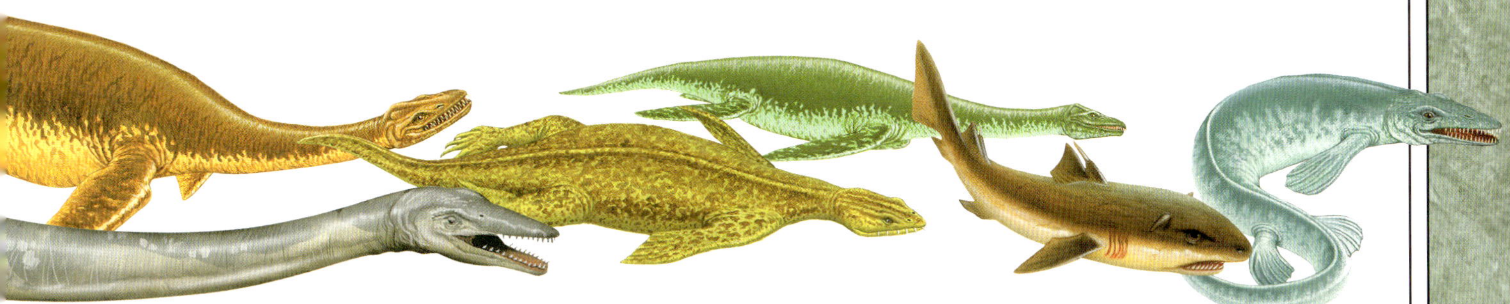

INDEX